MOEWIG ARGUMENTE

Zum Buch

Mit dieser engagierten Recherche und Sachanalyse widerlegt der Historiker und Journalist Wulf C. Schwarzwäller eine der letzten Legenden um den großen „Führer“ des Dritten Reiches. Bis heute hält sich in der Öffentlichkeit der Mythos von Adolf Hitlers persönlicher Askese, materieller Bescheidenheit und seiner individuellen Armut. Alle Versuche, das Image eines selbstlosen, nur dem Vaterland ergebenen Führers zu erschüttern, scheiterten nicht zuletzt an den ideologischen Verzerrungen der Nachkriegsgeschichte. In minutiösen Berechnungen seiner Einkünfte – von den Nebenrechten an *Mein Kampf* über Tantiemen an den Führerporträts bis zu Steuererlässen und Spenden in astronomischen Höhen – überführt Schwarzwäller Hitler als kalten Rechner und zeichnet seine Karriere vom wohlhabenden Bürgersohn, arbeitsscheuen Taugenichts und größenwahnsinnigen Bohemien zu einem der reichsten Milliardäre seiner Zeit nach.

Zum Autor

Wulf C. Schwarzwäller, 1928 in Polen geboren. Nach dem Abitur in Hamburg (1948) Zeitungsvolontariat beim *Hamburger Abendblatt*, anschließend Studium der Geschichte in Hamburg und London. Es folgen mehrere Auslandsaufenthalte. Ab 1961 zunächst freier Autor und Übersetzer bei *Reader's Digest*, 1965–69 dort stellvertretender Herausgeber. In den siebziger Jahren wechselnde Mitarbeit bei *Tele 14*, *Bild am Sonntag* und zahlreichen Unterhaltungszeitschriften, zudem weiterhin Chefredakteur für *Reader's Digest*. Seit 1981 freischaffender Autor und Übersetzer.
Buchveröffentlichungen: *Rudolf Hess*, 1974; *Anti-Semitismus in Deutschland*, 1978; *Holocaust*, 1979, und *Hitlers Weg in den Krieg*, 1980.

2

Wulf Schwarzwäller

Hitlers Geld

Bilanz einer persönlichen Bereicherung

MOEWIG ARGUMENTE

MOEWIG Band Nr. 3375
Verlag Arthur Moewig GmbH, Rastatt

Umschlagentwurf und -gestaltung: Werbeagentur Zeuner, Ettlingen
Umschlagfoto: Ullstein Verlag
Verkaufspreis inkl. gesetzl. Mehrwertsteuer
Auslieferung in Österreich:
Pressegroßvertrieb Salzburg, Niederalm 300, A-5081 Anif
Printed in Germany 1988
Druck und Bindung: Ebner Ulm
ISBN 3-8118-3375-8

Für Maria de los Milagros
und
C. v. B.

Inhaltsverzeichnis

Prolog

Ein milder Frühherbstabend des Jahres 1906 in der oberösterreichischen Provinzmetropole Linz. Im Opernhaus ist der Applaus nach den letzten Akkorden von Richard Wagners „Rienzi" verklungen. Die Zuschauer strömen durchs Portal ins Freie. Unter ihnen ein blasser, elegant gekleideter junger Mann. Er trägt einen seidengefütterten schwarzen Paletot, schwarze Handschuhe aus Ziegenleder, Lackschuhe, Seidenzylinder. In seiner Rechten schwenkt er ein Spazierstöckchen mit Elfenbeinknauf. Er sieht ernst aus, wirkt älter als er ist. Ein schmaler Jüngling mit fliehender hoher Stirn, spitzer Nase, langem Kinn. Das asketische Gesicht wird von geradezu aufdringlich leuchtenden blauen Augen beherrscht.

Auf seinem Heimweg in den Stadtteil Urfahr, auf der anderen Seite der Donau, bleibt er vor einem herrschaftlichen Mietshaus in der Kirchengasse Nr. 2 stehen. Er lehnt sich auf seinen Spazierstock und schaut zu den dunklen Fenstern der zweiten Etage hinauf. Morgen wird er die elegante Sechszimmerwohnung mieten. Zusammen mit seinem Freund Gustl wird er dort wohnen, dem künftigen berühmten Komponisten und Dirigenten, zur Zeit noch Realschüler und Sohn eines Linzer Tapeziermeisters. Dann werden die Fenster mit dem herrlichen Panoramablick auf das jenseitige Donauufer hell erleuchtet sein. Im Salon, gestaltet in der Manier des dekadenten Rubens-Epigonen Hans Makart, wird sich die kulturelle Elite von Linz ein Stelldichein geben: Maler, Kunstkenner, Schauspieler, Theaterkritiker, Mäzene, Musiker, Poeten. Der Gustl wird für die musikalische Unterhaltung sorgen. Und der blasse junge Mann selber wird Gedichte vortragen oder den respektvoll lauschenden Gästen seine Ansichten über Ästhetik, Kultur und Geschichte zu Gehör bringen. Im festlich erleuchteten Treppenhaus werden sie – wie er Freund Gustl vorgeschwärmt hat – „von einer älteren, schon etwas grauhaarigen, aber unerhört vornehmen Hausdame“ empfangen werden. Es wird ein „ausgewählter, hochgestimmter Freundeskreis“ sein, der sich hier, in der Linzer Kirchenstraße Nr. 2, versammeln wird.

Die Einrichtung ist schon ausgesucht, Möbel und Stoffe geprüft, Dekorationsmuster sind entworfen. Einen Architekten braucht man nicht zu engagieren, das kann der junge Mann selber viel besser. Sein Geschmack ist dem aller anderen überlegen. Und, bevor man die Wohnung bezieht, werden der Gustl und er eine ausgedehnte Reise nach Deutschland unternehmen. Höhepunkt wird eine Pilgerfahrt zum Grabe von Richard Wagner in Bayreuth sein.

Für den jungen Mann im Seidenzylinder sind das keine Wunsch- oder Wachträume. Die Garantie zur Verwirklichung steckt in der Innentasche seines Abendanzugs: ein Los der Österreichischen Staatslotterie. Am kommenden Tag wird die Ziehung sein. Der junge Mann weiß: ihm wird der Hauptgewinn zufallen. Frohen Mutes macht er sich auf den Heimweg zur Mutter und zur neunjährigen Schwester.

Am Nachmittag darauf sitzt er bei einem Glas Weißwein im Café Baumgartner auf der Linzer Landstraße, dem „Korso“ der Stadt. Hier flanieren die wohlhabenden Bürgersöhne, werfen den in langen „Humpelröcken“ oder Matrosenkleidern vorbeitrippelnden Lyzeumsschülerinnen Blicke zu, die Kühneren bandeln an. Eben werden die Abendblätter mit der Ausspielung der Staatslotterie ins Café geliefert und in die Halterungen geklemmt. Der junge Mann im gutgeschnittenen Maßanzug aus schottischem Tweed greift gelassen nach einem Zeitungshalter, blättert ruhig die Seite mit den Gewinnzahlen auf. Sein Gesicht erstarrt in ungläubiger Fassungslosigkeit. Er kann die Nummer seines Loses nicht finden. Die Ungläubigkeit wird zur schmerzhaften Gewißheit: Sein Los ist eine Niete. Er wirft den Zeitungshalter auf die Marmorplatte, greift nach dem breitrandigen schwarzen Hut und dem Spazierstock, stürmt mit wutverzerrtem Gesicht auf die Straße, läuft zu seinem Freund Gustl, der nach der Schule in der väterlichen Werkstatt hilft.

Der Freund wird Zeuge eines Anfalls gespenstischer Tobsucht. Zuerst richtet die schäumende Wut sich gegen die staatliche Lotterieverwaltung, diese „Verbrecherorganisation zur Ausbeutung gutgläubiger Bürger, die offenen Betrug betreibt". Dann verlagert sich der Zornesausbruch. Ziel ist jetzt der Staat selbst, die Donaumonarchie, „dieses Flickwerk aus zehn, zwölf oder Gott weiß wie vielen Völkerschaften; dieses Monstrum, geschaffen von habsburgischen Heiraten". Was kann man anderes von einem solchen Staatsgebilde erwarten, als daß es den Bürger um seine letzten Groschen betrügt?

Nur langsam beruhigt sich der junge Mann. Schweißgebadet, mit rotem, gedunsenem Gesicht, sinkt er auf eine Bank in der Tapeziererwerkstatt.

Der junge Mann ist am 22. April 1889 in Braunau am Inn nachmittags um 15.30 Uhr von Pfarrer Ignaz Probst auf den Namen Adolf Hitler getauft worden, als Sohn des Zollamtsoffizials Alois Hitler und dessen Gattin Klara, geborene Pölzl. Er ist 17 Jahre alt. Die Niete im Lotteriespiel hat den gescheiterten Realschüler um seinen Traum von einem bürgerlich-wohlhabenden Leben in kultiviertem Müßiggang gebracht. Er wird das nicht vergessen und nicht verzeihen.

Das Märchen vom „armen Beamtensohn“

Mutmaßungen über eine angeblich jüdische Herkunft des „Führers“ haben seine Biographen viele Jahre lang beschäftigt und sind bis zum heutigen Tage nicht ganz verstummt.

Auf dem jüdischen Friedhof von Bukarest steht am Grabe Nr. 9 in der siebenten Reihe der Gruppe 18 ein Grabstein mit der Aufschrift „Adolf Hittler“. Jener Bukarester Jude war 1832 geboren und 1892 gestorben. Nach den Beerdigungsurkunden war er auf Kosten der jüdischen Gesellschaft „Filantrofie“ bestattet worden. Im Oktober 1933 ernannten findige Londoner Journalisten des „Daily Mirror“ den Bukarester kurzerhand zum Großvater Adolf Hitlers. Sie übersahen dabei allerdings, daß jener Jude Adolf Hittler nur fünf Jahre älter als Hitlers Vater Alois war. Dennoch wurde die Legende damals von vielen Zeitungen aufgegriffen und weiterverbreitet. Begünstigt wurde sie zudem von der Tatsache, daß der Name Hitler unter Ostjuden nicht allzu selten war. Wie Simon Wiesenthal berichtet hat, legten sich einige Juden, wie zum Beispiel Abraham Hitler aus dem polnischen Sosnowiec, nach dem Mirror-Artikel andere Namen zu.

Eine etwas glaubhaftere Spekulation, die auch von Hitlers Rechtsberater, dem späteren Polen-Gouverneur Hans Frank, durchaus ernstgenommen wurde, war kurz skizziert die folgende: Hitlers Großmutter väterlicherseits, Maria Anna Schicklgruber aus Strones im Waldviertel, habe als Köchin im Hause eines jüdischen Kaufmanns namens Frankenberger in Graz gedient. Während ihrer dortigen Dienstzeit sei sie schwanger geworden und habe nach Rückkehr in ihre Heimat einen Sohn geboren, den sie auf den Namen Alois taufen ließ. Als mutmaßliche Kindsväter seien entweder Frankenberger selbst oder sein 19jähriger Sohn in Frage gekommen. Auf jeden Fall habe Frankenberger der Maria Anna bis zum 14. Lebensjahr des Sohnes Alimente gezahlt. Man munkelte sogar von einem jahrelangen Briefwechsel zwischen den Frankenbergers und der Großmutter Hitlers, dessen Gesamttendenz, so Frank, „die stillschweigende gemeinsame Kenntnis der Beteiligten war, daß das uneheliche Kind der Schicklgruber unter den Frankenberger alimentenpflichtig machenden Umständen gezeugt worden war. Ich muß also sagen“, so Frank weiter, „daß es nicht vollkommen ausgeschlossen ist, daß der Vater Hitlers demnach ein Halbjude war, aus der außerehelichen Beziehung der Schicklgruber zu dem Grazer Juden entsprungen. Demnach wäre dann Hitler selbst ein Vierteljude gewesen.“

Werner Maser hat die Frankenberger-Story mit pedantischer Sorgfalt nachrecherchiert. Es gibt keinerlei Beweise, daß 1836 in Graz ein Jude namens Frankenberger gelebt hat. Es gibt nicht einmal Beweise dafür, daß im Österreich des 19. Jahrhunderts deutsche Juden mit dem Namen Frankenberger gelebt haben. In Graz selbst gab es seit dem Ende des 15. Jahrhunderts bis ein Jahrzehnt nach dem Tode von Maria Anna Schicklgruber nachweislich keinen einzigen ansässigen Juden. Auch gibt es keinerlei Beweise, daß Maria Anna Schicklgruber in den Jahren 1836 oder 37 in irgendeinem Grazer Haushalt angestellt war. Sie ist weder im Grazer „Dienstbotenbuch“ noch im „Bürgerbuch“ registriert. Nicht zuletzt findet Maser es von Bedeutung, daß zu jener Zeit Alimentenverpflichtungen in Österreich grundsätzlich nicht üblich waren. Die Väter unehelicher Kinder bezahlten lediglich die Kosten für Entbindung und Wochenbett oder nahmen die Kinder sehr häufig in ihren eigenen Haushalt auf. Bei der Aufteilung des Erbes wurden sie ebenso berücksichtigt wie die „eheleiblichen“ Kinder.

Den Namen „Hitler“ in seinen Abwandlungen „Hiedler“, „Hüttler“ oder „Huetler“ gibt es im Waldviertel, dem „Armenhaus“ der Donaumonarchie zwischen Donau und böhmischer Grenze, seit den dreißiger Jahren des 15. Jahrhunderts. Er ist offenbar tschechischen Ursprungs. Die unterschiedlichen Schreibweisen lassen sich dadurch erklären, daß nur sehr wenige der dort ansässigen Bauern des Lesens und Schreibens mächtig waren und Kirchenbucheintragungen vom Pfarrer nach mündlichen Angaben vorgenommen wurden, wobei häufig Hörfehler auftraten.

Maria Anna Schicklgruber brachte den Knaben Alois Schicklgruber am 7. Juni 1837 in Strones bei Döllersheim zur Welt. Über den Vater schwieg sie sich bei der Kirchenbucheintragung hartnäckig aus. Fest steht heute mit fast hundertprozentiger Sicherheit, daß der 1807 im Dorf Spital geborene Johann Nepomuk Hüttler der Vater war. Zur Zeit der Geburt zählte Maria Anna bereits 42 Jahre. Die Tatsache ist um so erstaunlicher, als Alois ihr erstes und einziges Kind war.

Fünf Jahre nach Alois’ Geburt heiratet Maria Anna den Bruder von Johann Nepomuk, Johann Georg, der sich mit Nachnamen „Hiedler“ schreibt und als Schreinergeselle in Döllersheim lebt. Offenbar hat Johann Georg etwas gegen den „Bankert“ in seinem Hause, so daß die Mutter des kleinen Alois das Kind zu seinem offiziellen Stief-Onkel und leiblichen Vater, dem wohlhabenden Johann Nepomuk, in Pflege gibt. Als der Bub zehn Jahre alt ist, stirbt die Mutter an der Wassersucht.

Mit 14 Jahren tritt Alois als Lehrling bei einem entfernten Onkel in Spital, dem Schuhmachermeister Ledermüller, ein. Zwei Jahre darauf übersiedelt er nach Wien, wo er seine Lehrzeit beendet und als Schuhmachergeselle arbeitet.

Doch Alois ist intelligent und ehrgeizig. Er will nicht sein Leben lang ein Schuster bleiben. Sein Traum ist die Karriere eines k. k. Beamten. Als Autodidakt bildet er sich intensiv weiter und tritt 1855 als 18jähriger in die k. k. Finanzwache ein. Obgleich er nur die Volksschule besucht hat, macht er nicht weniger rasch Karriere als Kollegen mit Matura. 1871 ist er „Controlör" der Rangklasse X, was einer mittleren gehobenen Position entspricht.

Zwei Jahre später heiratet der 36jährige Alois die 14 Jahre ältere Zollbeamtentochter Anna Glassl. Als die Ehefrau krank wird, kommt ein 13jähriges Mädchen als Helferin in den Schicklgruberschen Haushalt: sie heißt Klara Pölzl und ist die Enkelin von Johann Nepomuk Hüttler, dem natürlichen Vater von Alois, also Alois' Nichte. Der eifersüchtigen und streitlustigen Anna ist die Anwesenheit des hübschen Teenagers aber bald ein Dorn im Auge, und Klara wird wieder nach Spital exiliert.

Trotz seiner zufriedenstellenden Karriere leidet Alois als Beamter unter dem „Makel" seiner unehelichen Geburt. Er fürchtet, daß sie seiner weiteren Laufbahn als k. k. Beamter hinderlich sein könnte. Eine salomonische Lösung des Problems denkt sich der bauernschlaue Johann Nepomuk aus. Er erscheint mit zwei Zeugen, Johann Breiteneder und Engelbert Paukh, beim Pfarrer Zahnschirm in Döllersheim und erklärt, es sei schon immer der Wunsch seines verstorbenen Bruders Johann Georg Hiedler, des Stiefvaters von Alois gewesen, den Sohn zu legitimieren. Pfarrer Zahnschirm trägt ins Geburtsbuch ein, Johann Georg habe sich als Vater des Kindes Alois bekannt und um die Eintragung seines Namens ins hiesige Taufbuch nachgesucht. Die Zeugen, des Lesens und Schreibens nicht mächtig, unterfertigen mit drei Kreuzen. Lesen können sie den Namen nicht, den der Pfarrer ins Buch geschrieben hat. Im Geburtsbuch steht nicht „Hiedler". Johann Nepomuk betont seinen eigenen Namen „Hüttler" sehr deutlich, und durch einen Hörfehler des Pfarrers wird daraus „Hitler". Auf diese Weise ist der Name entstanden, der später eine ganze Welt in Schrecken versetzen sollte.

Ende 1876 bestätigt die Wiener Statthalterei offiziell, daß der k. k. Zollamtsoffizial Alois Schicklgruber nunmehr

„vollkommen berechtigt“ sei, „den Geschlechtsnamen seines Vaters Hitler zu führen“.

1880 nimmt Alois Hitler eine Liebesbeziehung zu der 19jährigen Franziska Matzelsberger auf, die als Hausangestellte zu ihm zieht. Ehefrau Anna erreicht eine „Trennung von Tisch und Bett“. Franziska gebiert am 13. Januar 1882 außerehelich den gemeinsamen Sohn Alois, der zunächst Matzelsberger heißt. Als Ehefrau Anna schließlich ein Jahr später stirbt, heiratet Alois Franziska und legitimiert seinen Sohn drei Monate später. Knapp vier Monate nach der Hochzeit wird dem Ehepaar eine Tochter Angela geboren. Weniger als ein Jahr darauf stirbt Franziska Hitler, geb. Matzelsberger, an Lungentuberkulose. Um die verwaisten Kinder kümmert sich die inzwischen 24jährige Nichte Klara Pölzl, die schon während Franziskas Krankheit aus Spital herbeigeeilt ist.

Alois ersucht um kirchlichen Dispens, um seine Hausangestellte und Nichte Klara heiraten zu können. Der Linzer Bischof lehnt die Heiratserlaubnis wegen zu naher Verwandtschaft ab und leitet das Gesuch nach Rom weiter, von wo aus der Dispens schließlich erteilt wird. Es ist auch höchste Zeit, denn Klara ist bereits im fünften Monat schwanger, als die Heiratserlaubnis eintrifft. Am 17. Mai 1885 kommt Gustav Hitler zur Welt, der schon zwei Jahre darauf wieder stirbt. Auch die im folgenden Jahr geborene Ida stirbt mit zwei Jahren, das dritte Kind, Otto, kurz nach der Geburt.

Mit dem vierten Kind sollten die Eltern mehr Glück haben, die Welt weniger: Am 20. April 1889, um 18.30 des Ostersamstages, wird in der Dienstwohnung des k. k. Zollamtsoffizials im Gasthof „Zum Pommer“ in Braunau am Inn der Sohn Adolf geboren. Die ersten Menschen, die den späteren Diktator noch vor der Mutter zu Gesicht bekommen, sind die buckelige Johanna Pölzl, Klaras Schwester, und die Hebamme Franziska Pointecker. Franziska Pointecker erinnert sich später, das Kind sei „schwächlich, dunkelhaarig und auffallend blauäugig" gewesen. Der Vater ist 52 Jahre alt, die Mutter 28. Noch immer redet Klara Hitler ihren Mann mit „Onkel Alois" an.

Der k.k. Zollamtsoffizial Alois Hitler war kein armer Mann. Hitler selbst hat in seinem Buch „Mein Kampf" an der Legende von „ärmlichen Verhältnissen, Dürftigkeit und häuslicher Enge" gestrickt. Die Wirklichkeit war anders.

Bis 1888 mußte Alois Hitler von seinem Gehalt leben, das monatlich, einschließlich der Ortszuschläge, auf die ein Beamter Anspruch hatte, 216 Kronen betrug. Dieses Gehalt lag höher als das eines Bürgerschuldirektors, der damals als Repräsentant des gehobenen bürgerlichen Mittelstandes galt. Ein Facharbeiter mit Familie wurde zum Beispiel im Vergleich mit 90 Kronen monatlich entlohnt. An Miete zahlte Alois zwischen 16 und 20 Kronen im Monat, an Steuern rund 40 Kronen im ganzen Jahr. Die Familie brauchte keine Entbehrungen auf sich zu nehmen. Allerdings konnte Alois auch keine großen Ersparnisse machen. Die Krankheiten und Todesfälle in seiner Familie hatten nicht geringe Kosten verursacht.

Ein Jahr vor Adolf Hitlers Geburt änderten sich die Finanzen des Zollbeamten schlagartig zum Guten. Der wohlhabende Johann Nepomuk Hüttler starb im Alter von 81 Jahren auf dem Altenteil seines Hofes in Spital und hinterließ seinen ehelichen Töchtern Johanna, Josefa und Walburga lediglich den Hof und das ihm gehörende Gasthaus von Spital. Das Barvermögen hatte er kurz vor seinem Tod dem „natürlichen" Sohn Alois geschenkt, von dessen „brillanter Carriere" er in seinen letzten Lebensjahren stets voller Stolz und Respekt gesprochen hatte. Die Höhe des Betrages ist nicht dokumentiert. Auf jeden Fall war Alois Hitler in der Lage, am 16. März 1889 in Wörnharts bei Spital von dem Bauern Franz Weber ein repräsentatives Wohnhaus mit Stall, Scheune, großem Hof, Garten und Landwirtschaft für den Betrag von 10000 Kronen zu erwerben. Zur

Bewirtschaftung setzte er die bucklige Nichte Johanna ein. Diese machte ihre Sache so gut, daß er das Anwesen knapp vier Jahre später für 14000 Kronen an den Bauern Johann Hobiger verkaufen konnte, also ein Plus von 4000 Kronen machte.

Der kleine Adolf wuchs also in einem bürgerlich geordneten, finanziell abgesicherten Elternhaus auf und war für seine noch relativ junge Mutter und seine Halbschwester Angela der umhätschelte Mittelpunkt.

Im August 1892 wird Alois Hitler zum Zollamtsoberoffizial befördert und gleichzeitig nach Passau versetzt, auf die deutsche Seite der Grenze. Adolfs Bruder Edmund wird dort geboren, der aber mit sechs Jahren an den Masern stirbt. Zwei Jahre später kommt es schon wieder zur Versetzung, diesmal nach Linz. Im nahegelegenen Dorf Hafeld bei Lambach erwirbt Vater Hitler ein villenähnliches Haus mit einem 38000 Quadratmeter großen Grundstück und läßt sich 1895 nach 40 Dienstjahren als Oberoffizial pensionieren. Jetzt widmet er sich behaglich der Landwirtschaft und seinem liebsten Hobby, der Bienenzucht.

Der junge Adolf kommt in die Volksschule von Fischlheim bei Lambach, ein Jahr darauf in die Lambacher Klosterschule des Benediktinerstifts. Er gilt als sehr guter Schüler, dem seine Lehrer fast nur Einser ins Zeugnis schreiben. Am Sängerknaben-Institut der Klosterschule wird er Chorknabe. Vater Alois ist stolz und hofft, daß der Sohn als Staatsbeamter eine noch weitaus glänzendere Karriere machen wird als er.

Die Dorfbewohner bezeugen der Familie des wohlsituierten pensionierten Staatsbeamten Alois Hitler ehrfurchtsvollen Respekt. Und der kleine Adolf macht die Erfahrung, daß er zum „besseren Bürgertum“ gehört, daß Besitz und Ansehen eine entscheidende Rolle im Leben spielen. Später wird ihn ständig die Angst begleiten, er könne einmal in proletarische Armut absinken. Auch in den Jahren, als er das Leben eines Bohémiens führte, hat er nie darauf verzichtet, sich mit allen Fasern dem Bürgertum zugehörig zu fühlen. Selbst seine heftigsten Angriffe auf das „gesättigte Spießertum" sind stets Ausdruck eines verzweifelten Wunsches nach Annahme und Zugehörigkeit gewesen.

1896 kommt Adolfs Schwester Paula, das „Nesthäkchen" zur Welt. Im selben Jahr verläßt der 14jährige Alois jun. das Haus. Grund sind die ständigen Nörgeleien des Vaters, der ihn für einen Faulpelz und Nichtsnutz hält. Alois geht zunächst nach Wien, wo er als Kellner arbeitet und in den folgenden Jahren zweimal wegen Diebstahls im Gefängnis landet. Über seine weitere schillernde Karriere und sein Verhältnis zu Halbbruder Adolf wird später noch zu berichten sein.

Alois Hitler verkauft sein Hafelder Anwesen mit Gewinn und erwirbt ein neues Haus in Leonding, fünf Kilometer von Linz entfernt. Später wurde es zum offiziellen Elternhaus des Führers und seit 1938 zum „Wallfahrtsort" für tausende von Besuchern aus aller Welt.

Als Bruder Edmund im Februar 1900 an den Masern stirbt, ist Adolf der einzige Sohn im Hause und die ganze Hoffnung des ehrgeizigen Vaters. Er bezieht die staatliche Realschule in Linz. Doch der Schulwechsel behagt ihm wenig. Seine Leistungen in Mathematik und Naturgeschichte sind so schlecht, daß er die erste Klasse wiederholen muß. Die guten Leistungen in Geschichte, Geographie und Zeichnen können den Mangel in den anderen Fächern nicht wettmachen. Die Enttäuschung des Vaters und die harten Worte, mit denen er den Sohn zu disziplinieren sucht, verstärken noch die Abneigung gegen den Schulzwang. In seiner Hitler-Biographie schreibt Werner Maser: „Alle Details und Zusammenhänge zeigen eindeutig, daß bereits der junge Hitler systematische Arbeit als Zwang und Bevormundung auffaßte, wenn er sie selbst leisten sollte... Alle Fächer, die neben der Begabung solide Arbeit voraussetzen, wurden von ihm mit unzureichenden Erfolgen absolviert."

Am 3. Januar 1903 bricht Vater Alois im Gasthaus Wiesinger in Leonding bei einem Glas Wein plötzlich mit einem Herzinfarkt zusammen. Bevor Arzt und Pfarrer eintreffen, stirbt der 66jährige in einem Nebenzimmer. Die freisinnige Linzer „Tagespost“ bringt einen längeren Nachruf. Gelobt wird Alois' „fortschrittliche Gesinnung, sein engagierter Bürgersinn und sein haushälterisches Wesen“. Seine Autorität auf dem Gebiete der Bienenzucht findet besondere Erwähnung.

Finanziell bringt der Tod des Vaters für die Familie keine allzu großen Einschränkungen. Die Witwe erhält ein Sterbegeld von 605 Kronen und eine monatliche Witwenpension von 100 Kronen. Hinzu kommen Erziehungsbeiträge von je 20 Kronen für die beiden unversorgten Kinder Adolf und Paula, so daß Klara Hitler über ein Einkommen von 140 Kronen im Monat verfügt und in einem fast schuldenfreien Haus wohnt. Stieftochter Angela hat den Beamten Leo Raubal geheiratet und das Elternhaus verlassen. Stiefsohn Alois hat alle Verbindungen zur Familie abgebrochen. Klaras buckelige Schwester Johanna Pölzl, die mit im Hause wohnt, hat aus einem Erbteil eigenes Einkommen und steuert zu den Haushaltskosten bei.

Ein halbes Jahr nach dem Tode ihres Mannes verkauft Klara Hitler das Leondinger Haus für 10000 Kronen (Alois hatte sieben Jahre zuvor 7700 Kronen angelegt) und zieht mit den Kindern nach Linz, wo sie in der Humboldtstraße 31 im Stadtteil Urfahr eine gepflegte Wohnung mietet.

Nach Abzug der Hypothekenschuld und der mündelsicheren Anlage der Erbanteile für Adolf und Paula bleiben der Mutter mehr als 5000 Kronen, die der Familie neben der Witwenpension ein sorgloses, bequemes Leben ermöglichen. Klara Hitler ist eine anspruchslose Frau. Sie spart ihr Geld für die Kinder, vor allem für ihren „genialischen“ Liebling Adolf, dessen Ansprüche an ihren Geldbeutel von jetzt an immer rücksichtsloser und egoistischer werden.

Dandy, Egomane und Muttersöhnchen

Zeugen haben berichtet, der 14jährige Adolf sei an der Bahre seines Vaters „schluchzend zusammengebrochen". Nur die Mutter erkennt, daß die Emotion in ihrer Theatralik nicht ganz echt ist. Sie spürt, daß der Tod des disziplinierten und disziplinierenden Vaters eine Last von dem Jungen genommen hat. Stürmisch bittet er sie, ihm den weiteren Besuch der verhaßten Schule zu erlassen. Schließlich fleht sie ihn unter Tränen an, das Vermächtnis des Vaters wenigstens teilweise zu erfüllen und wenigstens die vierte Klasse der Realschule zu absolvieren. (In Österreich galt der Abschluß der vierten Realschulklasse als Voraussetzung für den staatlich finanzierten Besuch der Kadettenschule, die wiederum die Laufbahn zum Offizier oder gehobenen Staatsbeamten eröffnete.)

Adolf will weder Offizier noch Beamter werden. Er sagt der Mutter, er fühle sich ganz zum Künstler, zum Maler berufen. Auf diesem Wege könne ihn der weitere Besuch der Realschule nicht fördern. Er gibt erst dann nach, als die Mutter ihm beweist, daß auch zum Besuch der Kunstakademie neben aller Begabung ein anerkannter Schulabschluß vonnöten sei.

Widerwillig besucht Adolf weiterhin die Realschule in Linz. Die Versetzung in die vierte Klasse schafft er nur, indem er die Prüfung im Französischen wiederholt. Nachdem er die Nachprüfung gerade mit Hängen und Würgen zustande gebracht hat, gibt man ihm das Versetzungszeugnis nur unter der Bedingung, daß er die Schule verläßt, um die vierte Klasse auf einer anderen Lehranstalt zu absolvieren. Später sagt sein Lehrer Professor Dr. Eduard Huemer, der ihm die Nachprüfung im Französischen abgenommen hat: „Hitler war entschieden begabt, wenn auch einseitig, hatte sich aber wenig in der Gewalt, zum mindesten galt er auch für widerborstig, eigenmächtig, rechthaberisch und jähzornig, und es fiel ihm sichtlich schwer, sich in den Rahmen einer Schule zu fügen. Er war auch nicht fleißig; denn sonst hätte er bei seinen unbestreitbaren Anlagen viel bessere Erfolge erzielen können."

Die Mutter schickt ihn auf die Staatsoberrealschule nach Steyr, wo er in Pension beim Gerichtsbeamten Conrad Edler von Cichini am Grünmarkt Nr. 19 wohnt, der 1938 in „Adolf-Hitler-Platz" umgenannt wurde. Sogar das Haus, wo der Schüler Adolf Hitler in Kost und Logis stand, wurde von den Nazis mit einer respektheischenden Gedenktafel versehen.

Im Deutschunterricht beim jüdischen Lehrer Robert Siegfried Nagel werden seine Leistungen recht gut, im Zeichnen hervorragend, in Physik und Mathematik verschlechtern sie sich. Sein erstes Zwischenzeugnis im Frühjahr ist so miserabel, daß Hitler sich betrinkt und das Dokument im Rausch als Toilettenpapier verwendet. Verkatert erscheint er am nächsten Tag in der Schuldirektion, um sich ein Duplikat ausstellen zu lassen.

Zumindest bekommt er im Herbst 1905 ein halbwegs ausreichendes Abschlußzeugnis, das ihn zum Eintritt in die fünfte Klasse berechtigt. Halbherzig verspricht er der Mutter, die die Versetzung schon als ermutigendes Zeichen wertet, die Schule weiter bis zur Matura zu besuchen, doch noch vor Beginn des neuen Schuljahres wird er der Einlösung des Versprechens durch eine, wie er später in „Mein Kampf" schreibt, „rettende Krankheit" enthoben. Hitler spricht von einem „schweren Lungenleiden". In Wirklichkeit konstatiert der Hausarzt der Familie, Dr. Eduard Bloch, eine Bronchitis, wahrscheinlich hervorgerufen durch exzessives Rauchen, und empfiehlt eine Erholungszeit bei frischer Luft auf dem Lande bei der Spitaler Verwandtschaft.

Obgleich sich sein Gesundheitszustand bei der Rückkehr nach Linz durch gesunde Kost und viel Milch sehr gebessert hat, spielt Adolf der Mutter gekonnt die Rolle des leidenden „Schwindsüchtigen" vor, der dringend Erholung braucht und keinesfalls den Anstrengungen des Schulbesuchs gewachsen ist. Er verspricht ihr statt dessen, sich gleich nach seiner Wiederherstellung um die Aufnahme an der Wiener Kunstakademie zu bewerben. Die Mutter gibt nach.

Und jetzt beginnt für den 17jährigen Adolf die – wie er später sagte – „schönste" Zeit seines Lebens. Er ist von allen Pflichten frei. In Linz führt er das Leben eines wohlsituierten, privilegierten jungen Müßiggängers. Er läßt sich eine elegante Garderobe anmessen. Die Mutter zahlt klaglos die Schneiderrechnungen, nachdem Adolf sie überzeugt hat, daß er als einziger Sohn einer Staatsbeamtenwitwe und künftiger akademischer Künstler standesgemäß auftreten muß. Die früheren Schulkollegen der Linzer Realschule sehen mit Neid und Erstaunen seine Wandlung zum Dandy, der die Linzer „Landstraße" auf und ab promeniert und sich die Aura des bereits arrivierten Künstlers gibt, das Spazierstöckchen schwenkend, den schwarzen, breitrandigen Künstlerhut verwegen im Genick. Er ist Stammgast im Café Baumgartner, wo die „Créme" der Provinzmetropole sich ein Stelldichein gibt, und wo er sich an ungezählten Torten mit Schlagobers delektiert.

Er wird zahlendes Mitglied des Museumsvereins und des Volksbildungsvereins, verbreitet sich als „Kenner" über jede Art von Thematik aus Kunst, Musik, Geschichte, Architektur oder Psychologie. Der gleichaltrige Musikschüler und Dekorateurssohn August („Gustl") Kubizek wird sein getreuer „Eckermann". Der Handwerkersohn bewundert den phantasievollen Müßiggänger, der grandiose Projekte über alles und jedes entwirft. In der Musik entdeckt er

Richard Wagner, den er für das „größte Genie" hält, „das die Weltgeschichte bisher hervorgebracht hat". Er läßt keine einzige Wagner-Aufführung in der Linzer Oper aus. Joachim Fest schreibt: „In der Traumwelt, die er sich neben und über der Realität errichtete, kultivierte er die Erwartungen und das Selbstbewußtsein des Genies." Die Welt, so teilt er dem Gustl mit, müsse „gründlich und in allen Teilen geändert werden". Er entwirft städtebauliche Projekte für die Stadt Linz, zeichnet Entwürfe für Theater, feudale Villen oder Museen. Oft verwischen die Grenzen zwischen Traum und Realität. Freund Kubizek schenkt er zum Geburtstag den Entwurf eines Hauses im italienischen Renaissancestil, „das ich eines Tages für dich bauen werde". Er entwirft auch eine neue, repräsentative Brücke über die Donau. Fünfunddreißig Jahre später, als „Führer des Großdeutschen Reiches", läßt er diese Brücke tatsächlich nach den Originalplänen des 17jährigen Dilettanten errichten. Noch im März 1945 – die Rote Armee steht bereits vor den Toren Berlins – läßt er sich in seinem Bunker unter der Reichskanzlei seine Pläne für eine Neugestaltung von Linz bringen. Stundenlang steht er träumend davor, versetzt sich in die „schönste Zeit seines Lebens" vor vierzig Jahren, korrigiert hier eine Skizze, ändert dort einen Entwurf.

Die Mutter macht sich Sorgen über seine Zukunft, schickt ihn im Sommer 1906 nach Wien, drängt ihn, sich um die Aufnahme an der Akademie zu bemühen. Adolf fährt in die Hauptstadt, mit Bargeld wohlversehen, lebt zwei Monate in einem kleinen Hotel, bummelt durch die Museen, begutachtet die Architektur an der Ringstraße, genießt fast jeden Abend irgendeine Wagner-Oper. An Freund Kubizek schreibt er: „Ich steige fleißig umher. Morgen gehe ich in den ‚Tristan', übermorgen in den ‚Fliegenden Holländer'." Um die Aufnahme in die Akademie bemüht er sich nicht. Er verschiebt sie aufs folgende Jahr.

Zurück in Linz, nimmt er das alte Bummelleben wieder auf. Die Mutter ist inzwischen krank. Sie hat keine Widerstandskraft mehr, die sie der Egomanie des Sohnes entgegensetzen könnte. Ständig macht er neue Pläne. Plötzlich will er Komponist werden. Die Mutter kauft ihm ein Piano, zahlt ihm vier Monate lang Klavierunterricht bei dem ehemaligen Militärmusiker Prewatzky-Wendt. Doch als Adolf merkt, daß auch die Musik ein Mindestmaß an disziplinierter Arbeit und Übung erfordert, gibt er den Versuch wieder auf. Das teure Piano verstaubt. Allerdings beginnt er mit der Komposition einer großen Oper in der Manier Richard Wagners und wird bitterböse, als der Musikschüler Kubizek die ebenso bombastischen wie dilettantischen Entwürfe sachlich zu kritisieren versucht.

Immer mehr verzehrt sich die Mutter in Sorge um die Zukunft des geliebten Sohnes. Sie weiß inzwischen, daß sie nicht mehr lange zu leben hat, verheimlicht ihm aber die Wahrheit. Am 18. Januar 1907 wird sie im Linzer Hospital der Barmherzigen Schwestern an der Brust operiert. In der Krankengeschichte steht „Sarcoma musculi pectoralis minoris“ (bösartige Geschwulst im kleinen Brustmuskel). Nach der Operation erholt sie sich ein wenig, spielt ihrem Sohn tapfer die Rolle der Genesenden vor. Eingekapselt in seine Egomanie spürt Adolf nicht, daß die Mutter vom Tode gezeichnet ist. Endlich, im September 1907, fährt er auf ihr Drängen wieder nach Wien, um sich der Aufnahmeprüfung zu stellen. Klara ist 47 Jahre alt, wirkt aber wie eine Greisin. Als August Kubizek sie besucht, sagt sie traurig und resigniert: „Adolf wird rücksichtslos seinen Weg weitergehen, als wäre er allein auf der Welt.“ Die Mutter ahnte nicht, auf welche Weise sich ihre prophetischen Worte eines Tages erfüllen sollten.

Inzwischen stellt sich der 18jährige Adolf der Prüfungskommission der Allgemeinen Malerschule der Akademie der Bildenden Künste am Wiener Schillerplatz vor. „Ausgerüstet mit einem dicken Pack Zeichnungen“, so schreibt er, ist er überzeugt, die „Prüfung spielend leicht bestehen zu können". Die Prüfung ist wegen ihrer hohen Anforderungen gefürchtet. Die erste, zweimal dreistündige Klausur, in der aus einem großen Themenkatalog zwei Aufgaben zur „Komposition" zu wählen sind, besteht der Kandidat zufriedenstellend, während hier schon 33 der 112 Bewerber scheitern.

Dann aber sollen die Kandidaten anhand von Probezeichnungen nachweisen, was sie bereits außerhalb der Akademie geleistet haben. Hitler zeigt einen Stoß von Zeichnungen aus Linz, die allerdings den Anforderungen nicht zu entsprechen scheinen. Vor allem wird bemängelt, daß er nur ganz wenige Porträtskizzen vorlegt. In der Klassifikationsliste heißt es: „Adolf Hitler, geb. in Braunau/Inn, Oberösterreich am 20. April 1889, deutsch, kath., Eltern: k.k. Oberoffizial, Probez. ungenügend, wenig Köpfe." Neben Hitler fallen weitere 51 Probanden durch. Werner Maser schreibt: „Was wäre der Welt möglicherweise erspart geblieben, wenn Hitler 1907 ein paar ‚Köpfe' mehr in seine Auswahl einbezogen hätte? Heute noch existieren von seiner Hand Porträts und Porträtstudien aus jener Zeit, die den Anforderungen der Akademie zweifellos genügt hätten."

Es wäre völlig verkehrt, aus dem Mißerfolg bei der Aufnahmeprüfung zu schließen, Hitler sei unbegabter gewesen als die erfolgreicheren Kandidaten. Viele Biographen haben den Eindruck erweckt, als habe ein großmannssüchtiger Dilettant sich an der hehren Akademie beworben und sei von den kenntnisreichen Prüfern im ersten Anlauf als „völlig unzureichend talentiert" abgeschmettert worden. Diese Ansicht, die sich bei Heiden, Bullock und Shirer findet, ist auch von späteren Biographen kritiklos tradiert worden. Fest und Maser sind hier rühmliche Ausnahmen. Die Aufnahmeentscheidungen waren zum Teil recht subjektiv und willkürlich. Viele der ursprünglich von den strengen Prüfern als „hochtalentiert" Angenommenen versanken später in Obskurität oder zeichenlehrerischer Mittelmäßigkeit, während einige der „Durchgefallenen" sich als professionelle

Künstler einen Namen machten. Der Kandidat Robin Christian Andersen zum Beispiel, der bei derselben Prüfung wie Hitler durchfiel, wurde nach 1945 Professor und Leiter der Meisterschule für Malerei an der Wiener Akademie der Bildenden Künste und später sogar Rektor derselben Akademie, die ihn im Jahre 1907 für „unbegabt zum Studium der Malerei" erklärt hatte.

Hitlers Zeichnungen lehnten sich damals stark an den zwei Jahre zuvor verstorbenen österreichischen Landschaftsmaler Franz von Alt an, der als gemäßigter, impressionistisch angeregter Realist galt. Sie enthalten nicht selten hervorragend gefertigte Straßen- und Gebäudedetails, wirken aber durch die nahezu völlige Abwesenheit von Menschen oder Tieren merkwürdig steril. Sind lebendige Wesen in den Zeichnungen vorhanden, so dienen sie in marionettenhafter Darstellung lediglich als Dekoration und Staffage, während bei Alt lebendige Menschen, Pferde, Hunde und Katzen die Straße bevölkern. Es ist zu vermuten, daß die Prüfer von der Abwesenheit jeglicher Lebendigkeit vergrämt waren. Selbst die Bäume wirken wie gipserne Versatzstücke und nicht wie lebende Organismen.

Die Ablehnung ist für den 18jährigen ein Schock. Er bittet um ein Gespräch mit dem Rektor der Akademie, Professor Siegmund l'Allemand. L'Allemand ist Jude. Später hat Hitler seinen Mißerfolg bei der Aufnahme als „jüdische Verschwörung" zu rationalisieren versucht. Dabei steht der Rektor dem jungen Künstler keineswegs negativ gegenüber. Er nimmt sich viel Zeit für ein ausführliches Gespräch. Er hebt die besonderen Begabungen des abgewiesenen Kandidaten hervor, die nach seinen Worten „doch ganz ersichtlich viel mehr auf dem Gebiete der Architektur" lägen. Er rät ihm dringend, sich um eine Aufnahme an der Architekturschule der Akademie zu bewerben. Die vorgelegten Zeichnungen würden großes Talent verraten. Sie würden einen Erfolg seiner Bewerbung geradezu garantieren.

Adolf Hitler verläßt die Besprechung mit heißen Dankesworten für den unvoreingenommenen und liberalen Mentor und Ratgeber. Er will nun Architekt werden. Doch am Tag darauf, in der Direktion der Bauschule, weist man ihn lapidar darauf hin, daß ihm zur Aufnahme des Architekturstudiums eine ganz wichtige Voraussetzung – und nur diese – fehlt: die Matura einer höheren Lehranstalt. „Was ich bisher aus Trotz in der Realschule versäumte, sollte sich nun bitter rächen", schreibt Hitler später selbstkritisch. Bekannte, bei denen er in Wien wohnt, drängen ihn, nunmehr nach Linz zurückzukehren und energisch die noch fehlenden Klassen zur Matura zu absolvieren, nachdem selbst ein so angesehener und kritischer Mann wie der Akademie-Rektor ihm eine große Begabung zum Architekten bescheinigt habe. Doch Hitlers Abneigung gegen die Schule, gegen jede methodische, disziplinierte Arbeit ist stärker als der Wunsch nach einem systematischen, wenn auch künstlerischen „Brotstudium". Er bleibt vorerst in Wien. Es hemmt ihn, der Mutter das Scheitern seiner „freien Künstlerträume" gestehen zu müssen.

Erst als Dr. Bloch ihm aus Linz schreibt, daß die Mutter jetzt unheilbar am Krebs dahinsiecht, kehrt er im November nach Hause zurück. Einen Monat später, am 21. Dezember 1907 um 2 Uhr morgens, stirbt die Mutter, bis zuletzt von Dr. Bloch mit Opiumtränken und Morphium-Injektionen so schmerzfrei wie möglich gehalten. Zwei Tage später läßt der Sohn sie auf dem Leondinger Friedhof neben dem Vater beerdigen. Dr. Bloch, der 1938 nach dem Anschluß Österreichs aufgrund einer speziellen Anordnung Hitlers als Jude unbehelligt blieb und ein Jahr darauf mit seinem gesamten Eigentum nach Amerika ausreisen durfte, erinnert sich noch später ohne Haß an Hitler: „Ich habe in meiner beinahe vierzigjährigen ärztlichen Tätigkeit nie einen jungen Menschen so schmerzgebrochen und leiderfüllt gesehen, wie es der junge Hitler gewesen ist."

Doch auch der – sowohl echte als auch theatralische –

Schmerz überdeckt nicht das sehr reale pekuniäre Interesse des Vollwaisen. Seinen Vormund, den Leondinger Bürgermeister Josef Mayrhofer, ersucht er kurz nach der Beerdigung der Mutter um eine genaue Bestandsaufnahme der ihm zustehenden Gelder und Erbanteile. Die zwölfjährige Schwester Paula, die inzwischen das Linzer Mädchen-Lyzeum besucht, wird in der Familie der Halbschwester Angela Raubal untergebracht. Und als Josef Mayrhofer den jungen Adolf nach seinen Plänen fragt, nachdem er ihm vorgerechnet hat, was ihm künftig an Einkommen zur Verfügung stehen wird, antwortet dieser mit fester Stimme: „Herr Vormund, ich geh' nach Wien!"

Enttäuschte Hoffnungen

Adolf Hitler hat später oft behauptet, sein väterliches Erbe sei durch die Krankheit und den Tod der Mutter „nahezu völlig aufgezehrt“ worden. Das scheint mehr als unwahrscheinlich. Der Tagessatz im Linzer Hospital, wo Klara Hitler operiert wurde, betrug damals zwei Kronen, die Operation kostete 40 Kronen. Die Rechnung von Dr. Bloch wird schätzungsweise hundert Kronen betragen haben. Die Gesamtkosten für die Beerdigung beliefen sich auf 370 Kronen, davon 110 Kronen für den Sarg. Sogar wenn man bedenkt, daß Klara Hitler für die anspruchsvollen Bedürfnisse des Sohnes ihr Kapital aus dem Erlös des Leondinger Hauses anbrechen mußte, werden für Paula und ihn bei der sonst so sparsamen Lebensführung der Mutter ein paar tausend Kronen übriggeblieben sein, mindestens tausend für ihn und tausend für Paula.

Das für Adolf Hitler mündelsicher angelegte Kapital aus dem väterlichen Erbteil bei der Oberösterreichischen Hypothekenanstalt betrug 800 Kronen. Hitler bat seinen Vormund, ihm davon monatlich 58 Kronen nach Wien zu überweisen, so daß es bis Mitte 1909 gereicht haben dürfte. Aus dem mütterlichen Erbe sind für anderthalb Jahre mindestens 50 Kronen monatlich zu veranschlagen. Dazu kam die monatliche Waisenrente von 25 Kronen. Hitler ging also Anfang 1908 mit rund 125–130 Kronen monatlichen Einkommens nach Wien, und zwar Einkommen, das ihm ohne Arbeit zufloß. Das war damals viel Geld. Zum Vergleich: Leo Raubal, Beamter und Ehemann seiner Halbschwester Angelika, bezog 90 Kronen Monatsgehalt. Davon hatte er Frau und zwei Kinder zu ernähren. Hitlers minderjährige

Schwester Paula steuerte für Essen und Kleidung nur 25 Kronen Waisenrente bei. Ein Jurist nach einjähriger Tätigkeit bei Gericht erhielt 70 Kronen, ein Junglehrer in den ersten fünf Dienstjahren 66 Kronen, ein Assessor an einer Wiener Realschule 82 Kronen. Als Benito Mussolini im damals österreichischen Trient Chefredakteur der Zeitung *L'Avenire del Lavoratore* und Sekretär der Sozialistischen Partei war, bezog er für *beide* Tätigkeiten zusammen 120 Kronen.

Hitler fuhr nicht auf „gut Glück" nach Wien. Zwar hatte die Akademie ihn erst einmal abgewiesen, doch hatte er begründete Aussicht auf ein privates Studium bei einem berühmten Künstler. Die Inhaberin der Wohnung, in der die Familie Hitler in der Humboldtstraße in Urfahr lebte, mochte den „strebsamen, ernsten jungen Mann" sehr, der ein Künstler werden wollte. Durch familiäre Verbindungen in Wien schaffte sie Adolf ein Entree bei dem namhaften, über die Grenzen Österreichs hinaus bekannten Bühnenmaler Alfred Roller, Mitbegründer der Wiener Secession, der damals Lehrer an der Kunstgewerbeschule war und den Gustav Mahler als Bühnenbildner zu sich an die Hofoper geholt hatte. Roller schuf die Bühnenbilder zu Mahlers Inszenierungen aller Wagneropern und später zu sämtlichen Erstaufführungen der Opern von Richard Strauss.

Hitler wurde auch von Roller empfangen, der ihn freundlich beriet. Er selbst konnte aus Zeitgründen aber unmöglich Privatschüler annehmen. So empfahl er den angehenden jungen Künstler einem bewährten Pädagogen, dem Bildhauer und Zeichenlehrer Panholzer, der Hitler auch als Schüler annahm. Später, in seinen Gesprächen im Führerhauptquartier, hat Hitler gern behauptet, er sei ein Schüler von Professor Alfred Roller gewesen, was aber nachweislich nicht stimmt, höchstens in dem Sinne, daß Hitler in seinem ersten Wiener Jahr jede Opernaufführung sah, die von Roller bühnenbildnerisch gestaltet worden war. Immerhin ging Hitlers Verehrung für Roller so weit, daß er 1935 Winifred

Wagner vorschlug, den inzwischen 74jährigen als Bühnenbildner nach Bayreuth zu berufen. Die Berufung scheiterte nur, weil Roller in diesem Jahr starb.

Der junge Hitler, der im Januar 1908 von Linz nach Wien fährt, ist 1,72 m groß und wiegt 68 Kilo. Sein grobes, knochiges Gesicht eines Waldvierteler Bauern wird von einer großen Nase mit riesigen schwarzen Nasenlöchern beherrscht, unter denen ein schütteres Oberlippenbärtchen wächst, das aber damals noch nicht nach Art einer Fliege gestutzt ist. Merkwürdig fremd in diesem Gesicht wirken die großen, strahlend blauen Augen. Er hat sehr große Füße. Im Gegensatz dazu sind die Hände klein, zart und schmalgliederig, wie die Hände eines Chirurgen oder Pianisten. Seine Kleidung ist bürgerlich-elegant. Neben dem Koffer im Gepäcknetz liegt das Spazierstöckchen mit dem Elfenbeingriff.

Im Wiener 6. Bezirk, nahe beim Westbahnhof, mietet er bei der polnischen Witwe Maria Zakreys in der Stumpergasse 29 ein großes Zimmer, das er bald mit seinem Freund August Kubizek teilen wird, der im Februar ebenfalls nach Wien kommt, um das staatliche Konservatorium zu besuchen. Den Mietpreis von 20 Kronen monatlich teilen die beiden sich.

Erst jetzt gesteht Hitler dem Freund, daß er bei der Aufnahmeprüfung für die Akademie durchgefallen ist. Kubizek erinnert sich später: „Er steigerte sich in einen ähnlichen Wutanfall hinein wie damals in Linz nach der Sache mit dem Lotterielos. Die ganze Akademie gehörte in die Luft gesprengt, schrie er. Lauter alte, verzopfte Staatsdiener, verständnislose Bürokraten, stupide Beamtenkreaturen." Aber Hitler sagt, daß er auch ohne dieses „Gesindel" seinen Weg machen wird.

Während der Musikstudent Kubizek nach einem genauen Stundenplan lebt, regelmäßig das Konservatorium besucht und seine schmale Börse durch Klavierstunden aufbessert, nimmt Hitler wieder das ungeregelte Leben seiner Linzer

Zeit auf. Kubizeks praktischer Realismus widert ihn an. Als er einmal in die gemeinsame Wohnung kommt, erlebt er gerade, wie Kubizek eine junge Lyzeumsschülerin nach der Klavierstunde verabschiedet. Mit unverhohlener Abneigung bewahrt er der jungen Dame gegenüber gerade noch die Mindestanforderungen der Höflichkeit. Als sie gegangen ist, reißt er die Fenster auf und überschüttet den Freund mit Vorwürfen. Durch seinen dauernden „Brotunterricht" würde er nur „parfümierte, hysterische Musenweiber" anlocken. Ihm ist es völlig egal, daß Kubizek finanziell nicht so gut gestellt ist wie er und Geld verdienen muß.

Nur unregelmäßig erscheint Hitler im Atelier von Panholzer, bleibt schließlich ganz weg, als er merkt, daß der Kunstpädagoge ihm die bekannte These verdeutlichen will, daß Kunst nur zu zehn Prozent aus Inspiration besteht, dafür aber zu neunzig Prozent aus Transpiration. Stundenlang streift er über die Ringstraße, bewundert den Pomp der Gebäude, die neue Burg, das Burgtheater, das Imperial-Hotel, die Hofoper, die Börse.

Die Ringstraße war zwischen 1858 und 1888 auf den geschleiften ehemaligen Festungsanlagen errichtet worden. Vom funktionellen Standpunkt gesehen, sind die meisten ihrer pompösen Bauten eine gigantische Ansammlung von Kitsch. Alle eklektischen, historisierenden Stilformen sind vertreten, von der Neo-Gotik, über die Neo-Renaissance bis zum Neo-Barock, die meisten sind Hybriden mehrerer historischer Stilelemente. In seinem Buch „Hitlers Weg begann in Wien" nennt Jones J. Sydney diese Architektur „Teil einer erlesenen Inszenierung, mit der die sterbende Monarchie ihre eigene Leere zu verschleiern suchte". Ein Wien-Besucher, der Engländer Henry Wickham Steed, beschreibt im Jahre 1900 die bauliche Zuckerguß-Atmosphäre der Donau-Metropole: „Ein ganzes Reich scheint an Diabetes zu sterben."

Doch Hitler ist vom architektonischen Historismus fasziniert. Seine großen Vorbilder in der Architektur werden

Semper, Hasenauer, von der Nüll und Theophil Hansen. Hasenauer, der den dekorativen Stil im Geschmack der Makart-Zeit pflegte, liegt ihm besonders. Mit Otto Wagner dagegen, der sich als erster aus dem historisierenden Traditionalismus löst, weiß er nicht viel anzufangen. Und ein Mann wie Adolf Loos, der im ersten Jahrzehnt die Avantgarde der Architekten anführt, der zum geistigen Vater des Bauhauses wurde und auch Le Corbusier stark prägte, ist ihm ein „undeutscher Greuel".

Auch in der Malerei ist der Geschmack des jungen Hitler bei Makart und Franz von Alt stehengeblieben. Er weiß es nicht – oder er will es nicht wissen – daß zur gleichen Zeit in der gleichen Stadt ein Gustav Klimt lebt. Daß zum Beispiel ein junger Maler, der im gleichen Jahr wie Hitler geboren ist, sich 1909 mit seiner ersten Ausstellung einen ebenso bewunderten wie skandalträchtigen Namen macht: Egon Schiele.

In der Musik ist er nur auf Wagner fixiert. 1908 weiß er zwar, daß der Direktor der Hofoper und Regisseur der Wagner-Opern, die Hitler fast jeden Abend besucht, Gustav Mahler heißt, er hat aber nie Musik dieses Gustav Mahler gehört. Auch Mahler ist ein glühender Verehrer Wagners, doch im Gegensatz zu ihm beginnt und endet Musik für Hitler bei Wagner. Man muß nicht einmal Mozart kennen. Als Richard Strauss 1909 seine „Elektra" uraufführt, geht Hitler nur deswegen hin, weil das Bühnenbild von Roller ist. Die Musik bleibt ihm fremd. Und der von Arnold Schönberg, der zu dieser Zeit ebenfalls in Wien lebt und arbeitet, wäre er mit völligem Unverständnis gegenübergestanden. Auf dem Gebiet der leichten Muse ist der einzige Komponist, der Gnade vor den Augen des jungen Mannes findet, Franz Léhar. Die „Lustige Witwe" hat er sich mindestens ein Dutzendmal angesehen, kann viele der Melodien auswendig singen.

Ins Sprechtheater geht er kaum. Arthur Schnitzler findet er „schweinisch", Hugo von Hofmannsthal „dekadent". Dabei bildet er sich nicht einmal eine eigene Meinung, sondern wiederholt das, was er im deutschtümelnden und antisemitischen „Tagblatt“ aufschnappt. Zu Kubizek sagt er lapidar: „Alle Bücher, die nach 1900 erschienen sind, sind dekadent, obszön und unsauber.“

In seinem ersten Wiener Jahr geht er fast jeden Abend in die Oper. Er gibt sehr viel Geld dafür aus. Immerhin kostet das Billet im Stehparterre, direkt unter der Kaiserloge, zwei Kronen. Hitler schätzt es sehr, daß Frauen keinen Zugang zum Stehparterre haben. „Sie kommen eh nur, um zu flirten“, sagt er zu Kubizek.

Überhaupt hat er in Wien zur Sexualität ein recht eigenartiges Verhältnis. Er meidet Frauenbekanntschaften, ist Frauen gegenüber linkisch und gehemmt. Eine rein platonische Freundschaft scheint er zu einer Kellnerin namens Marie entwickelt zu haben, die in einem Café in der Nähe des Westbahnhofs arbeitet. „Bei einem anständigen Mädchen müßte ich mich binden“, teilt er dem Gustl mit. „Und die leichtfertigen Frauenzimmer geben einem die Syphilis an den Hals.“ Tatsächlich war die Syphilis in Wien wie in allen Großstädten die wohl gefürchtetste Krankheit. Sie galt als unheilbar. Die langwierige Behandlung mit Quecksilbereinreibungen war unzuverlässig und führte darüber hinaus dazu, daß dem Patienten sämtliche Zähne ausfielen. Die Verseuchung war hoch. Es wurde geschätzt, daß 10 Prozent der Bevölkerung an Syphilis litten. Hugo Wolf und Makart starben an ihr. Der Bruder Otto des Thronfolgers Franz Ferdinand mußte eine „Ledernase“ tragen, um die von der Krankheit verursachte Gesichtsverwüstung zu verbergen.

In Wien treibt Hitler ein eigenartiger Drang dazu, sich über die schwülen und verbogenen Aspekte der Sexualität verbal oft stundenlang auszulassen. Das sexuelle Klima im Wien der Jahrhundertwende ist verklemmt und von Doppelmoral geprägt. Nicht umsonst hat Sigmund Freud hier geradezu ideale „Laborbedingungen“ vorgefunden.

Doch mit Freud beschäftigt der junge Hitler sich nicht.

Dafür liest er in der Bibliothek fasziniert in der vor Jahren von dem Irrenarzt Krafft-Ebing publizierten Fallsammlung von Perversionen, der „Psychopathia Sexualis“. Auch führt er sich „studienhalber“ die notorische „Venus im Pelz“ des Leopold von Sacher-Masoch und die „Memoiren der Josefine Mutzenbacher“ von Felix Salten zu Gemüte. August Kubizek muß sich ganze Vorträge über sexuelle Perversionen anhören. Theoretisch scheint Hitler auf diesem Gebiet nichts fremd zu sein. Doch vor dem natürlichen Ausleben sexueller Bedürfnisse scheut er zurück.

Im Frühjahr 1908 läßt Hitler die Kunst wieder links liegen und stürzt sich auf literarische Projekte. Ein Theaterstück aus der germanischen Sagenwelt will er schreiben. Bei schönem Wetter geht er jeden Tag in den Park von Schloß Schönbrunn, um dort zu arbeiten. Sein Stammplatz ist eine Steinbank mit einem Steintisch direkt unterhalb der Gloriette. Das Theaterstück wird nicht fertig. Es bleibt bei Bruchstücken.

Plötzlich entdeckt Hitler sein Herz für die soziale Frage. Tagelang streift er durch das Arbeiterviertel von Meidling mit seinen vollgestopften Mietskasernen. Er beschäftigt sich mit Projekten für den sozialen Wohnungsbau. Er entwirft ein architektonisches Modell für Massensiedlungen mit kleineren, grün umsäumten Vier- bis Achtfamilienhäusern. Sogar eine „Infrastruktur“ ist nicht vergessen: Wirtschaften, in denen statt Wein und Bier nur Alkoholfreies ausgeschenkt werden soll. Als Kubizek zu bedenken gibt, daß der Wiener Arbeiter kaum auf sein Viertel oder Achtel Wein verzichten wird, bekommt er zur Antwort: „Du wirst nicht gefragt werden!“ Das heißt, die Betroffenen werden nicht gefragt werden. Doch auch dieses Projekt bleibt ein Strohfeuer. Eines Tages wird es unvollendet beiseite gelegt.

Im September 1908 verläßt August Kubizek Wien, um seiner Wehrpflicht nachzukommen. Hitler stellt sich zum zweiten Mal der Aufnahmeprüfung an der Akademie. Diesmal fällt er schon in der Klausur durch. Als Kubizek seine baldige Rückkehr ankündigt (er ist nach der Grundausbildung befreit worden), zieht Hitler aus der gemeinsamen Wohnung ohne Hinterlassen einer neuen Adresse aus. Nach seinem neuerlichen „Versagen" ist es ihm peinlich, mit dem Freund wieder zusammenzutreffen. Am 18. November 1908 bezieht er im gleichen Bezirk beim Westbahnhof ein Zimmer in der Felberstraße 22, Tür 6. Während er früher bei der polizeilichen Anmeldung „Maler" als Beruf nannte, gibt er jetzt „Student" an.

Auch ein „Studienfach" hat er sich erwählt. Er liest die krausen, radikal antisemitischen Schriften, die ein entlaufener Mönch mit dem angemaßten Adelsnamen Jörg Lanz von Liebenfels herausgibt. Unweit seines möblierten Zimmers in der Felberstraße liegt in einem Tabaktrafik das „rassekundliche" Magazin „Ostara" des Lanz von Liebenfels aus, das in einer Auflage von rund 100000 (!!) Exemplaren erscheint und vorwiegend unter Studenten und im akademischen Mittelstand verbreitet ist. Lanz hat eine schrullenhafte Lehre vom Kampf der Asinge (oder Heldlinge) gegen die Äfflinge (oder Schrättlinge) entwickelt. Sein „arioheroischer" Männerorden, in dem auch esoterische und freimaurerische Elemente eine Rolle spielen, soll die Vorhut der blonden und blauäugigen germanischen Herrenrasse im Kampf mit „minderwertigen" dunklen Rassen bilden. Er will den Klassenkampf durch den Rassenkampf „bis aufs Kastrationsmesser" ersetzen. Er propagiert Züchtungs- und Vernichtungspraktiken „für die Ausrottung der Tiermenschen und die Entwicklung des ‚Neumenschen'. „Bringt Frauja Opfer dar, ihr Göttersöhne", schreibt Lanz an einer Stelle. „Auf, und bringt ihm dar die Schrättlingskinder!" Zur Popularisierung seiner Lehre schlägt Lanz sogar rassische Schönheitskonkurrenzen vor. Joachim Fest meint, Lanz habe keinen nennenswerten Einfluß auf Hitler ausgeübt. Seine Bedeutung liege vielmehr in seiner Rolle als Wortführer einer neurotischen Zeitstimmung. Dennoch mutet es etwas gespenstisch an, wenn bereits Lanz von planmäßiger Zuchtwahl und Rassenhygiene spricht, von Deportationen in den „Affenwald“, von Liquidationen durch Zwangsarbeit oder Mord. Zumindest bei Himmler, der auch ein eifriger Lanz-Leser war, sind die Theorien auf sehr fruchtbaren Boden gefallen. Fest räumt allerdings ein, daß Lanz, wenn nicht die Ideologie, so doch die Pathologie des jungen Hitler entscheidend mitgeprägt hat.

Mit der gleichen Manie, mit der er sich den anderen Projekten gewidmet hat, stürzt Hitler sich in das „Studium“ des antisemitischen Schrifttums. Gemalt und gezeichnet wird nicht mehr.

Im Sommer 1909 merkt Hitler zu seiner großen Besorgnis, daß das Geld aus den elterlichen Erbteilen langsam zur Neige geht. Er muß sich einschränken. Die Opernbesuche werden aufgesteckt, ein Teil der teuren, eleganten Kleidung verkauft. Nur die 25 Kronen Waisengeld treffen mit pünktlicher Regelmäßigkeit ein. Hitler muß sich eine billigere Wohnung suchen. Am 20. August zieht er in die Sechshauser Straße 58 im 14. Bezirk, einem reinen Arbeiterviertel. Auch die Tatsache, daß er eine Aufforderung zur Wehrmusterung, der sogenannten „Verzeichnung“ erhalten hat, läßt ihm einen Wohnungswechsel ratsam erscheinen.

Das Haus in der Sechshauser Straße dient heute als Massenunterkunft für Gastarbeiter. Aber auch damals schon konnte es als recht schäbig gelten. Die sorglosen Dandy-Zeiten scheinen für Hitler vorbei zu sein. Unaufhaltsam beginnt der soziale Abstieg. Dennoch wehrt er sich als Bürgersohn noch immer dagegen, bezahlte manuelle Arbeit anzunehmen. Zuerst verkauft er die Reste seiner Garderobe, sogar den Wintermantel. Er behält nur einen immer schäbiger werdenden dunkelblauen Anzug. Dann werden die Farben, Pinsel und sonstigen Arbeitsutensilien an einen Trödler verkauft. Schließlich, am 16. September, kann er auch die billige Wohnung in der Sechshauser Straße nicht mehr halten. Das Geld ist aufgebraucht. Vor dem Monatsende kommen auch die 25 Kronen nicht.

Drei Monate lang, vom September bis zum Dezember 1909, gibt es keine polizeilichen Unterlagen über Hitlers Aufenthalt in Wien, keine Berichte von Bekannten. Es gibt nur das, was er später seinen Kumpanen im Männerheim erzählte. Bei aller gebotenen Vorsicht läßt sich die Zeit so rekonstruieren:

Manchen Abend verbringt er in einem billigen Kaffeehaus in der Kaiserstraße beim Westbahnhof, wo die mitleidige Kellnerin Marie ihm hier und da ein paar Heller zusteckt. Solange es noch einigermaßen warm ist, schläft Hitler in Hauseingängen oder auf Parkbänken im Prater. Regnet es, verkriecht er sich in der Rotunde des Praters. Doch Ende Oktober bricht in Wien der Winter mit Schnee- und Regenstürmen ein.

Sobald am Monatsende postlagernd die Waisenrente eintrifft, beschafft Hitler sich als sogenannter „Bettgeher" ein Dach über dem Kopf. Er berichtet, daß er bis zu sechzehn verschiedene Quartiere dieser Art hatte. Der „Bettgeher" ist in Wien eine ebenso bekannte Einrichtung wie der „Schlafbursche" in Berlin. Er mietet lediglich ein Bett, meist in einer armen Arbeiterunterkunft, und muß das Haus am Morgen wieder räumen. Einmal wird ihm bei dieser Gelegenheit seine Tasche mit allen verbliebenen Habseligkeiten gestohlen.

Hitler war nur einer von tausenden unter den Bewohnern Wiens, die in einer solchen Lage lebten. 1909 platzte die Stadt mit über 2 Millionen Einwohnern völlig aus den Nähten. Es gab eine unvorstellbare Wohnungsnot. Von 1860 bis 1900 hatte sich die Bevölkerungszahl um 250 Prozent erhöht. Die riesige Zahl von Landbewohnern aus allen Teilen der Donaumonarchie, aus Böhmen, Polen, Galizien, Kroatien, Ruthenien und aus Oberösterreich, die sich in Hoffnung auf Arbeit in die Hauptstadt ergoß, ließ die ohnehin prekäre Wohnungslage zur Katastrophe werden. Hygiene und Wasserversorgung waren in einem grauenvollen Zustand. Die Unterschiede zwischen ordinär zur Schau gestelltem Luxus und bitterster Armut waren unvorstellbar. Das „gemütliche" Wien an der „schönen blauen Donau" existierte nur in der Phantasie von Operetten-Librettisten. Hinter dem Mythos vom müßiggängerischen hedonistischen Wiener, der jeden Abend in seinem Café sitzt oder zu den Klängen eines Straußwalzers tanzt, liegt die Realität der Wohnungsknappheit, die die Leute aus ihren überfüllten, übelriechenden Quartieren ins Freie oder in die Lokale trieb.

Im Jahre 1910 kamen in den Arbeitervierteln auf ein Zimmer im Durchschnitt 4,4 Personen. Die Wohnungen in den Arbeiterbezirken Brigittenau oder Favoriten waren finstere, primitive Löcher ohne fließendes Wasser, die Zimmer klein und stickig. Und obgleich der Wohnraum für die Familien schon radikal beschränkt war, mußten viele noch „Bettgeher" aufnehmen, um die Miete bezahlen zu können. Diese „Bettgeher", die weder über ein eigenes Zimmer, noch über eine Kochgelegenheit verfügten, machten im Jahre 1910 etwa fünf Prozent der Wiener Bevölkerung aus.

Doch es gab noch größeres Elend. Viele der Armen nächtigten in sogenannten „Aufwärmesälen", die von privaten karitativen Vereinigungen, vornehmlich mit jüdischen Geldern, finanziert wurden. Sie waren über die ganze Stadt verteilt, aber hoffnungslos überfüllt. Es gab dort auch eine Gratissuppe und eine dünne Scheibe Brot. Neuankömmlinge mußten sich mit den Ellbogen einen Weg durch die dicht aneinandergedrängten Leiber bahnen. Und dennoch wagten viele Arme nicht, sich dieser legitimen Institutionen zu bedienen, weil sie Vorstrafen hatten und fürchteten, wegen mangelnder Papiere oder kleinerer Delikte von der Polizei aufgestöbert zu werden.

Für sie waren die „Abwässer" die letzte Zuflucht, zum Beispiel bei der Stephanie-und-Ferdinand-Brücke. Die Eisentüren der Gänge, die zu den Kloaken führten, waren leicht zu öffnen. Die warmen, feuchten Dämpfe stanken zwar grauenhaft, aber sie linderten wenigstens die eisige winterliche Kälte.

Wochenlang kämpft Hitler mit der Scham, ein öffentliches Obdachlosen-Asyl aufzusuchen. Noch immer fühlt er sich als Bürger, als Sohn eines Staatsbeamten. Er steht seiner Notlage mit fassungsloser Hilflosigkeit gegenüber. Die Dreistigkeit des professionellen Stadtstreichers fehlt ihm. Solange er noch ein paar Heller hat, taumelt er von einem Bettgeher-Platz zum anderen, von einem Aufwärmesaal in den nächsten. In der Kanalisation hat er nie Unterschlupf gesucht. Von dieser Möglichkeit wissen nur die Eingeweihten, die Profis unter den Pennern.

Kurz vor Weihnachten 1909 steht er endlich in der langen Schlange vor den Toren des Obdachlosenasyls in Meidling, in der Nähe des Südbahnhofs. Dieses Asyl wird von einer philantropischen Gesellschaft geführt, deren Hauptgeldgeber die jüdische Familie Epstein ist.

Der Aufenthalt ist auf fünf Tage begrenzt. Zuerst muß jeder duschen, immer zwei Mann in einer Kabine. Für Hitler ist das ein demütigender Horror. Er hatte bis an sein Lebensende eine panische Angst davor, sich nackt vor anderen zu zeigen. Im Speisesaal gibt es Suppe und Brot. Dann geht es in die riesigen Schlafsäle, in denen ordentlich aufgereihte Feldbetten stehen, über denen ein eiserner Kleiderhaken angebracht ist.

Die Herbergsgäste sind meist junge Leute in Hitlers Alter. Sie sind auf Arbeitssuche. Viele kommen aus Deutschland, aus dem Rheinland, aus Bayern oder Sachsen. Hitler sitzt gebrochen, mit niedergeschlagener Miene auf seinem Feldbett und hört schweigend zu, wie die anderen miteinander albern und sich ihre Reiseabenteuer erzählen. Die anderen versuchen, den stillen, traurigen Menschen aufzuheitern. Mit der kameradschaftlichen Solidarität der Armen nehmen sie den scheuen Neuling unter ihre Fittiche, teilen ein Stück Brot oder eine Scheibe Wurst mit ihm. Einer, der, obgleich er aus dem Sudetenland stammt, mit betontem Berliner Akzent spricht, freundet sich besonders mit ihm an. Er ist gelernter Grafiker und heißt Reinhold Hanisch.

Seit Gustl Kubizek hat Hitler zum ersten Mal wieder einen Kumpel.

Am Morgen wird das Asyl geschlossen. Die Bewohner müssen das Haus bis zum Abend verlassen. Hitler und Hanisch verbringen die Tage in den verschiedenen Aufwärmesälen, zwischendurch verdienen sie sich ein paar Heller als Kofferträger am Westbahnhof. Wenn es nachts geschneit hat, verdingen sie sich frühmorgens als Schneeschaufler. Ohne Wintermantel, den er schon vor Monaten beim Trödler gelassen hat, friert Hitler jämmerlich.

Als die fünf Tage um sind, schafft der findige Hanisch es, daß sie ihren Aufenthalt verlängern können, indem er von ausziehenden Bewohnern für ein paar Heller die Herbergsausweise kauft. Sie bleiben bis Anfang Februar. In dieser Zeit gehen sie auch ein paarmal als Hilfsarbeiter auf den Bau. In „Mein Kampf" hat Hitler beschrieben, wie er als Handlanger auf dem Bau gearbeitet habe und mit sozialdemokratischen Arbeitern aneinandergeraten sei. Das stimmt nicht. Schon nach zwei Tagen schickt der Vorarbeiter Hitler heim, weil er ihn körperlich zu schwächlich findet.

Hanisch und Hitler freunden sich immer mehr an. Es ist ein elendes Leben, aber noch immer besser als das, was Hitler hinter sich hat, vor allem, wenn am Monatsende die 25 Kronen eintreffen. Doch, was die Zukunft angeht, ist Hitler tief deprimiert. Als Hanisch den Freund fragt, warum er mit seinem Leben nichts besseres anfange, bei seiner Bildung, seinem gesellschaftlichen Hintergrund; auf was er denn eigentlich warte, antwortet Hitler niedergeschlagen: „Ich weiß es selber nicht!"

Schließlich kommt Hanisch auf eine Idee, die für beide nützlich sein kann. Hitler sei doch akademischer Maler, habe er ihm erzählt. Er hat sogar ein paar kleine Bilder in Postkartengröße dabei. Hanisch schlägt eine Partnerschaft vor: Hitler soll Postkarten malen, Hanisch wird sie verkaufen. Den Ertrag wird man sich zur Hälfte teilen. Aber zunächst gibt es ein Problem. Hitler hat keine Farben, kein

Handwerkszeug mehr. Hanisch schleppt ihn ins Café Arthaber beim Meidlinger Friedhof, wo man bei Bestellung einer kleinen Tasse Kaffee auch Feder und Papier erhält. Hitler schreibt an die buckelige Tante Johanna in Spital, bittet sie um ein Darlehen zum Kauf von Malutensilien, um sein Studium fortsetzen zu können. Über seine wirkliche Lage klärt er sie nicht auf.

Schon nach wenigen Tagen trifft postlagernd prompt ein Betrag von hundert Kronen ein. Hitler kann nicht nur Farben, Pinsel und Karton kaufen, sondern ersteht im Dorotheum, der städtischen Pfandleihe, für 12 Kronen auch einen warmen, dunklen Wintermantel. Und es bleiben noch über fünfzig Kronen übrig.

Jetzt muß ein Arbeitsplatz gefunden werden. Im Meidlinger Asyl dürfen sie bald ohnehin nicht mehr schlafen. Der Schwindel mit den Herbergsausweisen droht aufzukommen.

Da Hitler wieder etwas Geld hat, bietet sich das vor kurzem von der Stadt zur Behebung der Wohnungsnot in der Meldemannstraße in der Brigittenau errichtete Männerheim an. Im Vergleich zum Meidlinger Asyl wirkt es wie das „Ritz“. Es ist keine Obdachlosenherberge, sondern mehr ein einfaches Boarding-Haus für alleinstehende Männer. Es werden nur Bewohner zugelassen, die im Höchstfalle 1500 Kronen im Jahr verdienen. Die wöchentliche Miete beträgt drei Kronen. Arme Adlige und Ex-Offiziere wohnen hier ebenso wie Künstler, Handlungsreisende, Handwerker, kleine Angestellte.

Von außen wirkt das Männerheim ansprechend, das Innere ist peinlich sauber. Jeder hat eine kleine Schlafkabine, die mit einem Eisenbett, einer dreiteiligen Matratze und einem Roßhaarkissen ausgestattet ist. Es gibt einen schmalen Schrank zum Unterbringen der Habseligkeiten. Die Bettwäsche wird jede Woche gewechselt. Auf jedem Stockwerk gibt es ausreichend Toiletten, Bäder, Duschen. Es gibt eine Küche für Selbstversorger und eine Kantine, in der preiswerte Mahlzeiten zum Selbstkostenpreis verkauft werden. Es gibt mehrere Schreibzimmer, Spielzimmer für Schach, Dame und Domino sowie eine Bibliothek. Am 9. Februar 1910 zieht Hitler ein und zahlt sofort den Mietpreis für die ersten vier Wochen im voraus. Hanisch hat sich für ein paar Tage als Aushilfsdiener verdingt, um den Mietpreis zusammenzubekommen. Er folgt ein paar Tage später nach.

In den folgenden Tagen sieht man Hanisch durch verräucherte Kneipen und Cafés ziehen und eine rührselige Geschichte erzählen: von einem armen, schwindsüchtigen Maler, der in einem kalten Turmzimmer haust und kleine Ansichten von Wien original auf Postkarten malt. Es sind kleine Aquarelle von Wiener Gebäuden, Kirchen und Plätzen, merkwürdig menschenleer, aber architektonisch genau. Hanisch sammelt Heller und Kronen ein. Links unten auf den Karten findet sich eine fast unleserliche Unterschrift: „A. Hitler."

Der kleine Handelsbetrieb läßt sich erfolgreich an. In einer Ecke im Schreibzimmer des Männerheims sitzt der 21jährige Adolf Hitler, vor sich ausgebreitet Farben, Fotos und Pinsel. Er kopiert die Fotos, aquarelliert sie dann. Manchmal hält er die Karten anschließend über den Ofen, um ihnen eine künstliche „Patina" zu geben. Zuerst geht es langsam, aber der unermüdliche Hanisch drängt, und bald produziert Hitler einen ordentlichen Vorrat zum Verkauf. Hanisch muß immer mahnen und drängen, denn allzu gern läßt Hitler die Arbeit liegen, um mit den anderen Bewohnern zu disputieren oder lange Monologe über Politik und die Judenfrage zu führen. Werden Gegenmeinungen geäußert, kann er sich so ereifern, daß er die Reißschiene wie einen Dirigentenstab schwingt. „Aber das Elend hatte ein Ende", erinnert Hanisch sich dreißig Jahre später. „Neue Hoffnungen tauchten auf."

Man lebt bequem im Männerheim. Eine Portion Schweinebraten mit Gemüse ist schon um 19 Heller zu haben. Im

Souterrain gibt es einen Friseur, einen Schneider und einen Schuster. Hitler kocht selber, am liebsten Süßspeisen. Hanisch: „Waren unsere Geschäfte einmal besonders gut gegangen, machte sich Hitler abends in der Küche einen Milchreis und streute Kakao darüber."

Bald tut Hanisch neue und ertragreichere Absatzmärkte auf. Die Rahmenhändler in Wien vor dem Ersten Weltkrieg verkauften ihre Rahmen gern zusammen mit billigen Bildern, damit der Kunde gleich sehen konnte, wie ein Bild im Rahmen wirkt. Sie waren beileibe keine „Galeristen", sondern mehr am Verkauf eines Rahmens als eines Bildes interessiert. Auch Tapezierer fragten nach preiswerten Originalbildern, die man auf den Rückseiten von Sesseln oder Sofas anbringen konnte. Manche Kunden wollten so ein Möbelstück gern dekorativ in die Mitte eines Zimmers stellen.

Hanisch baute mit Erfolg einen Kundenstamm auf. Hitler malte seine Bilder jetzt gewöhnlich im Format 30 × 40 Zentimeter, zuweilen auch doppelt so groß. Einmal kam ein Auftrag für ein Aquarell der Kirche in der Gumppendorfstraße, der Hitler vor ein großes Problem stellte: er war es nicht gewohnt, nach der Natur zu malen, hatte es nie ordentlich gelernt. Er kopierte am liebsten nach Fotos oder anderen Vorlagen. Aber von der Kirche gab es kein Foto. Da zerrte Hanisch den unwilligen Hitler frühmorgens in die Gumppendorfstraße, aber Hitler schaffte es nicht. Er schob es auf die Kälte, sagte, seine Hände wären zu klamm. Aber von nun an glaubte Hanisch ihm das Märchen vom „akademisch" geschulten Maler nicht mehr.

Die besten Abnehmer sind Jakob Altenburg, ein polnisch-jüdischer Einwanderer aus Galizien, der inzwischen vier Rahmengeschäfte aufgemacht hat, ein gewisser Morgenstern in der Liechtensteinstraße und Joseph Landsberger in der Favoritenstraße, alle drei Juden. Hitler und Hanisch verkauften am liebsten an Juden, Lanz von Liebenfels und dem „Tageblatt" zum Trotz. Hanisch: „Die christlichen Händler kauften nur, wenn sie ihren Bestand abgestoßen hatten, die jüdischen kauften weiter, ob sie nun schon verkauft hatten oder nicht."

Hanisch könnte noch viel mehr verkaufen, aber Hitler ist faul und läßt die Arbeit gern liegen. Hanisch muß ständig zur Arbeit drängen und darauf achten, daß sein Freund die Auftragstermine einhält. Hanisch verlangt, daß Hitler pro Tag ein Bild produziert, das fünf, oft auch zehn Kronen bringt, die sie gerecht miteinander teilen. Schon im Frühjahr 1910 haben die beiden sich eine bescheidene wirtschaftliche Sicherheit geschaffen. Auf sein Äußeres legt Hitler inzwischen noch immer keinen Wert. Vergessen sind die Zeiten des Dandy. Noch immer trägt er seinen abgewetzten blauen Anzug, dazu eine unglaublich speckige Melone. Sein Haar trägt er lang, an Kinn und Wangen sprießt ein Bart. Hanisch hänselt ihn manchmal, daß er einen Anblick biete, „wie er unter Christen eigentlich nur selten vorkommt". Er zieht ihn damit auf, wahrscheinlich jüdischer Abstammung zu sein, weil er ja von einem Bewohner der Leopoldstadt, des jüdischen Ghettos, kaum zu unterscheiden sei. Auch hätten die Juden ja so große Füße, weil sie jahrzehntelang durch die Wüste laufen mußten. Hitler lacht nur säuerlich über den gutmütigen Spott.

Sein Leben verläuft wieder in bequemen Bahnen. Er kassiert nicht nur seine Waisenrente, sondern jeden Monat 50 bis 60 Kronen, manchmal auch mehr, aus Bilderverkäufen. Bald frönt er wieder der Leidenschaft des Kuchenessens in den Kaffeehäusern. Und als der ungarische Jude Josef Neumann, mit dem er sich anfreundet, ihm einen Gehrock schenkt, erlaubt er sich sogar hin und wieder den Luxus eines Opernbesuchs. Und Hanisch sieht mit großem Mißfallen, daß sein Interesse am Politisieren immer größer wird. Sobald sein Partner morgens aus dem Hause ist, um mit den Kunden zu verhandeln, legt Hitler Farben und Malutensilien beiseite, um die Zeitungen zu lesen, zu debattieren, Bücher über Geschichte und Politik zu lesen. Wenn Hanisch zurückkehrt, ist nichts getan. Er macht Hitler Vorwürfe, es kommt zu häßlichen Auseinandersetzungen, die Freundschaft kühlt ab.

Am 21. Juni 1910 verschwindet er plötzlich für eine Woche aus dem Heim und läßt einen verzweifelten Hanisch zurück. Er mietet sich ein Hotelzimmer, streift durch die Museen, feiert regelrechte Mehlspeisenorgien in den Kaffeehäusern, wo er fünf Stück Torte mit Schlagobers hintereinander verzehrt. Hanisch spürt ihn auf, beschwört ihn, an die Arbeit zurückzukehren. Für ihn bedeutet Hitler das tägliche Brot. Seinem eigenen Talent als Zeichner traut er nicht den nötigen Erfolg zu. Hitler will nichts davon wissen. „Er sagte mir, die Arbeit der letzten Wochen habe ihn zu sehr angestrengt. Er habe noch etwas Geld. Er brauche jetzt Ruhe und Erholung. Er sei kein Kuli, den man herumschikken könne."

Nach einer Woche ist Hitler pleite, wieder im Heim und nimmt widerwillig die Arbeit wieder auf, unterbrochen von politischen Debatten über den Sozialismus, die Judenfrage, über Wagner und die Verdienste von Gottfried Semper. In seinem radikalen Antisemitismus nimmt er nicht die geringste Rücksicht auf seinen Freund Joseph Neumann und die anderen jüdischen Heimbewohner, die über seine taktlosen Äußerungen eher schmunzeln als zürnen.

Je mehr die Freundschaft mit Hanisch abkühlt, desto enger schließt er sich an einen neuen Heimbewohner an: Josef Greiner, einen Plakatmaler, der – mit Neumann als Agent – in der Werbung sein Geld verdient. Greiner fasziniert Hitler mit seinen Luftschlössern vom „schnellen Reichtum", zu dem die Arbeit in der Reklame der geeignete Weg sei. Er überredet Hitler, sich auf dem Gebiet der Reklamemalerei zu versuchen. Es sei viel leichter, damit Geld zu verdienen als mit Aquarellen oder Ölbildern. Mitbestimmend für Hitler ist auch, daß Neumann als Agent nur 20 Prozent nimmt, Hanisch dagegen die Hälfte des Ertrages. Als erstes holt Neumann einen Auftrag für dreißig Kronen herein: ein Plakat für ein Schuhgeschäft mit dem Namen

„Ha-ha“. Hitler, Greiner und Neumann feiern den Auftrag im Gasthaus Marhold am Fleischmarkt im 1. Bezirk, wo Hitler gut und reichlich ißt und zum Nachtisch eine doppelte Portion Kaiserschmarren vertilgt.

Als das Plakat fertig ist, bekommt Hitler Lust, auch künftig in der Werbung leichtes Geld zu verdienen. Hanisch soll sehen, wo er bleibt. Neumann bringt einen Auftrag von einer Drogerie, die für einen geruchshemmenden Fußpuder namens „Teddy Schweißpuder“ wirbt. Hitlers Entwurf zeigt zwei Briefträger. Der eine hat seine Schuhe ausgezogen und betrachtet angewidert seine verschwitzten Socken. Der andere rät seinem Kollegen amüsiert, es mit Teddy Schweißpuder zu versuchen. Als Text hat Hitler „gedichtet“: „Zehntausend Stufen Tag für Tag, ist eine riesengroße Plag’. Zehntausend Stufen, lieber Bruder, ist eine Lust mit Teddy Puder!“ Der Drogist ist allerdings nicht sehr glücklich und nimmt das Plakat nicht an. Er bemängelt vor allem, daß der Briefträger nicht fröhlich und überzeugend lacht, sondern angeblich „hämisch grinst“.

Hitler kehrt reumütig zu Hanisch zurück. Doch die früher so enge Freundschaft ist vorbei. Bald zerbricht die Beziehung endgültig. Hitler hat ein Ölbild des Wiener Rathauses in Arbeit und ist schon Tage im Verzug. Endlich ist das Rathausbild fertig, aber Hitler, verwöhnt durch die Plakate, verlangt fünfzig Kronen. Hanisch ist entsetzt, versucht es aber dennoch. Niemand will es haben, nicht einmal für einen billigen Preis. Die Stammhändler halten es für schlecht und nachlässig gemalt. Schließlich nimmt es der Rahmenhändler Wenzel Reiner um 12 Kronen. Hanisch verkauft ihm auch gleich ein Aquarell des Dominikanerklosters um 10 Kronen. Als Hanisch Hitler seinen Anteil aushändigt, tobt dieser vor Wut über den niedrigen Betrag. Hanisch berichtet ihm offen, daß die Stammhändler es wegen der schlechten Qualität abgelehnt hätten und er froh wäre, es überhaupt an den Mann gebracht zu haben. Gleichzeitig ermahnt er ihn, ein bestelltes und längst fälliges Bild für eine alte Dame endlich fertigzustellen. Hitler erwidert wütend, er sei nicht in der Stimmung zum Arbeiten. Schließlich sei er ein Künstler und kein Kuli. Hanisch meint trokken, er solle sich doch nicht einbilden, daß seine Bildermalerei hohe Kunst sei. „Ohne mich wärst du nichts als ein Hungerkünstler!" Darauf Hitler, auf die Dienertätigkeit Hanischs anspielend: „Und du bist nichts als ein ungebildeter Hausknecht!" Hanisch packt verletzt seinen Koffer und verläßt das Männerheim.

Für Hitler ist Hanischs Auszug eine Katastrophe. Er selber ist zu linkisch, zu gehemmt, zu schlecht gekleidet, um mit den Händlern zu verhandeln. Plötzlich merkt er, wieviel Arbeit ihm der geschäftstüchtige und redegewandte Hanisch abgenommen hat. Hitler gerät in Panik. Er fürchtet, wieder ins Elend abzusinken.

Er steigert sich in solche Wut über den „Verrat" hinein, daß er bei der Brigittenauer Polizeistation vorspricht und den Freund wegen „Unterschlagung von 50 Kronen in Form eines zu verkaufenden Bildes" anzeigt. Am 5. August 1910 gibt er folgendes zu Protokoll: „Da er (Hanisch) mittellos war, gab ich ihm die von mir gemalten Bilder, um sie zu verkaufen. Er erhielt regelmäßig 50 Prozent des Erlöses von mir. Seit etwa zwei Wochen ist Hanisch nicht mehr in das Männerheim zurückgekehrt und hat mir mein Bild ‚Rathaus' im Wert von 50 Kronen und ein Aquarell im Wert von neun Kronen unterschlagen."

Hitler ist jedes Mittel recht, sogar die Lüge, um sich an Hanisch zu rächen. Eine Woche später schickt der Richter Hanisch sechs Tage ins Gefängnis, obgleich der beteuert, den erhaltenen Betrag korrekt mit Hitler geteilt zu haben. Als Hanisch abgeführt wird, ruft er Hitler zu: „Wann und wo sehen wir uns wieder, um auf gleich zu kommen?"

Hanisch hat Hitler nicht wiedergesehen. Nach 1933 fanden aber Konrad Heiden, Rudolf Olden und viele Journalisten in ihm einen redseligen Kronzeugen, der mehr über die Wiener Zeit Hitlers zu sagen wußte, als dem neuen Kanzler des Reiches lieb war. Und wieder rächte sich Hitler auf seine ganz persönliche Weise: Unmittelbar nach dem deutschen Einmarsch in Wien wurde Hanisch von der Gestapo verhaftet. Er starb in der Haft, angeblich an Lungenentzündung. Martin Bormann dagegen behauptet am 17. Februar 1944 im Führerhauptquartier: „Nach der Übernahme Österreichs hat Hanisch sich erhängt."

Hitler steht nun vor dem Nichts. Neumann ist nach Deutschland gezogen. Er hätte Hitler gern mitgenommen, aber der hat abgelehnt. Auch Greiner ist verschwunden. Die Anzeige gegen seinen alten Kumpanen Hanisch, der sehr geschätzt war, hat Hitler im Männerheim nicht gerade populär gemacht. Man liebt dort solche hinterhältigen Racheakte nicht. Niemand ist bereit, Hitlers Bilder auf Provisionsbasis zu verkaufen. Der Winter rückt näher. Für kurze Zeit findet Hitler einen Job als Vergolder in der Mal- und Vergoldungswerkstatt seiner k. k. Apostolischen Majestät Oberhofmeisteramt. Die Werkstatt hat den Auftrag, einige Säle des Kunsthistorischen Museums zu restaurieren.

Das Geld, das er dort verdient, reicht nicht lange. Miete und Essen müssen bezahlt werden. Hitler hat zwar noch einen Vorrat an Bildern, aber niemanden, der sie für ihn verkauft. Jetzt muß er die Dinge selbst in die Hand nehmen. Er zieht seinen Gehrock an, besucht Altenburg, Morgenstern und Landsberger. Und es klappt. Er verkauft seinen gesamten Vorrat, kommt mit den Taschen voller Kronen ins Männerheim zurück. Morgenstern hat ihn sogar dem Rechtsanwalt Dr. Josef Feingold vorgestellt. Der wohlhabende Anwalt hat schon vielen jungen Künstlern geholfen. Er bestellt eine ganze Reihe von Bildern bei Hitler.

Und jetzt kann Hitler plötzlich nicht mehr malen. Ohne jemanden, der ihn antreibt, wie Hanisch das immer getan hat, kann er nicht arbeiten. Wieder verbringt er die Tage mit Zeitungslesen und Debattieren. Und wieder setzt die Angst ein, vor dem Abgleiten ins Elend, vor der Katastrophe.

Plötzlich wird ihm die rettende Idee: seine buckelige Tante Johanna, die Schwester der Mutter, hat doch schon immer für ihn eine Schwäche gehabt. Im vorigen Winter hat sie ihm mit einer Geldsendung aus bitterer Not geholfen. Er schreibt ihr einen Brief, schildert ihr in bewegten Worten, wie sehr er sich bemüht, eine bürgerliche Existenz zu gründen. Daß ihm lediglich ein Einstiegskapital fehle, um auf den grünen Zweig zu kommen.

Am 1. Dezember 1910 geht die alte Tante Johanna auf ihre Sparkasse in Spital und hebt ihre sämtlichen Ersparnisse ab: 3800 Kronen. Wenige Tage darauf ist Hitler bei ihr. Sie gibt ihm das für ihn nach ihrem Tode vorgesehene Erbteil – über 2000 Kronen – in bar und spart dadurch die Erbschaftssteuer. Hitler fühlt sich wie ein Millionär. Er hat wieder Luft. Wenn er sparsam lebt, kann er die nächsten zwei Jahre mit dem Geld gut auskommen. Nebenher kann er sich ja durch Malen etwas hinzuverdienen. An seine Halbschwester Angela denkt er nicht, er besucht sie nicht einmal auf dem Weg zurück nach Wien. Angelas Mann, Leo Raubal, ist am 10. August gestorben. Jetzt lebt sie von einer schmalen Witwenpension mit zwei eigenen Kindern und muß auch noch Adolfs Schwester Paula mit 25 Kronen Waisenrente ernähren und kleiden.

Er bleibt im Männerheim wohnen. Es ist für ihn bequemer als ein möbliertes Zimmer. Das Geld versteckt er. Niemand soll etwas davon wissen. Und plötzlich fällt ihm auch das Malen wieder leicht. Auch Josef Greiner ist 1911 wieder da, verschafft ihm neue Reklamearbeiten. Er malt ein Plakat für die Schuhcreme-Firma Fernolendt in den Farben schwarz, weiß und rot. Ein anderes Plakat wirbt für das Waschmittel Neubozon. Und auf einem Plakat für ein anderes Waschmittel erhebt sich der Stefansdom majestätisch aus einem riesigen Schaumberg.

Hitler hat sich geschworen, daß er nicht mehr arm sein will. Jetzt hat Greiner die Rolle des Antreibers übernommen, nur tut er es humorvoller als Hanisch. Er besorgt ihm eine Anstellung als Entwurfszeichner im Büro des Architekten Florian Müller in der Penzinger Straße 115, allerdings nur aushilfsweise und befristet. Hitler erklärt später, er habe in seiner Wiener Zeit auch „als angestellter Architekt" gearbeitet.

Im Frühjahr 1911 erscheint Hitler auf Greiners Rat eines Tages am Theater an der Wien und bewirbt sich als Sänger für den Chor. Der Direktor, ein Herr Karczag, fordert ihn auf, zur Probe etwas vorzusingen. Hitler entscheidet sich für das Auftrittslied des Danilo aus der „Lustigen Witwe" von Franz Léhar: „Heut' geh' ich ins Maxim!" Mit saftiger Tenorstimme schmettert Hitler: „...ich kenne alle Damen, nenn' sie beim Kosenamen..." Karczag findet den Vortrag so gut, daß er Hitler auffordert, sich sofort beim Chorleiter zu melden. Die Anstellung scheitert nur daran, daß Hitler keinen Frack besitzt. Die Choristen müssen für ihre Dienstkleidung selbst aufkommen.

Hitler hat nun begriffen: sein Auftreten, seine nachlässige Kleidung, ist ihm bei seinem Fortkommen im Wege. Er läßt sich Haare und Bart scheren, kauft sich einen neuen Anzug.

Acht Tage nach Frühlingsanfang stirbt Tante Johanna. Halbschwester Angela entdeckt bei der Durchsicht des Nachlasses, daß Bruder Adolf eine Schenkung erhalten hat. Ihr selbst geht es finanziell gar nicht sehr gut. Sie bittet deshalb Herrn Mayrhofer, dem Vormund von Paula, ihr doch zu helfen, daß Adolfs Waisenpension auf Paula übertragen wird, nachdem Adolf offenbar keine Not leidet. Ohnehin hatte Hitler die Pension die ganze Zeit unter falschen Voraussetzungen erhalten. Vor Gericht hatte er die falsche Aussage gemacht, er sei Student an der Akademie.

Eines Tages im Frühjahr wird Hitler vom Gericht in der Leopoldstadt im Rahmen der Amtshilfe für das Linzer Gericht aufgefordert, sich einzufinden und über seine finanzielle Lage Auskunft zu geben. Er ist rasch zum Einlenken bereit. Wegen seiner noch immer ungeklärten Sache mit dem Militärdienst will er keine Schwierigkeiten mit den

Behörden haben. Vom Richter wird folgendes protokolliert:

„Adolf Hitler, wohnhaft als Künstler in der Meldemannstraße 27, XX. Bezirk, hat vor dem Gericht der Leopoldstadt wie folgt ausgesagt: Er kann sich selbst erhalten und ist daher bereit, den gesamten Betrag seiner Waisenpension auf seine Schwester zu übertragen, und überdies haben Nachforschungen ergeben, daß Adolf Hitler im Besitze einer beträchtlichen Summe Geldes ist, welche ihm von seiner Tante Johanna Pölzl zum Zwecke der Förderung seiner Künstlerlaufbahn geschenkt worden ist."

Am 4. Mai 1911 überträgt das Gericht in Linz seine Waisenpension offiziell an die 15jährige Paula.

Von nun an nimmt Hitler das Malen sehr ernst. Abgesehen vom Geld der Tante, mit dem er sehr sparsam umgeht, muß er sich jetzt jede Krone durch eigene Arbeit verdienen. Und er schafft es. Er verdient sogar gut. Die Vormittage verbringt er damit, die Skizzen nach Vorlage einer Postkarte zu entwerfen. Am frühen Nachmittag, nach einem leichten Mittagessen, trägt er Farbe auf und geht dann sofort zum Händler. Vorbei sind die Zeiten mit schäbiger Kleidung, ungepflegten Haaren und struppigem Bart. Bis auf den gestutzten Lippenbart ist er glatt rasiert und gepflegt gekleidet. Er hat sich neue Anzüge gekauft und besucht seine Kunden Altenburg, Morgenstern, Landsberger oder Dr. Feingold in seriösem und adrettem Aufzug. Von Altenburg wird Hitler sogar manchmal zum Tee ins vornehme Hotel Bristol eingeladen. Natürlich hört der geschäftstüchtige polnische Jude kein antisemitisches Wort von seinem Maler. Wenn es ums Geschäft geht, weiß Hitler genau, was zuträglich und was abträglich ist.

In seiner Zeitschrift „Fackel" hat Karl Kraus einmal folgenden Aphorismus geschrieben: „Wien bleibt Wien. Das ist die fürchterlichste aller Drohungen." Im Jahre 1913 will Adolf Hitler Wien nicht mehr verändern, sondern verlassen. Er will nach München, um jetzt ernsthaft Malerei oder

Architektur zu studieren. In Österreich ist ihm der Boden zu heiß. Es kann sich nur noch um Wochen handeln, daß man ihn zum Militär holt. Das aber ist für ihn eine Horrorvorstellung. Und dann kommt auch schon die Aufforderung zur „Verzeichnung“ in die Meldemannstraße. Am 24. Mai 1913 meldet Hitler sich polizeilich ab und besteigt den Zug nach München, wo er zwei Tage darauf in der Schleißheimer Straße 34 beim Schneidermeister Popp Wohnung nimmt. Sein Zimmer hat einen separaten Eingang. Hitler sieht wieder elegant aus. Selbst der welterfahrene, in Paris ausgebildete Herrenschneider Popp hat an der gepflegten Garderobe seines neuen Untermieters nichts auszusetzen.

Bei seiner Ankunft in München erfährt Hitler aus den Zeitungen, daß sich in der vergangenen Nacht in Wien der Generalstabschef des 8. Korps, der vom russischen Geheimdienst erpreßte homosexuelle Oberst Alfred Redl erschossen hat. Hitler reagiert fast erfreut und sieht seine Meinung bestätigt, daß es sich nicht lohne, im österreichischen Heer Soldat zu spielen. Er ist froh, in München zu sein.

Zwischenspiel in München

1913: Der 31jährige Franklin D. Roosevelt ist Unterstaatssekretär der Marine im Washingtoner Kriegsministerium.

- Das englische Unterhaus lehnt einen Gesetzentwurf zur Einführung des Frauenstimmrechts ab. Englische Frauenrechtlerinnen sprengen das Landhaus des englischen Schatzkanzlers Lloyd George in die Luft.
- Willy Brandt wird geboren.
- Kaiser Wilhelm II. verbietet deutschen Offizieren, in Uniform Tango zu tanzen.
- Jossif Wissarionowitsch Dschugaschwili, 34, zeichnet in Wien eine Flugschrift zum ersten Mal mit seinem Revolutionsnamen „Stalin".
- Der 66jährige Paul von Hindenburg verzehrt in Hannover seine Generalspension.
- Charles (Charlie) Spencer Chaplin, 24, dreht für 150 Dollar die Woche seinen ersten Film.
- Benito Mussolini, 30, redigiert in Mailand die sozialistische Parteizeitung „Avanti".
- Der bisherige Prinzregent Ludwig besteigt als Ludwig III. den bayerischen Thron, obgleich der legitime – seit Jahrzehnten geistesgestörte – König Otto noch am Leben ist.
- Winston Churchill, 39, ist Erster Lord der britischen Admiralität.
- Albert Schweitzer, 38, gründet in Lambarene, Französisch-Äquatorial-Afrika, ein Urwaldhospital.
- Richard Nixon wird geboren.
- Francisco Franco y Bahamonde, 20, kämpft als Leutnant der spanischen Armee in Marokko gegen die Rif-Kabylen.

- Der Kunstmaler Adolf Hitler bezieht in München ein möbliertes Zimmer.

Hitler wohnt nicht weit von Schwabing, jener Münchner Vorstadt, die in jenen Tagen ein Magnet für Künstler, Literaten, verschrobene Existenzen, Weltverbesserer, Anarchisten und Gesundheitsapostel ist. Hier hat der Dichter Stefan George einen Kreis hochtalentierter junger Leute um sich versammelt, die in der Verherrlichung von Jugend und Verachtung von Bürgermoral einander zu überbieten versuchen. Es ist das Schwabing der Franziska von Reventlow, des Simplicissimus und auch der wilden Faschingsorgien. Hier treffen die unterschiedlichsten radikalen Bestrebungen von rechts und links aufeinander, doch gemildert vom „gemütlichen" München, nicht selten im selben Café oder Bierhaus gesellig koexistierend. In der Siegfriedstraße, nicht weit von Hitlers Domizil entfernt, wohnt Wladimir Uljanow, genannt Lenin.

Hitler schließt sich keinem dieser Zirkel oder „Dunstkreise" an. Er lebt als Einzelgänger, ohne Freundschaften, ohne Kontakte. Seine einzigen geselligen Beziehungen bestehen zur Familie, zu Freunden und Nachbarn des biederen Schneidermeisters, wo im Wohnzimmer viel politisiert wird. Man schätzt und achtet hier den eigenbrötlerischen, besessenen Österreicher, der die Hausfrau mit altmodischer Höflichkeit behandelt und den Kindern Naschwerk mitbringt. Ansonsten gibt es lockere Bierbekanntschaften in den Schwabinger Wirtshäusern, die ebenso rasch geschlossen wie wieder gelöst werden. Auch beim Bier politisiert Hitler gern, über den Zerfall der Donau-Monarchie, über die jüdische Gefahr. Doch hier ist er nur einer unter hunderten von lautstarken, mehr oder weniger artikulierten „Spinnerten". Man hört ihm zu und geht zur Tagesordnung über.

Als Maler nimmt Hitler keine Notiz davon, daß in seiner Nachbarschaft Wassily Kandinsky, Franz Marc oder Paul Klee wohnen. Sie bedeuten ihm nichts. Täglich sitzt er ein paar Stunden am Fenster seines Zimmers im dritten Stock und malt seine kleinen Aquarelle im Postkartenstil nach lokalen Münchner Motiven: das Hofbräuhaus, das Sendlinger Tor, den Viktualienmarkt oder das Nationaltheater; pedantisch originalgetreu jeden Mauerstein, jeden Dachziegel genau kopierend – und merkwürdig menschenleer.

Dann wieder sitzt er stundenlang im Kaffeehaus, liest die Zeitungen, vertilgt Berge von Kuchen und Mehlspeisen. Auch hier verkauft er seine Aquarelle an Rahmenhändler und Dekorateure. Er lebt bescheiden, aber nicht ärmlich. Über seine Einnahmen schweigt er sich aus. Noch kurz vor seiner Abreise aus Wien hat er ein Schreiben erhalten, in dem ihm die „Ausfolgung des in der gemeinschaftlichen Waisenkasse erliegenden Vermögens“ angekündigt wird: 819 Kronen und 98 Heller. Ein bescheidener, aber solider Grundstock für seine neue Existenz. In München meldet er sich sogar beim Finanzamt an. Als jährliches Durchschnittseinkommen nennt er 1200 Mark aus selbständiger Tätigkeit als Kunstmaler, das sind rund 100 Mark im Monat. Ein in seinem Alter stehender lediger Bankbeamter erhält 1913 in München ein Monatsgehalt von 70 Mark. Für sein separates Zimmer bei Schneider Popp entrichtet Hitler monatlich 20 Mark. Für sein Mittagessen in einem gutbürgerlichen Gasthaus hat er monatlich etwa 20 Mark zu bezahlen, das Abendessen kostet etwa das gleiche.

Daheim, zum Malen, trägt er seinen ältesten Anzug, doch sobald er das Haus verläßt, ist er stets gut gekleidet. Gern trägt er einen Gehrock, den sein Wirt ihm regelmäßig fachmännisch aufbügelt. Die Rahmenhändler, bei denen er seine Bilder abliefert, liegen in der Brienner Straße und um den Odeonsplatz herum. Oft spaziert er durch den Hofgarten zur Maximilianstraße und von dort zum nahen Hofbräuhaus, wo er gern mit seinem Skizzenblock in der Schwemme sitzt, doch keiner der flüchtig hingeworfenen „Köpfe“ wird ausgearbeitet. Man sieht ihn auch nie mit einer Staffelei. Alle seine Aquarelle sind, wie in Wien, nach Vorlagen auf

Photos oder Ansichtskarten gefertigt. Auch bemüht er sich nicht um ein reguläres Studium an der Akademie oder der Architekturschule. Er malt für seinen bescheidenen Lebensunterhalt. Die hochfliegenden Träume von einer brillanten Maler- oder Architektenkarriere scheint er aufgegeben zu haben. Er lebt ruhig, bequem, trotz aller bohemehaften Zeiteinteilung fast wie ein Kleinbürger. Später, in der Rückschau, erscheint seine Münchner Zeit vor dem Krieg ihm als „die glücklichste und weitaus zufriedenste" seines Lebens.

In „Mein Kampf" schreibt Hitler, er habe Wien in erster Linie „aus politischen Gründen" verlassen. „Ich wollte nicht für den habsburgischen Staat fechten." Mit dieser diplomatischen Formulierung umschreibt er eine für den späteren „Militaristen" etwas peinliche Tatsache: daß er Österreich als sogenannter „Militärflüchtiger" verlassen hat.

Zuhause sucht man ihn bereits. Am 22. August 1913 notiert in Linz der Sicherheitswachmann Zauner: „Adolf Hietler(sic!) scheint weder hierorts noch in Urfahr polizeilich gemeldet auf und war dessen Aufenthalt auch in anderweitiger Richtung nicht eruierbar." Man fragt beim ehemaligen Vormund nach, bei den Schwestern Angela und Paula, doch ohne Ergebnis. Erst Nachforschungen in Wien ergeben weiteres.

Am 29. Dezember wendet sich die österreichische Polizei an die Münchner Polizeidirektion mit folgendem Schreiben: „Der im Jahre 1889 in Braunau am Inn zuständige Kunstmaler Adolf Hietler(sic!) ist am 24. Mai 1913 von Wien nach München übersiedelt. Es wird dienstfreundlichst ersucht, bekannt zu geben, ob Genannter dort gemeldet ist." Am 10. Januar teilen die Münchner ihren Linzer Kollegen mit: „Der Gesuchte ist seit 26. V. 1913 Schleißheimer Straße 34/ III. bei Popp gemeldet."

Schon acht Tage darauf erscheint in Hitlers Separatzimmer ein Münchner Kripo-Beamter, nimmt den Maler fest und bringt ihn in Polizeihaft in die Polizeidirektion in der

Ettstraße. Tags darauf wird er dem österreichischen Konsul zwecks Vorbereitung der Auslieferung vorgeführt.

Hitler macht einen mitleiderweckenden Eindruck. Da der Kriminalbeamte ihm nicht erlaubt hat, sich umzuziehen, trägt er seinen alten, mit Farbe bekleckerten Anzug, und die Nacht in der Ettstraße hat auch nicht zur äußeren Gepflegtheit beigetragen. Auf dem Konsulat bittet er um Schreibzeug und verfaßt das folgende Rechtfertigungsschreiben:

„Ich werde in der Vorladung als Kunstmaler bezeichnet. Führe ich auch diesen Titel zu Recht, so ist er aber dennoch nur bedingt richtig. Wohl verdiene ich mir meinen Unterhalt als selbständiger Kunstmaler jedoch nur, um mir, da ich gänzlich vermögenslos bin, (mein Vater war Staatsbeamter) meine weitere Fortbildung zu ermöglichen. Nur einen Bruchteil meiner Zeit kann ich zum Broterwerb verwenden, da ich mich als Architektur Maler noch immer erst ausbilde. So ist denn auch mein Einkommen nur ein sehr bescheidenes, gerade so groß, daß ich eben mein Auskommen habe.

Ich lege als Zeugniß dessen meinen Steuerausweis bei und bitte gleich hier ihn mir wieder gütig zusenden zu wollen. Mein Einkommen ist hier mit 1200 M angenommen, eher zu viel als zu wenig, und es ist dies nicht so zu verstehen, daß da nun genau auf den Monat 100 M fallen. O nein. Das Monats-Einkommen ist sehr schwankend, jetzt aber sicher sehr schlecht, da ja der Kunsthandel um diese Zeit in München etwa seinen Winterschlaf hält.

Was meine Unterlassungssünde im Herbst 1909 anlangt, so war dies eine für mich unendlich bittere Zeit. Ich war ein junger unerfahrener Mensch, ohne jede Geldhilfe und auch zu stolz eine solche auch nur von irgendjemand anzunehmen geschweige den zu erbitten. Ohne jede Unterstützung nur auf mich selbst gestellt, langten die wenigen Kronen oft auch nur Heller aus dem Erlös meiner Arbeiten kaum für meine Schlafstelle. Zwei Jahre lang hatte ich keine andere Freundin als Sorge und Not, keinen anderen Begleiter als ewigen unstillbaren Hunger. Ich habe das schöne Wort Jugend nie kennengelernt. Heute noch nach 5 Jahren sind die Andenken in Form von Frostbeulen an Fingern, Händen und Füßen. Und doch kann ich nicht ohne gewisse Freude mich dieser Zeit erinnern, jetzt da ich doch über das Ärgste empor bin. Trotz größter Not, inmitten einer oft mehr als zweifelhaften Umgebung, habe ich meinen Namen stets anständig erhalten, bin ganz unbescholten vor dem Gesetz und rein vor meinem Gewissen. Sehr ehrerbietig, Adolf Hitler, Kunstmaler."

Die Larmoyanz seines Bekenntnisses, die Unterwürfigkeit seines Auftretens und der zusätzliche Hinweis auf sein überstandenes „schweres Lungenleiden" verfehlen ihren Eindruck auf den Konsul nicht. Er schreibt nach Linz:

„Nach dem hieramts gewonnenen Eindruck dürften seine im beiliegenden Rechtfertigungsschreiben gemachten Angaben vollkommen der Wahrheit entsprechen. Auch soll er mit einem Leiden behaftet sein, das ihn zum Militärdienst untauglich macht. Da Hietler sehr berücksichtigungswert erscheint, wurde von der Durchführung der Auslieferung vorläufig Abstand genommen und Genannter angewiesen, unbedingt bei der Nachstellung am 5. Februar in Linz zu erscheinen. Hietler wird also die Reise nach Linz antreten, falls sich der Magistrat durch die vorgeschilderte Sachlage und die Armut desselben, sich nicht veranlaßt sieht, ihm die Nachstellung in Salzburg zu bewilligen."

Er darf sich am 5. Februar in Salzburg zur Musterung vorstellen. Das Ergebnis: „Zum Waffen- und Hilfsdienst untauglich, zu schwach."

Am 28. Juni 1914 sterben im bosnischen Sarajewo der österreichische Thronfolger Franz Ferdinand und dessen Frau unter den Pistolenschüssen des serbischen Studenten Gavrilo Princip. Nur noch ein heißer Sommermonat prekären Friedens ist Europa vergönnt. Englische Touristen verlassen den Kontinent, deutsche die Côte d'Azur, russische Bad Homburg und Baden-Baden. Kaiser Wilhelm II. (Willy) wechselt hektische Telegramme mit seinem „lieben Vetter Nicky“ (Zar Nikolaus von Rußland) und seinem anderen Cousin Georg V. von England. Doch die Verwandtschaft der gekrönten Häupter kann nichts mehr retten. Die Allianzen sind gnadenlos formiert. Österreich-Ungarn marschiert gegen Serbien, Rußland gegen Österreich-Ungarn. Deutschland muß Österreich Bündnispflicht leisten, erklärt den Krieg an Rußland. Frankreich, mit Rußland verbündet, muß Deutschland den Krieg erklären. England, in der Entente Cordiale, stellt sich an Frankreichs Seite. Ein Krieg bricht aus, der wenige Jahre später zum „Weltkrieg“ wird.

Am 1. August verkündet ein Offizier auf einem Podest vor der königlichen Residenz am Odeonsplatz die Generalmobilmachung der bayerischen Armee. Tausende säumen den Platz, unter ihnen Adolf Hitler. Er hat den Kopf entblößt. Seine Augen leuchten in merkwürdigem Glanz. Später schreibt er: „Mir kamen die damaligen Stunden wie eine Erlösung vor. Ich schäme mich nicht, es zu sagen, daß ich, überwältigt von stürmischer Begeisterung, in die Knie gesunken war und dem Himmel aus übervollem Herzen dankte, daß er mir das Glück geschenkt, in dieser Zeit leben zu dürfen.“

Noch am selben Tag reicht der „Waffenunfähige“ ein Immediatgesuch an König Ludwig III. ein, mit der Bitte, als Österreicher in ein bayerisches Regiment eintreten zu dürfen. Schon tags darauf erhält er von der Kabinettskanzlei die Genehmigung. Am 16. August tritt er in der Münchner Elisabeth-Schule in das 6. Rekruten-Ersatz-Battaillon des 2. bayerischen Infanterie-Regiments Nr. 16 ein. Am 8. Oktober wird er auf König Ludwig vereidigt, anschließend auf seinen eigenen Landesherrn Franz Joseph, Kaiser von Österreich, König von Böhmen, König von Ungarn. Schon Mitte Oktober, nach unzureichender Ausbildung, kommt das Regiment an die Westfront.

Vier Jahre später, am 11. November 1918, im Reservelazarett im pommerschen Pasewalk, beschließt der Kunstmaler Adolf Hitler „Politiker zu werden“.

Erziehung eines Schamanen

Am 10. September 1919 erhielt der Gefreite Adolf Hitler, Angehöriger der Abteilung I b/P des Bayerischen Reichswehrgruppenkommandos 4, von seinem Kommandeur, dem Hauptmann im Generalsstab Karl Mayr, einen Brief. Die Abteilung I b/P wurde wechselnd als „Aufklärungs-" oder „Nachrichtenabteilung" bezeichnet. Sie war Abwehr- und Nachrichtendienst. In seinem Brief erteilte der Hauptmann dem Gefreiten Hitler den Auftrag, die Versammlung einer kleinen neuen Partei zu besuchen und ihm über Tendenz und Teilnehmer zu berichten. Die Partei nannte sich „Deutsche Arbeiterpartei" und wollte in einem Hinterzimmer des Sterneckerbräus beim Isartor eine Zusammenkunft abhalten. Ein solcher Auftrag war für ein Mitglied des militärischen Abwehrdienstes durchaus nichts Ungewöhnliches. Doch ungewöhnlich war die Form, in die er gekleidet war. „Sehr verehrter Herr Hitler" redet der Generalstabsoffizier den einfachen Gefreiten an.

Die kürzliche Revolution hatte die strengen Klassenunterschiede in der Armee keineswegs beseitigt. Wenn auch ein etwas freierer Umgangston zwischen Offizieren und Mannschaften herrschte, so wurden doch die gesellschaftlichen Schranken nur selten überschritten. Was veranlaßte den Hauptmann, mit seinem Gefreiten in einem so respektvollen Ton zu verkehren? Was war mit Hitler in jenen turbulenten Monaten seit seiner Rückkehr nach München geschehen?

Am 21. November 1918 wird der von seiner Gasvergiftung genesene Gefreite Hitler aus dem Reservelazarett in Pasewalk bei Stettin entlassen und trifft wenige Tage später in

München ein. Noch immer ist er Soldat und meldet sich bei seinem Regiment in der Max II-Kaserne am Oberwiesenfeld.

Bayern ist seit dem 7. November Republik. Chef der provisorischen Regierung ist der 53jährige Journalist und Theaterkritiker Kurt Eisner, Führer der links von der SPD stehenden Unabhängigen Sozialisten. Ex-König Ludwig III. hat alle Offiziere, Soldaten und Beamten selber von ihrem Treueid entbunden. Die reguläre Armee hat sich „unter Wahrnehmung ihrer Überzeugung rückhaltlos und aufrichtig in den Dienst des Volksstaates gestellt."

Der Gefreite Hitler arbeitet in der Kleiderkammer der Kaserne, dann für kurze Zeit als Wachsoldat im Kriegsgefangenenlager Traunstein. Er besucht den Schneidermeister Popp in der Schleißheiner Straße, überzeugt sich, daß seine Zivilkleidung, Bücher und Malutensilien bestens verwahrt und gepflegt sind. Er liest viel, fällt nicht weiter auf, meidet engere Kontakte zu Kameraden.

In München spitzt sich unterdessen die Lage immer mehr zu.

21. Februar 1919: Kurz vor 10 Uhr verläßt Kurt Eisner sein Ministerium am Promenadenplatz, um sich zur Eröffnung des Landtags in der Prannerstraße zu begeben. In seiner Tasche trägt er die Rücktrittserklärung. Die vorangegangenen Wahlen sind für die Linke katastrophal ausgegangen. Normalerweise kürzt er den Weg durch einen Gang durch die Hotelhalle des Bayerischen Hofes ab. Doch gerade heute verzichtet er darauf und biegt in die heutige Kardinal-Faulhaber-Straße ein. An der Ecke fallen mehrere Schüsse. Eisner bricht tot in einer Blutlache zusammen. Der Attentäter wird gestellt, entgeht nur knapp der Lynchjustiz. Er heißt Anton Graf Arco auf Valley, ist 22 Jahre alt, Student, Ex-Leutnant, Mitglied der katholischen Studentenverbindung Rhaetia. Seine Rechtfertigung: Eisner sei Bolschewist und Jude. Graf Arco ist Halbjude.

Unter brüllenden Tumulten wird der Landtag eröffnet.

Der Metzger und Schankkellner Alois Lindner feuert mit einem Browning mehrere Schüsse ab. Zwei Abgeordnete werden tödlich getroffen, der SPD-Minister Erich Auer wird schwer verletzt. Die erste bayerische Revolution ist beendet. Durch die Schüsse eines adeligen Leutnants und eines proletarischen Metzgers. Die zweite Revolution beginnt. In München konstituiert sich ein „Zentralrat der Bayerischen Republik" und ruft den Ausnahmezustand aus. Ab 19 Uhr ist strengstes Ausgehverbot.

Die Landtagsabgeordneten verlassen die Stadt, gehen nach Nürnberg, schließlich nach Bamberg, bilden eine Minderheitsregierung unter dem gemäßigten Sozialdemokraten Hoffmann. Hoffmann erhält diktatorische Vollmachten, hat aber in München nichts zu sagen.

6. April 1919: Im ehemaligen Schlafzimmer der Königin von Bayern im Wittelsbacher Palais rufen Linkssozialisten und Anarchisten die Räterepublik aus. Die Kommunisten verweigern die Mitarbeit. Für sie sind die Räte „kleinbürgerliche Revoluzzer ohne Disziplin".

Die führenden Köpfe sind Schwabinger Schriftsteller, unter ihnen Gustav Landauer, Erich Mühsam, Ernst Toller. In der Literatur genießen sie einen guten Ruf; von Politik haben sie nur sehr verschwommene, utopische Vorstellungen. Als Vorläufer der Hippies wollen sie die Welt in „eine Blumenwiese" verwandeln. Ihre endlos tagenden Komitees werden zu Magneten für „Lebensreformer" und Spinner aller Schattierungen. Es sind ehrliche Leute, die aufrichtig an eine gewalt- und hierarchiefreie Welt des Anarchismus glauben. Von Verwaltung haben sie keine Ahnung.

Das Leben in der Hauptstadt wird chaotisch. Die Bauern liefern nichts mehr in die „narrisch" gewordene Stadt. Der Eisenbahnverkehr stockt. Vor den Brotläden stauen sich die Menschen. Milch und Fleisch sind nicht mehr zu haben. Die Bürger sind ratlos und verunsichert.

13. April 1919: Mit Einverständnis der Bamberger Regierung putscht die „Republikanische Schutztruppe" gegen die

Anarcho-Räterepublik. Ausgerüstet und finanziert ist sie von der konterrevolutionären „Thule-Gesellschaft", von der noch die Rede sein wird. Bayerische Regierungstruppen kommen von außerhalb Münchens zur Hilfe. Doch bei Dachau werden sie von den Vorhuten der Rotgardisten unter dem leidenschaftlichen Pazifisten Ernst Toller zurückgeworfen. Jetzt greifen die Kommunisten ein und beschießen den Münchner Hauptbahnhof. Eilig verläßt die Republikanische Schutztruppe München in bereitgestellten Zügen.

Die anarchistische Räterepublik ist zu Ende. Die Kommunisten verkünden die „zweite", die kommunistische Räterepublik. Aus Rußland sendet Lenin als „Berater" Eugen Leviné und Tobias Axelrod, die rasch die Führung an sich reißen. Stadtkommandant von München wird der 23jährige Matrose Rudolf Egelhofer.

Die regulären Truppenteile in den Münchner Kasernen igeln sich ein, stehen Gewehr bei Fuß. Die Versorgungslage wird katastrophal. Milch wird laut Dekret nur noch an „schwerkranke Kleinkinder" ausgegeben.

Jetzt bittet Ministerpräsident Hoffmann die Reichsregierung in Berlin um Militärhilfe. Auch die württembergische Regierung bietet Truppen an. Im thüringischen Ohrdruf hat General von Epp bereits ein gut bewaffnetes Freicorps zusammengestellt. Am 1. und 2. Mai wird München in schweren Kämpfen von Regierungstruppen und Freicorps erobert.

Was tat der Gefreite Adolf Hitler in jenen turbulenten Tagen? Er saß in der Kaserne, mit der roten Armbinde am Ärmel und war auf seine persönliche Sicherheit bedacht. Er akzeptierte die Warnung der Plakate, auf denen es hieß: „Wer tätlich gegen die Vertreter der Räterepublik vorgeht, wird erschossen!"

In „Mein Kampf" erklärte er seine Untätigkeit später so: „In dieser Zeit jagten in meinem Kopfe endlose Pläne einander. Tagelang überlegte ich, was man nur überhaupt tun könne, allein, immer war am Ende jeder Erwägung die nüchterne Feststellung, daß ich als Namenloser selbst die geringste Voraussetzung zu irgendeinem zweckmäßigen Handeln nicht besaß."

In den ersten Maitagen wird Hitler von Angehörigen des Freicorps Epp festgenommen und in Untersuchungshaft gebracht. Man zeigt ihm einen Antrag auf Aufnahme in die linkssozialistische USPD, den er angeblich unterschrieben haben soll. Doch er bleibt nicht lange in Haft. Er scheint einflußreiche Gönner zu haben.

Nicht nur kommt er frei, er wird geschätzter Mitarbeiter der Untersuchungskommission. Viktor von Koerber, einer seiner frühen Anhänger, der sich später von ihm lossagte, bemerkt dazu: „Zur Untersuchungskommission kommandiert, bringen seine Anklageschriften rücksichtslose Klarheit in die unsagbare Schädlichkeit militärischer Verrätereien der Judendiktatur der Rätezeit Münchens." Als offiziell bestellter Denunziant macht Hitler jene Unteroffiziere und Mannschaften ausfindig, die mit den kommunistischen Räten sympathisiert haben. Hunderte seiner ehemaligen Kameraden sterben vor den Erschießungspelotons der „Weißen" nach kurzem Standgericht im Englischen Garten.

Seine Vorgesetzten sind mit seiner Tätigkeit sehr zufrieden. Sie schicken ihn zu speziellen antikommunistischen Lehrgängen und Seminaren in der Universität, die von der Reichswehrverwaltung und von privaten Geldgebern der Thule-Gesellschaft finanziert werden. Hier macht er Bekanntschaft mit prominenten Politikern und Gelehrten, zu denen auch der Staatsrechtler Alexander von Müller gehört. Anschließend wird er in das Auffanglager in Lager Lechfeld kommandiert, wo er heimkehrende Truppen in „Aufklärungskursen" mit antisemitischem und antimarxistischem Gedankengut vertraut macht. Professor von Müller entdeckt als einer der ersten Hitlers rhetorisches Talent: „Nach dem Schluß meines Vortrags und der folgenden lebhaften Erörterung stieß ich in dem sich leerenden Saal auf eine kleine Gruppe, die mich aufhielt. Sie schien festgebannt um einen Mann in der Mitte, der mit einer seltsam gutturalen Stimme unaufhaltsam und mit wachsender Leidenschaft auf sie einsprach. Ich hatte das sonderbare Gefühl, als ob ihre Erregung sein Werk wäre und zugleich wieder ihm selbst die Stimme gäbe. Ich sah ein bleiches, mageres Gesicht unter einer unsoldatisch hereinhängenden Haarsträhne, mit kurzgeschnittenem Schnurrbart und auffällig großen, hellblauen, fanatisch kalt aufglänzenden Augen."

Seinen Vorgesetzten sagt Hitler, daß er mit dem Gedanken spiele, sich künftig als Berufsredner eine bürgerliche Existenz aufzubauen. Er erkundigt sich nach möglichen Honoraren und ist enttäuscht, als er erfährt, daß sich mit Reden allein keine Reichtümer erwerben lassen. Er versucht sich auch als Journalist, doch eigenartigerweise klingen seine schriftlichen Auslassungen im Gegensatz zu den mündlichen hölzern und langweilig und werden von mehreren Redakteuren abgelehnt.

Zunächst aber wird er als V-Mann in die Nachrichtenabteilung der Reichswehr übernommen. Hitler selbst hat behauptet, er sei „Bildungsoffizier" gewesen. Eine solche Funktion gab es nicht. Auch bleibt er im Range eines Gefreiten, darf sich aber in Zivil bewegen und verfügt über ein Spesenkonto. Mit seinem Vorgesetzten steht der „sehr verehrte Herr Hitler" auf gutem, gesellschaftlich nahezu ebenbürtigem Fuß. Auch freundet er sich sehr mit einem anderen Offizier an, der beim Reichswehrkommando tätig ist und sich vor allem mit der Finanzierung und Kontrolle militanter rechter Kampfverbände befaßt: dem Hauptmann Ernst Röhm.

Am Abend des 12. September 1919 erscheint Adolf Hitler in Zivil im sogenannten „Leiberzimmer" des Sterneckerbräus, wo ein paar Dutzend Mitglieder und Freunde der „Deutschen Arbeiterpartei" sich versammelt haben. Schweigend folgt er dem Vortrag des Diplom-Ingenieurs Gottfried Feder, eines Thule-Mitglieds, der über das Leihkapital in jüdischen Händen referiert. Doch als ein Diskussionsredner die Loslösung Bayerns vom Reich fordert, greift Hitler ein. Stumm und staunend lassen die Zuhörer den affektgeladenen und aggressiven Diskussionsbeitrag über sich ergehen. So etwas ist man in diesem gemütlichen, kleinbürgerlichen Verein bisher nicht gewohnt gewesen. Nachdem Hitler geendet hat, will er abrupt den Raum verlassen. Doch der Vorsitzende und Parteigründer, der Werkzeugschlosser Anton Drexler, stellt sich dem Unbekannten in den Weg, überreicht ihm rasch die von ihm verfaßte anspruchslose Broschüre „Mein politisches Erwachen".

Schon wenige Tage später wird Hitler zu einer Ausschußsitzung der DAP im Gasthaus „Altes Römerbad" in der Herrnstraße 48 eingeladen. Die Partei zählt zu dieser Zeit 54 Mitglieder, sechs davon sitzen im Ausschuß. Mit Wissen und Einverständnis seines Vorgesetzten, des Hauptmanns Mayr, tritt Hitler der kleinen Partei bei. Seine Mitgliedskarte trägt die Nummer 555 (um eindrucksvoller zu wirken, läßt man die Mitgliederzahl bei 501 beginnen), und er wird sofort als siebentes Mitglied – zuständig für Werbung und Propaganda - in den Ausschuß gebeten.

Was hat Hitler dazu bewogen, sich als Sprungbrett für seine politische Karriere ein so obskures, bedeutungsloses Grüppchen zu wählen? In „Mein Kampf" mokiert Hitler sich selbst voller Spott und Verachtung über den „Spießerverein" und rechtfertigt sich so: „Diese lächerliche kleine Schöpfung mit ihren paar Mitgliedern schien mir den einen Vorzug zu bieten, noch nicht zu einer ‚Organisation' erstarrt zu sein, sondern die Möglichkeit einer wirklichen persönlichen Tätigkeit dem einzelnen freizustellen."

Joachim Fest findet in seiner Hitler-Biographie die folgende Begründung: „Der Wunsch, den bedrückenden Pflicht- und Ordnungsansprüchen der bürgerlichen Welt zu entgehen, bevor die gefürchtete Entlassung ins Zivilleben eintrat, hat denn auch ganz ausschlaggebend alle Schritte des Kriegsheimkehrers gelenkt... Politik verstand und betrieb er als den Beruf dessen, der ohne Beruf ist und bleiben will. Der mit großer Geste memorierte Entschluß vom Herbst 1919, in die DAP einzutreten, war unter diesem Gesichtspunkt, wie alle vorausgegangenen Lebensentscheidungen auch, eine Absage an die bürgerliche Ordnung und von dem Verlangen bestimmt, der Strenge und Verbindlichkeit ihrer sozialen Normen zu entrinnen."

Doch Fests Argument erklärt Hitlers eigentliche Motivation nur zum Teil. Aus seiner nachrichtendienstlichen Tätigkeit besaß Hitler Informationen, die nicht jedem zugänglich waren. Er wußte: Hinter dem Splittergrüppchen DAP, hinter diesem Stammtischverein, durch den der Mief eines Kaninchenzüchterclubs wehte, stand ein mächtiger politischer, gesellschaftlicher und finanzieller Gönner: die logenartig aufgebaute Thule-Gesellschaft, eine der einflußreichsten Organisationen Bayerns.

Im Jahre 1912 beschlossen einige deutsche Okkultisten mit radikal-antisemitischem Hintergrund, eine magische Loge zu gründen, der sie den Namen „Germanen-Orden" gaben. Zu den Gründern gehörte Theodor Fritsch, der eine antisemitische Zeitung herausgab, Philipp Stauff, ein Schüler des Rassisten Guido von List und Hermann Pohl, der Ordenskanzler wurde. Schon drei Jahre später schied Pohl aus und gründete seine eigene Loge, den „Germanen-Orden Walvater vom Heiligen Gral". Der Orden war in der Art der Freimaurer oder der Rosenkreuzer organisiert, mit verschiedenen geheimen Graden der Einweihung, bekämpfte aber die Freimaurerei ebenso wie den Marxismus und war radikal antisemitisch. Mitglied durfte nur werden, wer eine rein „arische" Ahnenreihe nachweisen konnte.

1915 schloß sich Pohl ein gewisser Rudolf Glauer an, ein Abenteuerer schlesischer Herkunft und mit türkischem Paß, der sich mit Sufi-Meditation beschäftigte, Astrologie betrieb und ein Bewunderer der krankhaft-radikalen Antisemiten Lanz von Liebenfels und Guido von List war. Nach seiner Adoption durch einen österreichischen Adeligen nannte Glauer sich Rudolf Freiherr von Sebottendorf. Sebottendorf war sehr wohlhabend, doch liegt die Herkunft seines Vermögens im Dunkel. Er wurde Großmeister der Bayerischen Ordensprovinz. In dieser Eigenschaft gründete er 1918, mit Pohls Einverständnis eine neue logenartige Bruderschaft, die Thule-Gesellschaft.

Ihren Namen bezog die Thule-Gesellschaft von einer legendären nordischen vorgeschichtlichen Zivilisation und wählte zu ihrem Symbol das gerundete Hakenkreuz mit Kranz und Schwertern. Im Münchner Vereinsregister wurde die Thule-Gesellschaft unter dem harmlos klingenden Namen „Studiengruppe für Germanisches Altertum“ eingetragen. Nach außen hin posierte die Gesellschaft zunächst als literarischer Zirkel, der sich dem Studium alter deutscher Geschichte und Sitten widmete.

Der „innere Kreis“ der Thule war relativ klein und nur eingeweihten Adepten der Esoterik zugänglich. Hier wurden mit großem Ernst okkulte und magische Rituale betrieben. Es gab geheime Erkennungszeichen, Symbole und alle Paraphernalien einer mytisch-esoterischen Bruderschaft. Es gab Querverbindungen zur englischen Bruderschaft der „Golden Dawn“, zu den Theosophen der Madame Blavatsky und möglicherweise auch zu dem notorischen Magier und Abenteurer Aleister Crowley.

Politisch interessant wurde der „äußere Kreis“, dem in München rund 250 Personen angehörten, mehr als tausend im übrigen Bayern. Die Bedeutung der Mitgliedschaft lag in ihrer Qualität. Zur Thule gehörten Anwälte, Richter, Universitätsprofessoren, höhere Polizeibeamte, Industrielle, Adelige aus dem Umkreis des Hauses Wittelsbach, Ärzte, reiche Geschäftsleute, wie zum Beispiel die Brüder Walterspiel, die Besitzer des Hotels „Vier Jahreszeiten“, wo die Thule auch ihre Büros und Tagungsräume hatte.

Noch in den letzten Monaten des Krieges vertraten die Mitglieder der Thule die extremsten pangermanischen Vorstellungen. Sie bekannten sich zur rassischen Überlegenheit der Deutschen und strebten nach einem großdeutschen Staat von ungeheurer Macht und Größe.

Nach der Revolution wurde die Thule zu einem Zentrum des konterrevolutionären Untergrunds. Ein Spionagenetz und Waffenverstecke wurden geschaffen. Die Clubräume wurden zum Nest des Widerstandes gegen die Revolution und die Räterepublik. In einer gutausgerüsteten Werkstatt wurden Ausweise gefälscht, um Konterrevolutionäre aus München hinaus zu den Freicorps zu schaffen. Ein besonders aktiver Organisator wurde der Ex-Leutnant und Student Rudolf Heß, den ein Kriegskamerad mit Sebottendorf bekanntgemacht hatte.

Simultan mit diesen konspirativen Aktivitäten lief eine mehr oder weniger offene Propagandakampagne, bei der hunderttausende von antikommunistischen und antisemitischen Flugblättern und Pamphleten verteilt wurden. In einem unterschied sich die Thule grundlegend von anderen reaktionären und nationalistischen Vereinigungen: sie unternahm energische Anstrengungen, um auch die Arbeiter zu gewinnen, die man als „von den jüdischen Ideen des Kommunismus und des Internationalismus vergiftet" betrachtete, und die es galt, „ins nationalistische Lager" zurückzuführen.

Der Journalist Karl Harrer erhielt den Auftrag, einen politischen „Arbeiterzirkel" zu gründen. Doch wußte die Thule sehr gut, daß die Arbeiter jedes Programm verwerfen würden, das ihnen ein Mitglied der konservativen „privilegierten" Klasse nahebrächte.

Von dem bei der Eisenbahn beschäftigten Schlosser Anton Drexler wußte Harrer, daß er sowohl Antisemit, Chauvinist als auch Proletarier war. Mit ihm als nominellem Vorsitzenden gründete er im Januar 1919 die „Deutsche Arbeiterpartei".

Die DAP war nur einer unter vielen von der Thule gesteuerten und gegründeten Vereine. Die Thule wurde auch zur „Mutter" der „Deutsch-Sozialistischen Partei" des Nürnberger Volksschullehrers Julius Streicher, der sich später mit Hitler vereinigte; sie gründete und finanzierte das rechtsradikale „Freicorps Oberland“, sie gab den „Münchner Beobachter“ heraus, der später zum „Völkischen Beobachter“ wurde.

Wenige Tage vor der Einnahme Münchens durch die weißen Truppen hoben die Kommunisten die Büros der Thule im Hotel „Vier Jahreszeiten“ aus und verhafteten sieben Mitglieder, darunter die Sekretärin Gräfin Heila von Westarp und den Fürsten Gustav von Thurn und Taxis. Am 30. April wurden die Festgenommenen ohne Gerichtsverhandlung im Hof des Schwabinger Luitpoldgymnasiums erschossen. Sie sind übrigens die einzigen zivilen Todesopfer der „bestialischen Rätediktatur“. Im „weißen“ Terror, der folgte, wurden hunderte erschossen, erschlagen oder totgeprügelt.

Während der ganzen Zeit der Münchner Räterepublik hatte die Thule mit ihrem hervorragenden Nachrichtenapparat als „Fünfte Kolonne“ der Reaktion im Zentrum des feindlichen Lagers gearbeitet und entscheidend zur Niederwerfung der Revolution beigetragen. Es ist kein Zufall, daß Oberst von Epp, der Kommandeur der weißen Freicorps, nach der Einnahme Münchens sein Hauptquartier in den Räumen der Thule im Hotel „Vier Jahreszeiten“ aufschlug.

Die ersten Monate von Hitlers politischer Tätigkeit sind geprägt von zähen Auseinandersetzungen mit der unbeweglichen Stammtischrunde unter Harrer und Drexler. Hitler will die DAP in eine massenbewußte Kampfpartei umwandeln, doch Harrer und Drexler zögern. Auch um die Finanzen steht es nicht allzu gut. Die pekuniäre Unterstützung durch die Thule ist noch nicht sehr üppig. Auch hat man dort zwar viel konspiratives Geschick, aber keine Ahnung vom Aufbau einer Massenpartei. Hitler vermag zwar ein paar öffentliche Versammlungen in mehr oder weniger obskuren Bierkellern zusammenzubringen, er entwirft Flugblätter und Plakate, doch der eigentliche Durchbruch bleibt aus.

Das ändert sich plötzlich, als Hitler Ende 1919 seinem wichtigsten Mentor begegnet: Dietrich Eckart. Viele Biographen haben den Einfluß, den Eckart auf Hitler hatte, eher unterschätzt. Dabei war diese Begegnung wohl entscheidender als irgendeine andere in seinem Leben. Eckart hat Hitler in einem solchen Maße geformt, daß man mit gutem Recht von einer „Transformation“ sprechen kann.

Als der 30jährige Hitler den Schriftsteller Eckart kennenlernte, war dieser ein mittelgroßer, dicker, kahlköpfiger Mann Ende Fünfzig, ein typischer bajuwarischer Bohemien, trinkfest, grob in der Ausdrucksweise, dabei kenntnisreich und hochgebildet. Er galt als wohlhabend und war Herausgeber und Chefredakteur einer antisemitischen Zeitung, die er „Auf gut deutsch“ nannte. Er hatte Theaterstücke verfaßt, eine recht passable Peer-Gynt-Übersetzung geliefert und schrieb mittelmäßige Gedichte. Sie waren vom Expressionismus beeinflußt, aber radikal-nationalistisch gefärbt. In Schwabing war er eine bekannte Erscheinung. In der Weinstube „Brennessel“ in der Occamstraße hatte er einen Stammtisch, an dem er täglich mehrere Flaschen Wein konsumierte, ohne betrunken zu werden.

Eckart war nicht nur ein starker Trinker; er nahm auch Drogen, darunter das südamerikanische Psychedelikum Peyote, die Grundsubstanz des Mescalins. Aleister Crowley hatte Peyote in künstlerischen und okkultistischen Kreisen Europas bekannt gemacht. In seinen jüngeren Jahren, als Journalist und Feuilletonredakteur in Berlin, verbrachte Eckart wegen Morphiumsucht eine Zeitlang in einer psychiatrischen Klinik, wo er – in der Manier des Marquis de Sade – seine Theaterstücke von Insassen aufführen ließ.

Doch diese Beschreibung trifft nur die Oberfläche dieses bemerkenswerten Mannes. Eckart war auch ein engagierter Okkultist und Adept der Magie. Als „Eingeweihter“ gehörte er dem inneren Kreis der Thule und anderer esoterischer Orden an. Er war zunächst Rosenkreuzer und Freimaurer gewesen, hatte aber mit der Freimaurerei gebrochen, da er als Rassist den Internationalismus des Freimaurertums ablehnte. In der Thule und dem Germanenorden hatte er seine spirituelle Heimat gefunden.

Der Glaube der Thule-Adepten des „inneren Kreises" war kurz zusammengefaßt folgender: Thule, eine legendäre Insel im hohen Norden, sei, ähnlich wie Atlantis, das Zentrum einer untergegangenen Zivilisation hohen Grades gewesen. Doch nicht alle Geheimnisse dieser Zivilisation seien völlig ausgelöscht worden. Sie würden gehütet von uralten Wesenheiten hoher Intelligenz (ähnlich den „Meistern" der Theosophie oder der „Weißen Bruderschaft"). Mit diesen Wesenheiten könne der Eingeweihte mittels magisch-mystischer Rituale in Verbindung treten. Die „Meister" oder „Ur-Alten" könnten den Eingeweihten übernatürliche Kräfte und Energien verleihen. Ziel der Eingeweihten müsse es sein, mit Hilfe der Energien von Thule eine neue Rasse von Übermenschen zu schaffen – natürlich „arischer" Natur, die alle „minderwertigen" Rassen vertilgen würde.

So „spinnert" diese „arische Doktrin" auch anmuten mag, die praktizierten Rituale der Thulisten waren alles andere als harmlos.

Die landläufige Vorstellung von „Magie" ist bei den meisten Menschen sehr stark von kindlichen Märchenerfahrungen mit seltsamen guten und bösen Hexen und Zauberern geprägt. In der Esoterik hat Magie jedoch einen ganz anderen Bedeutungsinhalt. Nach C. G. Jung ist „magisch nur ein anderes Wort für psychisch". So gesehen wird Magie zum Wissen um das psychische Potential des Menschen und seine bewußte Anwendung. In den weitaus meisten Fällen ist der durchschnittliche Mensch unfähig, seine Energien bewußt und kontrolliert einzusetzen. Er erlebt sich den unbewußten Regungen, Reaktionen und Emotionen mehr oder weniger willkürlich ausgeliefert. Magie wird angewandt, um mittels bestimmter Techniken zu psychischen Energien, die dem Bewußtsein des Menschen normalerweise nicht ohne weiteres zugänglich sind, den Kontakt herzustellen, um dieses Potential willentlich und bewußt nutzen zu können. Ein wirksames Mittel dazu ist das Ritual. Alle magischen Rituale bauen im Grunde auf dem gleichen Prinzip auf. Sie dienen dazu, die psychischen Kräfte des Menschen unter Beteiligung der Sinne Sehen, Hören, Riechen, Schmecken, Fühlen wie in einem Brennglas zu konzentrieren. Ziel des magischen Rituals ist *Bewußtseinserweiterung*. In diesem Zustand kann der Adept über seine natürlichen Begrenzungen hinauswachsen.

Sobald ein fortgeschrittener Adept die Gesetze und Prinzipien der psychischen Energie versteht, kann er diese Kräfte in sich selbst hervorrufen und seinem Willen gemäß einsetzen.

Wie andere Esoteriker, so übten auch die Thulisten magische Praktiken wie die Kontrolle der Kundalini-Energie der Hindus und die Schaffung wünschenswerter Situationen durch konzentrierte, intensive und systematische Visualisierung. Die Rituale mit Lichtern, Farben, Kreisen, Dreiekken, Symbolen, Duftstoffen u.s.w. dienten wie in allen magischen Praktiken nur als *Hilfe* zur Willenskonzentration. (In der „Küchenmagie" des popularisierten Okkultismus sind die Rituale meist zur reinen Dekoration verkommen.)

Nach C. G. Jung hat Magie eigentlich nichts Mysteriöses an sich. Jung versteht sie als Bewußtseinserweiterung und Steigerung des menschlichen Energiepotentials mittels spezieller psychologischer Techniken. Ob Magie „gut", das heißt „weiß" oder „schlecht", das heißt „schwarz" ist, hängt allein vom Ziel der Verwendung ab. Ein „weißer Magier" strebt nach Selbstfindung und Selbstbefreiung, ohne anderen schaden zu wollen. Beim „schwarzen Magier" stehen Machtausübung, Herrschaft über andere und materieller

Gewinn im Vordergrund. Bei den Ritualen der Thulisten handelte es sich eindeutig um „schwarze Magie".

Es kann kein Zweifel daran bestehen, daß Eckart, der durch andere Thulisten auf Hitler aufmerksam gemacht wurde, diesen in magischen Techniken unterwiesen hat. Er sah, daß hier ein unausgebildetes Potential lag, das geweckt und geformt werden konnte. Mit Eckart als Mentor entwikkelte der linkische, verklemmte Hitler, der erfolglose Maler, der Ex-Gefreite, den man wegen „mangelnder Führungsqualitäten" nicht einmal zum Unteroffizier befördert hatte, ganz plötzlich erstaunliche Qualitäten und Talente: er wurde ein hervorragender Organisator und Propagandist mit der Fähigkeit, zu führen und mitzureißen, der in der Lage war, eine obskure kleine Partei rasch aus der Stammtisch- und Bierkelleratmosphäre zu einer Massenbewegung zu erheben. Der emotionsgeladene Laienredner wurde ein Rhetoriker, der eine riesige Zuhörerschaft in seinen Bann ziehen konnte.

In einem Polizeiprotokoll über eine seiner ersten Veranstaltungen ist zu lesen: „Dann sprach Herr Hitler, doch er redete sich in eine solche Rage hinein, daß man nicht viel verstehen konnte." Nur wenig später beherrschte er die Geheimnisse der Redekunst in einer so hervorragenden Weise, daß Beobachter ihm die Kräfte eines „afrikanischen Medizinmannes oder eines asiatischen Schamanen" zusprachen. Nüchterne, gebildete Leute gingen mit ironischer Kühle in seine Versammlungen und verließen sie wie in Trance. Alan Bullock schrieb ihm bezeichnenderweise den „Magnetismus eines Hypnotiseurs" zu. Dabei erschien es fast unerheblich, *was* er sagte, das *Wie* seiner Rhetorik faszinierte und konnte aus Skeptikern und sogar Gegnern begeisterte Anhänger machen.

In der Partei selbst wurde er zur prominentesten Persönlichkeit. Er veranlaßte Harrer zum Austritt, schob Drexler, den nominellen Vorsitzenden, an den Rand. Schlüsselpositionen besetzte er mit seinen eigenen Freunden aus der

Thule und der Reichswehr. Auf seinen Vorschlag hin erhielt die Partei im Sommer 1920 einen neuen Namen: Nationalsozialistische Deutsche Arbeiterpartei (NSDAP). Der Name „Deutsche Arbeiterpartei“ war für konservative Nationalisten wenig attraktiv gewesen. Der neue Name sollte Nationalisten wie Proletarier in gleichem Maße anziehen.

Eine Massenbewegung mußte auch eine symbolträchtige Fahne haben. Unter vielen Entwürfen entschied Hitler sich für den des Thule-Mitglieds Dr. Krohn: ein rotes Tuch, das den Sozialismus symbolisierte, der weiße Kreis in der Mitte stand für den Nationalismus, das schwarze Hakenkreuz im weißen Kreis symbolisierte den „Siegeskampf des Ariers“. (Dabei ist das Hakenkreuz keineswegs ein indogermanisches Symbol. Es ist ein esoterisches Zeichen, das sich nicht nur bei mongolischen Völkern wie in Tibet findet, sondern auch bei Indianern Nord- und Südamerikas.)

Eine ganz wichtige Einzelheit wurde von Hitler in Dr. Krohns Entwurf geändert: Krohns Hakenkreuz war rechtshändig und drehte sich im Uhrzeigersinn. Dem Esoteriker symbolisiert diese Form Licht, weiße Magie, Schöpfungskraft. Hitler bestand auf einer linkshändigen Swastika, die sich gegen den Uhrzeiger dreht; ein Symbol für Dunkelheit, schwarze Magie, Zerstörung.

1923, kurz vor seinem Tod, schrieb Dietrich Eckart einem Freund: „Folge Hitler! Er wird tanzen, aber nach meiner Melodie. Wir haben ihm die Mittel gegeben, mit ihnen (gemeint sind die ‚Meister‘) Verbindung zu pflegen. Trauere nicht um mich. Ich werde die Geschichte mehr beeinflußt haben als irgendein Deutscher.“

Man sollte nicht in den Fehler verfallen, den Einfluß des Okkultismus auf Hitler zu unterschätzen. Auch seine spätere vehemente Ablehnung von Freimaurern und esoterischen Bewegungen, von Theosophie und Anthroposophie, von „völkischen Narren“ wie Mathilde Ludendorff, eine Ablehnung, die bis zur physischen Verfolgung ging, ist kein Gegenbeweis. Hitler wußte sehr wohl, daß die öffentliche

Kenntnis seiner esoterischen Interessen seinen politischen Aufstieg behindert, ihn selbst der Lächerlichkeit preisgegeben hätte. Hermann Rauschning hat einmal bemerkt: „Die tiefsten Wurzeln des Nazismus liegen verborgen an geheimen Orten."

Die Ideologie des Nazismus beruht nicht auf einer kühlen wirtschafts- und sozialwissenschaftlichen Analyse wie der Marxismus. Er ist geprägt von mystischen und okkultistischen Schreibern wie Madame Blavatsky, Houston Stewart Chamberlain, Guido von List, Lanz von Liebenfels und Theodor Fritsch. Wenn Hitler später auch über viele von ihnen bewußt gespottet hat, einem seiner Lehrer hat er sein Buch „Mein Kampf" gewidmet: Dietrich Eckart, seinem magischen Mentor, den er einmal in grenzenloser Hybris seinen „Johannes der Täufer" nannte. Und Eckart selbst hat seinen Mitbrüdern im inneren Kreis der Thule gesagt: „Er ist der, von dem ich nur der Prophet und Vorläufer war."

Das Geld beginnt zu rollen

Am 1. April 1920 läßt Hitler sich seine rückständigen Bezüge auszahlen und scheidet offiziell aus dem Heeresdienst aus. Er hat zunächst gezögert, diesen Schritt zu tun. Der Dienst in der Nachrichtenabteilung hat ihm viel Bewegungsfreiheit gegeben, ausreichend Zeit, kostenlose Unterkunft und Verpflegung in der Kaserne, ein regelmäßiges Einkommen, das er kaum anzugreifen brauchte. Doch Dietrich Eckart überzeugt ihn, daß jetzt die Zeit gekommen sei, sich ganz auf die Entwicklung der Partei zu konzentrieren.

Bei einer Frau Reichert in der Thierschstraße 41 im Münchner Stadtteil Lehel, sehr verkehrsgünstig gelegen, in einem typischen Münchner Kleinbürgerviertel, mietet er sich ein möbliertes Zimmer.

Ernst „Putzi" Hanfstaengl hat sein Domizil sehr genau beschrieben: „Das Zimmer... war sauber und nett, wenn auch verhältnismäßig schmal und nicht gerade üppig möbliert. Auf dem Boden lag billiges, abgetretenes Linoleum sowie einige fadenscheinige kleine Teppiche. An der Wand gegenüber dem Bett... standen ein Stuhl und ein Tisch sowie ein rohgezimmertes Regal mit Hitlers Bücherschätzen."

Hanfstaengl beschreibt auch den Inhalt des Bücherregals. Im obersten Fach standen die „Paradewerke", meist historische Werke und Biographien. Hanfstaengl: „Dann aber begann gleich ein steiler Abstieg vom Mars zur Venus: Wenn man die Reihe der darunter stehenden Unterhaltungsromane und Krimis ein wenig auseinanderschob, um dahinter der literarischen Intimsphäre Hitlers etwas näherzukommen, lagen dort nämlich in schöner Geschlossenheit, wenn auch stark abgegriffen, die Werke des talentierten Juden Eduard Fuchs - ‚geeignet', wie es später hieß, ‚das Normalempfinden des arischen Menschen zu vergiften', nämlich die ‚Geschichte der erotischen Kunst' sowie die diversen, reich und gewagt ‚Illustrierten Sittengeschichten' aus der Feder des gleichen Autors."

Für die Frau Reichert scheint Hitler ein idealer Mieter gewesen zu sein. „Ein wirklich feiner Mensch, der Herr Hitler. Und so pünktlich, wie er seine Miete zahlt. Da vergißt man gern, daß er gelegentlich seine Launen hat."

In jenen Tagen trägt er meist einen einfachen dunkelblauen Anzug, dessen Schultern oft mit Schuppen bedeckt sind, einen langen schwarzen Mantel und einen breitrandigen schwarzen Schlapphut. Manchmal verrät er in seiner Kleidung einen bizarren Geschmack. Ein Augenzeuge weiß zu berichten, daß Hitler einmal zu seinem blauen Anzug ein violettes Hemd, eine braune Weste und eine knallrote Krawatte trug. Als Pfeffer von Salomon, später sein oberster SA-Führer, Hitler zum erstenmal begegnete, trug Hitler einen alten Cutaway, gelbe Lederschuhe und auf dem Rükken einen Rucksack. Pfeffer war so sprachlos, daß er auf eine persönliche Vorstellung verzichtete.

Die meiste Zeit verbringt Hitler jetzt tagsüber in der Geschäftsstelle der Partei, die er in einem Kellerraum des Sterneckerbräus eingerichtet hat. Abends trifft sich der innere Kreis der Parteigenossen häufig im Café Neumaier am Viktualienmarkt.

Im Gegensatz zu anderen hauptamtlichen Funktionären ließ Hitler sich nicht als Angestellter der Partei mit einem offiziellen Gehalt führen. Er weiß: Noch ist er nicht Parteiführer, und ein Angestellter muß Weisungen seiner Vorgesetzten entgegennehmen. Das aber ist weder im Sinne von Hitler noch von Dietrich Eckart.

Wovon bestritt er seinen Lebensunterhalt? Dieses Thema gab bald Anlaß zu Diskussionen im Kreise der biedereren Parteigenossen. Seine offizielle Berufsbezeichnung, unter der er polizeilich gemeldet war, hieß noch immer „Maler". Doch weder malte er noch verkaufte er Bilder. Und doch hatte er, wie Parteigenossen der Frühzeit berichten, stets Geld in der Tasche.

Er hatte verschiedene Einnahmequellen. Zum einen ist es sehr wahrscheinlich, daß er auch nach seinem Ausscheiden als V-Mann gegen Honorar für die Nachrichtenabteilung der Armee tätig war. Es gibt Hinweise, daß Hauptmann Röhm, der für Presse und Propagandaarbeit der Reichswehr zuständig war, ihm des öfteren unquittierte Zuwendungen in wechselnder Höhe aus einem Geheimfonds des Reichswehrkommandos machte. Zum anderen ließ Hitler sich für seine Reden – je nach Höhe der Einnahmen aus Eintrittsgeldern und Spenden – Honorare zahlen. Dies galt vor allem dann, wenn es sich um völkische Verbände außerhalb der NSDAP handelte. Als er einmal auf einer Versammlung der damals noch unabhängigen Deutsch-Sozialistischen Partei in Nürnberg sprach, war er sehr ungehalten, als in dem Kuvert, das Julius Streicher ihm diskret überreichte, nur 600 Mark waren. Nach einer heftigen Auseinandersetzung erhöhte Streicher auf tausend Mark. Zwar besaß die Mark 1920 nur noch etwa ein Fünftel ihres Vorkriegswertes, doch hatten auch tausend Mark damals noch eine nicht zu unterschätzende Kaufkraft.

Sehr stark unterstützte ihn der wohlhabende Dietrich Eckart. Er pflegte Hitlers Kaffeehausrechnungen zu bezahlen, steckte ihm Bares zu und lud ihn häufig in gute Restaurants zum Abendessen ein, zum Beispiel ins Walterspiel im Hotel „Vier Jahreszeiten".

Eckart sorgte auch dafür, daß Hitler mehr Wert auf seine äußere Erscheinung legte. Er warf ihm einmal vor, sein langer schwarzer Mantel und der schwarze Schlapphut würden ihm das Aussehen eines „galizischen Juden" geben. Er kaufte ihm einen Trenchcoat (Markenzeichen des „arischen" britischen Offiziers) und einen grauen Veloursh ut. Auch die Hundepeitsche, die in den zwanziger Jahren zu einem unverwechselbaren Requisit Hitlers wurde, ging auf eine Anregung Eckarts zurück. Der junge Rudolf Heß, auch ein Thule-Mitglied, mit dem er sich anfreundete, riet ihm, den steifen altmodischen „Vatermörder-Kragen“ mit dem weichen amerikanischen Hemdkragen zu vertauschen.

Doch das waren noch Eckarts geringste Dienste, die er seinem aufstrebenden Schüler leistete. Er war der erste, der ihn aus dem miefigen Milieu des Cafés Neumaier herausholte und in die wohlhabende Gesellschaft einführte.

Hitlers allererster Einstieg in die Welt der Reichen fand statt, als er noch Gefreiter im Schützenregiment 41 und Mitarbeiter in Hauptmann Mayrs Nachrichtenabteilung war.

Am 13. März 1920 unternahmen reaktionäre Kreise in Berlin einen Staatsstreich. An ihrer Spitze stand der ostpreußische Generallandschaftsdirektor Karl Kapp, der zum Reichskanzler ausgerufen wurde. Militärisch wurde der Putsch von der Freicorps-Marinebrigade Ehrhardt unterstützt. Reichspräsident Ebert und die Reichsregierung flohen nach Dresden, dann nach Stuttgart. In der Bevölkerung genoß der Putsch keine Unterstützung, die Sozialdemokraten riefen den Generalstreik aus. Nach wenigen Tagen schon brach der Coup zusammen.

In München jedoch nutzten die konservativen Anhänger der Wittelsbacher Monarchie die verwirrte Lage in Berlin aus, um einen eigenen Staatsstreich zu unternehmen. Die sozialdemokratische Regierung von Johannes Hoffmann wurde durch ein Ultimatum zum Rücktritt gezwungen. An der Spitze der neuen, vom Militär unterstützten Regierung stand Gustav von Kahr, ein reaktionärer Monarchist.

Um mit den Putschisten in Berlin Verbindung aufzunehmen, sandten die Münchner zwei Verbindungsleute nach Berlin. Ihre Wahl fiel auf Dietrich Eckart von der Thule und Adolf Hitler, der der Kahr-Regierung von den Hauptleuten Mayr und Röhm angedient wurde. Man stellte den beiden ein Militärflugzeug zur Verfügung. Im Gewitter verirrte sich das Flugzeug und mußte 70 Kilometer südwestlich von Berlin in Jüterbog notlanden. Züge fuhren nicht, die Straßen nach Berlin waren von streikenden Arbeitern verbarrikadiert. Auf dem kleinen Flugplatz von Jüterbog wurden die Emissäre von Beamten der legalen Regierung vernommen. Hätten sie den wahren Zweck ihres Besuchs genannt, wären sie vermutlich standrechtlich erschossen worden. Dietrich Eckart gab sich als Münchner Kaufmann aus, der dringende Geschäfte in Berlin zu erledigen habe und stellte Hitler als seinen Buchhalter vor. Nach einigem Palaver durften die Reisenden ihren Flug fortsetzen. Sie trafen gerade in Berlin ein, als die Kapp-Regierung fünf Tage nach ihrem Putsch abtrat.

Eckart besaß glänzende gesellschaftliche Verbindungen in Berlin. Er stellte Hitler dem Lokomotivfabrikanten Borsig und anderen Großindustriellen vor und vermittelte die Bekanntschaft mit General Erich von Ludendorff, dem rangzweiten General des Weltkriegs, der jetzt als führender Offizier des rechten patriotischen Lagers galt. Er schüttelte dem Gefreiten die Hand und unterhielt sich auf sehr freundliche und leutselige Art mit ihm. Hitler erstarb in Ehrfurcht. Sein Benehmen war damals noch sehr linkisch und gehemmt, grenzte an Servilität. Ein Augenzeuge berichtete, daß Hitler selber kaum sprach, sich dauernd verbeugte und nach jedem Satz des Generals das Gesäß aus dem Stuhl lüftete und stammelte: „Sehr wohl, Exzellenz. Wie Exzellenz meinen!“

Ein wenig lockerer verlief die Einführung in den Salon von Frau Helene Bechstein, der Gattin des Klavierfabrikanten Carl Bechstein. Die Bechsteins bewohnten ein großbürgerliches Haus in der Stadtmitte, das aus den siebziger Jahren des vorigen Jahrhunderts stammte. Die Inneneinrichtung war überladen und prätentiös. Frau Bechstein trug um den Hals und an den Armen kirschgroße Diamanten. Hitler wurde mit liebenswürdigem Lächeln begrüßt und unternahm seit der Linzer Tanzstunde seinen ersten formvollendeten Handkuß. Die selbstsichere Helene Bechstein war von der Schüchternheit des 30jährigen angetan. Als das Gespräch auf Politik kam, öffnete Hitler die Schleusen und vergaß seine Hemmungen. Noch ehe der Abend zu Ende war, hatte er seine erste und in der Folgezeit wohl treueste Anhängerin aus der allerbesten Gesellschaft gefunden. Mit Frau Bechstein als Gönnerin fand er später Eingang in die höchsten Gesellschaftskreise. Die Bechsteins kamen häufig nach München, wo sie im „Bayerischen Hof" eine Luxussuite bewohnten. Während Carl Bechstein ein eher distanziertes Verhältnis zu dem Protegé seiner Frau behielt, wurde Helene zur mütterlichen Freundin des aufstrebenden Politikers. Sie spielte sogar mit dem Gedanken, den elternlosen Hitler offiziell zu adoptieren, bis ihr Mann sie mahnte, in ihrer Schwärmerei nicht zu weit zu gehen. Jedenfalls ließ sie ihm bedeutende Spenden zukommen, nicht nur für die Partei, sondern auch für seine persönlichen Bedürfnisse. Während des Hitler-Prozesses im April 1924, nach dem mißglückten Münchner Putsch, sagte Helene Bechstein vor Gericht aus: „Neben der regelmäßigen finanziellen Unterstützung, die mein Mann der NSDAP zukommen ließ, habe auch ich Herrn Hitler erhebliche Zuwendungen gemacht, aber nicht mit Geld. Ich habe ihm vielmehr Kunstgegenstände zur Verwertung gegeben, mit der Bemerkung, daß er damit machen könne, was er wolle. Es handelte sich bei diesen Kunstgegenständen um solche von höherem Wert."

Wann immer die Bechsteins später nach München kamen, wurde Hitler zum Abendessen in ihre Luxussuite eingeladen. „Ich war ziemlich verlegen in meinem blauen Anzug", erzählte Hitler später Ernst „Putzi" Hanfstaengl. „Die Diener trugen alle Livree und wir tranken vor dem Essen nichts als Champagner. Die Hähne im Bad waren vergoldet und, stellen Sie sich vor, man konnte sogar die Wassertemperatur nach Wunsch regulieren." An einem dieser Abende gab Frau Bechstein ihrem Schützling diskret ein Kuvert mit Geld und drängte ihn, sich einen Smoking, gestärkte Hemden und Lackschuhe zuzulegen. Er sei jetzt als aufstrebender junger Politiker wichtig genug, um auch in besserer Gesellschaft eine gute Figur zu machen. Nachdem Hitler einmal Lackschuhe hatte, pflegte er sie häufig auch tagsüber zu tragen, bis Eckart ihn darauf aufmerksam machte, daß dieses Requisit besser zur Abendkleidung paßt und auf Massenversammlungen und im Verkehr mit armen Parteigenossen nicht die einem Arbeiterführer gemäße Fußbekleidung sei.

Als Hitler und Eckart nach München zurückgekehrt waren, führte der Mentor seinen Alumnus bei dem bekannten Verleger Hugo Bruckmann ein, der nicht nur ein namhafter Kunstverleger war, sondern auch die Werke des faschistischen Schriftstellers Houston Stewart Chamberlain herausgab, des Schwiegersohns Richard Wagners. Auch seine Frau Elsa Bruckmann, eine geborene rumänische Prinzessin Cantacuzene, wurde rasch eine Anhängerin Hitlers. Elsa Bruckmann besaß viel eigenes Vermögen, und es war bekannt, daß sie Hitler häufig Zuwendungen machte. Sie war aber auch sehr besitzergreifend und eifersüchtig. Hitler selbst berichtete später einmal: „Eines Tages entdeckte ich bei Frau Bruckmann eine unerwartete Reaktion. Sie hatte zusammen mit mir eine sehr hübsche Frau der Münchner Gesellschaft eingeladen. Als wir uns verabschiedeten, stellte Frau Bruckmann bei der Besucherin ein gewisses Interesse an mir fest. Die Folge war, daß sie uns nie wieder zusammen einlud.“

Hitler wurde bald zu einer bekannten Erscheinung in den wohlhabenderen Münchner Salons. Besonders Frauen, vor allem solche etwas gereifteren Alters, flogen geradezu auf ihn. Meist pflegte er der Gastgeberin einen großen Rosenstrauß zu präsentieren und machte beim Handkuß einen tiefen Bückling nach alter Wiener Schule. Wenn er mit Frauen sprach, veränderte sich sogar seine Stimme. Der sonst häufig harte, gutturale Ausdruck verwandelte sich in den melodischen Wiener Akzent. Jeder Frau gab er im

Gespräch das Gefühl daß er völlig von ihr – und allein von ihr – gefesselt sei. Bevor sie ihn kennenlernten, hatten die meisten Frauen einen Grobian erwartet. Sie waren hingerissen, als sie sich plötzlich einem Charmeur gegenübersahen. „Ich schmolz in seiner Gegenwart dahin", sagte Frau Bruckmann, „ich hätte alles für ihn getan."

In der Münchner Gesellschaft begann es als „chic" zu gelten, den radikalen Volkstribunen auf einer Soiree den Gästen präsentieren zu können. Hitler pflegte das Image des gesellschaftlichen Außenseiters ganz bewußt. Der Historiker Karl Alexander von Müller beschreibt einen von Hitlers Auftritten. „Wir anderen saßen im Salon, als die Wohnungsglocke klang. Durch die offene Tür sah man, wie Hitler auf dem schmalen Gang die Gastgeberin fast unterwürfig höflich begrüßte, wie er Hundepeitsche, Velourshut und Trenchcoat ablegte, schließlich einen Gürtel mit Revolver abschnallte und gleichfalls am Kleiderhaken aufhängte. Das sah kurios aus und erinnerte an Karl May. Wir wußten alle noch nicht, wie genau jede dieser Kleinigkeiten in Kleidung und Benehmen schon damals auf Wirkung berechnet war."

Gelegentlich gab es auch cholerische Entgleisungen, die offenbar ebenfalls bewußt inszeniert waren. Einmal, so berichten Augenzeugen, hatte er höflich Konversation gemacht, als die Gastgeberin plötzlich eine freundliche Bemerkung über Juden fallen ließ. „Hitler begann zu sprechen. Und dann redete er endlos. Nach einer Weile stieß er seinen Stuhl zurück und sprang auf, immer noch redend, oder besser gesagt schreiend, und das mit einer so durchdringenden Stimme, wie wir sie noch nie bei einem anderen Menschen gehört hatten. Im Nebenzimmer wachte ein Kind auf und begann zu weinen. Urplötzlich brach er ab, ging auf die Gastgeberin zu, entschuldigte sich, verabschiedete sich mit einem Handkuß und verließ abrupt das Haus, ohne die anderen Gäste auch nur eines Blickes zu würdigen."

Als Geldbeschaffer für die Partei und für sich selbst entwickelte Hitler Fähigkeiten, die man ihm bis vor kurzem noch nicht zugetraut hätte. Wurde Bares an ihn übergeben, so wurden niemals Quittungen verlangt oder gegeben. Als ein Geldgeber einmal ein solches Ansinnen stellte, überreichte Hitler ihm statt einer Quittung ein Exemplar des Parteiprogramms. Es stand ganz in Hitlers eigenem Ermessen, was er an die Parteikasse abführte. Fragten ihn Parteigenossen gelegentlich, womit er eigentlich seinen Lebensunterhalt verdiene, so konnte er äußerst unwirsch werden. Hitler war einer der wenigen Ausschußmitglieder, die keiner geregelten Tätigkeit nachgingen. Anton Drexler, der Vorsitzende, arbeitete weiterhin tagsüber als Schlosser bei der Reichsbahn, auch die anderen Funktionäre gingen einem Broterwerb nach. Kam die Frage auf sein Einkommen, so konterte Hitler, daß er sich für die Partei gesundheitlich aufopfere, wochenlang manchmal „ausschließlich von Tiroler Äpfeln lebe“ und von einer Greißlerin in der Thierschstraße, einer gewissen Frau Schweyer, gelegentlich ein Brot oder einen Topf mit Marmelade erhalte.

Nicht nur die Reichen wurden von Hitler angezapft, auch kleine, begeisterte Parteigenossen griffen dem Propagandachef, der sogar auf ein Parteigehalt verzichtete, gern unter die Arme. Mindestens zweimal in der Woche besuchte Hitler Quirin Diestl, den Inhaber einer Papierwarenhandlung in der Nähe des Hotels „Regina“. Diestl kratzte immer ein wenig Geld für ihn zusammen.

Im Herbst 1920 war Hitler von der Idee besessen, ein Auto zu besitzen. Er tauchte häufig in den Verkaufsräumen der Autohändler auf und sah sich Gebrauchtwagen an. Bei einem der Montagstreffen im Café Neumaier erklärte er seinen sprachlosen Parteigenossen, die Partei müsse ihm ein Auto kaufen, damit er schneller zu den Versammlungen fahren könne. Ein Auto würde ihm und der Partei eine gewisse Würde verleihen und ihn von den Marxisten abheben, die zu Fuß gingen oder mit der Trambahn führen. Es gelang Hitler, alle Gegenargumente vom Tisch zu fegen, und der Parteikassier kratzte das Geld für ein altes Vehikel zusammen, das „wie eine Pferdekutsche ohne Verdeck" aussah. Hitler, der beim Militär gelernt hatte, ein Auto zu steuern, fuhr das Fahrzeug zunächst eigenhändig. Der Wagen blieb aber so häufig liegen, daß er die Lust verlor, der Partei das vorsintflutliche Auto zurückgab und sich vom eigenen Geld einen gebrauchten *Selwe* kaufte, der zwar nicht viel besser aussah als der erste, doch in besserem Zustand war. Von diesem Tag an sah man Hitler nie wieder eine Trambahn oder einen Bus besteigen.

Mit dem Argument, das Auto privat erworben und der Parteikasse dadurch Kosten erspart zu haben, forderte Hitler einen Chauffeur, da dies einen besseren Eindruck machen würde. Wieder gaben Drexler und der Kassierer nach und bestimmten den Parteigenossen Haug, der gleichzeitig Automechaniker war, den Propagandaobmann hauptamtlich zu chauffieren. Ernst Haug hatte eine Schwester namens Jenny, eine sympathische, gutaussehende junge Dame, die in heftiger Zuneigung zu dem Chef ihres Bruders entbrannte und ihn häufig freiwillig und ohne Honorar vertrat. Bei diesen Gelegenheiten präsentierte Jenny sich gern in Lederjacke und Pistole im Schulterhalfter als eine zu allem entschlossene Leibgardistin. Man munkelte, Jenny habe ihr Idol aus der platonischen Troubadour-Atmosphäre bei den reichen älteren Damen in die Gefilde gediegener bayerischer Liebeskunst herabgeholt. Angeblich hatte der Juwelier Fueß ihnen in der Corneliusstraße in einem Zimmer hinter seinem Laden ein Liebesnest eingerichtet. Putzi Hanfstaengl, der Hitler für impotent hielt, streitet das ab. Das Paar sei zwar abends von einem Kaffeehaus ins nächste, von einer Bar in die andere gefahren, aber „es waren bestimmt immer nur Morpheus' Arme, in denen die gute Jenny schließlich, ermattet von Hitlers ständigen Monologen, entschlummerte."

Im Dezember 1920 unternahm Hitler für die NSDAP einen wesentlichen Schritt auf dem Wege zu echter politischer Kraft: Er kaufte eine eigene Zeitung. Der *Münchner Beobachter,* 1919 in *Völkischer Beobachter* umbenannt, war seit 1918 das Organ der Thule-Gesellschaft und galt als die führende rechte antisemitische Zeitung Bayerns, Hauptaktionärin war eine gewisse Käthe Bierbaumer, die Geliebte Sebottendorfs. Weiter waren beteiligt: Dora Kunze, Sebottendorfs Schwester sowie die Nationalsozialisten Gottfried Feder, Dr. Wilhelm Gutberlet und der Papierfabrikant Theodor Heuss (nicht verwandt mit dem ersten deutschen Bundespräsidenten).

Im Dezember 1920 stand die Zeitung am Rande des Bankrotts. Die Aktionäre waren bereit, die Zeitung samt dem Franz Eher Verlag zum Betrage von 120000 Mark zu verkaufen. Dietrich Eckart gelang es, durch General Ritter von Epp aus dem geheimen Reichswehrfond einen Kredit von 60000 Mark zu erhalten, für den er seinen persönlichen Schuldschein ausstellte. Es fehlten noch 60000 Mark, um den Kauf perfekt zu machen, doch die Partei weigerte sich, ihre offizielle Kasse für diesen Zweck zu öffnen. Der biedere Anton Drexler empfand Hitlers Ansinnen, eine Zeitung zu erwerben, als unsolide und größenwahnsinnig.

Hitler fuhr nach Augsburg und besuchte Dr. Gottfried Grandel, einen dortigen Industriellen, den Hitler auf einer Soiree in München kennengelernt hatte und der für die Partei schon einige Male zur Brieftasche gegriffen hatte. Nachdem Hitler einige Stunden mit ihm geredet hatte, sagte er seine Hilfe zu. Er selbst und Simon Eckart, ein Verwandter von Hitlers Mentor und leitender Beamter der Hansa-Bank, leisteten eine Garantie, durch die der Handel perfekt wurde. Als Käthe Bierbaumer und Dora Kunze nach der Transaktion plötzlich sofortige Bezahlung in bar verlangten, zahlte Grandel 55000 Mark. Die restlichen 5000 erhielt Hitler von Dr. Gutberlet, der ihm die Hälfte seiner Aktien schenkte.

Hitler rächte sich für die Weigerung der Partei, die Zeitung aus ihrer Kasse zu kaufen. Im Laufe des nächsten

Jahres trommelte er privat von seinen verschiedenen Gönnern und Gönnerinnen soviel Geld zusammen, daß er nicht nur den Schuldschein Eckarts einlösen, sondern auch Dr. Grandel auszahlen konnte. Am 16. November 1921 erschien er beim Registergericht in München und erklärte, sämtliche Anteile am *Völkischen Beobachter* und am Franz Eher Verlag zu besitzen.

Hitler hatte endlich einen respektablen bürgerlichen Beruf: er war Zeitungsverleger geworden. Zwar warf das Unternehmen zunächst wenig oder gar nichts ab, doch bot es ihm eine unschätzbare politische Plattform. Er stellte seine Zeitung zwar in den Dienst der Partei, doch bestimmte ausschließlich er über den Inhalt des Blattes und die Zusammensetzung der Redaktion. Zum Herausgeber bestellte er Dietrich Eckart, Chefredakteur wurde der 21jährige Hermann Esser. Er hatte an einer Zeitung volontiert und kurze Zeit als Pressereferent unter Röhm beim Reichswehrgruppenkommando gearbeitet. Esser war ein Mann, der volkstümlich und bildhaft zu formulieren verstand und unermüdlich in der Erfindung pikanter Schlafzimmergeheimnisse von Juden und reichen Schiebern war. Die „alten", puritanischen Leute in der Partei lehnten Esser ab, weil dieser ein mehr als dubioses Privatleben führte. Er hatte nicht nur einen sicheren Blick für Skandalgeschichten anderer, sondern rühmte sich öffentlich damit, daß er sich von seinen zahlreichen Geliebten stets habe aushalten lassen. Mehrmals versuchte der junge Rudolf Heß, der als Tugendbold galt, Hitler zum Hinauswurf Essers zu bewegen, doch ohne Erfolg. Hitler: „Ich weiß, daß Esser ein Lump ist, aber er ist ein ausgezeichneter Redakteur, und ich brauche ihn."

Kurz nach dem Erwerb des Völkischen Beobachters traf Hitler seinen früheren Kompaniefeldwebel aus der Zeit an der Westfront, Max Amann, der als Mitglied der Thule auch mit Dietrich Eckart bekannt war. Auf Hitlers Drängen trat der Kriegskamerad bald der Partei bei. Amann war ein kleiner kräftiger Mann mit einem massigen Kopf auf kurzem

Hals. Sein grobes Aussehen verriet kaum etwas von seiner Intelligenz. Doch Amann war ein tüchtiger Administrator, der Jura studiert hatte und eine gute Position bei der Bayerischen Hypotheken- und Wechselbank bekleidete.

Auf Hitlers Drängen gab Amann seine Stellung bei der Bank auf, wurde Geschäftsführer der NSDAP und gleichzeitig Verlagsleiter bei Hitlers Zeitung. Mit Amann hatte Hitler eine hervorragende Wahl getroffen. Er führte sowohl bei der Partei als auch beim Verlag solide Geschäftsmethoden ein, war Hitler unbedingt ergeben und sollte in späteren Jahren dafür sorgen, daß nicht nur sein Führer, sondern auch er selbst es zum Status von Multimillionären brachten.

Wegen seiner hervorragenden Verbindungen in der Thule-Gesellschaft vermochte es Amann, in der Frühzeit der Partei kurzfristige Kredite locker zu machen, wo jeder andere gescheitert wäre. In mehr als einem Fall konnte Amann für den *Völkischen Beobachter* Zahlungsaufschübe erreichen, wenn es eine Frage von Überleben oder Bankrott für die Zeitung war.

Im Sommer 1921 kam es zur ersten großen kritischen Konfrontation zwischen der NSDAP und ihrem Propagandachef Adolf Hitler. Anlaß waren Verhandlungen, die seit Monaten mit konkurrierenden völkischen Parteien, vor allem mit der Deutsch-Sozialistischen Partei Julius Streichers, liefen und eine engere Zusammenarbeit einleiten sollten. Doch alle Einigungsbestrebungen scheiterten an Hitler. Er wünschte keine Vergrößerung der Partei durch Zusammenschluß, sondern verlangte Unterwerfung der anderen Gruppen. Nicht einmal den korporativen Übertritt zur NSDAP wollte er ihnen zugestehen. Sein Gegenvorschlag: die Verbände sollten sich auflösen und die Mitglieder dann einzeln der NSDAP beitreten.

Den Ausschußmitgliedern wurde Hitler immer unbequemer. Sie schätzten zwar seine Propagandawirkung und sein Talent zur Geldbeschaffung, doch sein immer stärker werdender Machtanspruch verstörte sie. Ihr Ziel war es, die Bewegung auf eine breite Basis zu stellen, sich auch mit Gleichgesinnten im Norden korporativ zu vereinen und Hitler als Propagandaredner auf München zu beschränken. Hitler dagegen forderte das unbedingte Primat der NSDAP unter der Münchner Parteileitung. Der Graben zwischen den alten biederen Gründungsmitgliedern und dem „Hitler-Klüngel“, wie man ihn bissig nannte, wurde immer breiter. Die „Alten“ machten Hitler seine autoritären Gelüste, seine Freunde aus dem reichen Großbürgertum, vor allem aber seine aufwendige Lebensführung zum Vorwurf. Im Frühsommer 1921 erhielt Hitler einen mahnenden Brief des Parteigenossen Heinrich Dolle, eines Mannes mit einem Hang zur Turnvater-Jahn-Deutschtümelei: „Ihr sitzet zu viel mit Dietrich Eckart in der Fledermaus-Bar. Das ist nicht gut für Euch!“

Kurz darauf spitzt sich die Krise zu. Durch Amann erfährt Hitler laufend von den Intrigen, die gegen ihn gesponnen werden. Jetzt will er mit Absicht seine Gegner zu einem unbedachten Schritt verleiten und reist Ende Juni für angeblich sechs Wochen nach Berlin. Als Aufpasser läßt er Ekkart, Esser und Amann zurück, die ihn laufend telefonisch über die Entwicklung informieren. Und tatsächlich nimmt der ahnungslose Drexler die Fusionsverhandlungen mit den sozialistischen Rechtsparteien in Abwesenheit und ohne offizielle Kenntnis Hitlers wieder auf.

In Berlin wohnt Hitler in der Villa der Bechsteins und nimmt jeden Nachmittag Sprechunterricht, um seine Stimme zu kräftigen und seinen österreichischen Provinzdialekt loszuwerden. Er trifft mit prominenten Reaktionären wie dem Nationalistenführer Graf von Reventlow, dem Freicorpsführer Walter Stennes (der sich bald den Nazis anschließt) und anderen zusammen. Die Frau des Grafen Reventlow, eine gebürtige französische Contesse d’Allemont, preist Hitler als den „kommenden Messias“. Hitler genießt auch das Nachtleben der Stadt, das er später in „Mein

Kampf“ als „Brutstätte des Lasters und der Schamlosigkeit“ geißelt.

Als Hitler in Berlin von der Eigenmacht Drexlers und des Ausschusses erfährt, kehrt er sofort nach München zurück und erscheint wutentbrannt im Parteibüro. Am 11. Juli fordert der Ausschuß ihn auf, sich zu rechtfertigen und den Parteigenossen vor allem ehrliche Auskünfte über seine finanziellen Verhältnisse zu geben. Hitler reagiert mit einer dramatischen Geste: er erklärt kurzerhand seinen Austritt aus der NSDAP, und zwar mit sofortiger Wirkung.

Die Ausschußmitglieder sind bestürzt. Drexler versucht einzulenken. Gemeinsam mit Dietrich Eckart verfaßt Hitler drei Tage darauf ein Schreiben, in dem er ultimativ die Bedingungen für seinen Wiedereintritt nennt: Sofortiger Rücktritt des Ausschusses; für sich selbst den Posten des „Ersten Vorsitzenden mit diktatorischer Machtbefugnis“; der absolute Vorrang der Münchner NSDAP müsse gewahrt bleiben, einen Zusammenschluß mit anderen Parteien dürfe es nicht geben, nur deren Anschluß. „Kompensationen unsererseits sind vollkommen ausgeschlossen.“

Er rechnet nicht damit, daß seine Bedingungen akzeptiert werden. Er bereitet sich darauf vor, die Partei zu spalten und seine eigene Organisation zu gründen. Er weiß: ohne ihn, ohne seine Propagandawirkung ist die „alte“ NSDAP zur Auszehrung und zum Absterben verurteilt. Doch schon am Tag darauf trifft in der Thierschstraße 41 ein erstaunliches Schreiben des Parteiausschusses ein, in dem es heißt: „Der Ausschuß ist bereit, in Anerkennung Ihres ungeheueren Wissens, Ihrer, mit seltener Aufopferung und nur ehrenamtlich geleisteten Verdienste für das Gedeihen der Bewegung, Ihrer seltenen Rednergabe, Ihnen diktatorische Machtbefugnisse einzuräumen und begrüßt es auf das freudigste, wenn Sie, nach Ihrem Wiedereintritt, die Ihnen von Drexler schon wiederholt und schon lange vorher angebotene Stelle des ersten Vorsitzenden übernehmen. Drexler bleibt dann als Beisitzer im Ausschuß, und wenn es Ihrem

Wunsche entspricht, als ebensolcher im Aktionsausschuß. Sollten Sie sein vollständiges Ausscheiden aus der Bewegung nützlich erachten, so müßte die nächste Jahresversammlung gehört werden."

Mit einer Geste unerhörter Servilität hat der Ausschuß sich selbst kastriert. Von Hitlers finanziellen Manipulationen, die man aufklären wollte, ist überhaupt nicht mehr die Rede.

Triumphierend beruft Hitler eine außerordentliche Mitgliederversammlung ein, obgleich er zu dieser Zeit der Partei gar nicht angehört. Drexler wird gar nicht informiert. Er liest die Einladung im *Völkischen Beobachter.* Dies ist selbst dem ruhigen, auf Ausgleich bedachten Drexler zuviel. Am 25. Juli erscheint er bei der Abteilung VI der Münchner Polizeibehörde, zuständig für politische Angelegenheiten, und erklärt: die Unterzeichner des Aufrufs, die Herren Hitler und Esser (Drexler hatte Esser während der Abwesenheit Hitlers wegen dessen „schmutzigen Privatlebens" aus der Partei ausgeschlossen) gehörten nicht der Partei an und seien nicht berechtigt, in deren Namen die Mitglieder zusammenzurufen; außerdem wolle er, Drexler, hiermit vor der Behörde feststellen und zu Protokoll bringen, daß Herr Hitler Revolution und Gewalt beabsichtige, während er, Drexler, die Ziele der Partei auf gesetzlichem, parlamentarischem Wege zu verwirklichen trachte. Der Beamte erklärte sich für unzuständig. Dies sei ein interner Parteienstreit, mit dem die Behörde nichts zu schaffen habe.

Am gleichen Tage erscheinen in den Straßen Münchens Flugblätter von Hitlers Gegner in der NSDAP, die den Propagandaobmann als Verräter angreifen: „Machtdünkel und persönlicher Ehrgeiz haben ihn dazu gebracht, Uneinigkeit in unsere Reihen zu tragen und dadurch die Geschäfte des Judentums und seiner Helfer zu besorgen. Es ist seine Absicht, die Partei als Sprungbrett für unsaubere Zwecke zu benutzen. Zweifellos ist er das Werkzeug dunkler Hintermänner, nicht ohne Grund hält er sein Privatleben und seine

Herkunft ängstlich im Verborgenen. Auf Fragen seiten einzelner Mitglieder, von was er denn eigentlich lebe, geriet er jedesmal in Zorn und Erregung. Sein Gewissen kann also nicht rein sein, zumal auch sein übermäßiger Damenverkehr, bei denen er sich des öfteren schon als ,König von München' bezeichnete, sehr viel Geld kostet." Im weiteren beschuldigt das Flugblatt Hitler des „krankhaften Machtwahnsinns" und schließt mit der Aufforderung: „Der Tyrann muß gestürzt werden!"

Jetzt greift Eckart vermittelnd ein, um einen totalen Bruch zu verhindern. Die außerordentliche Mitgliederversammlung findet am 29. Juli statt. 554 Mitglieder sind anwesend. Der ausgeschlossene Hermann Esser leitet das Präsidium. Mit einer Gegenstimme (wahrscheinlich der von Drexler) wird Hitler zum Ersten Vorsitzenden der NSDAP, ausdrücklich „mit diktatorischen Vollmachten" gewählt. Anton Drexler wird mit dem völlig einflußlosen Ehrenvorsitz abgefunden. Essers Parteiausschluß wird sofort rückgängig gemacht; Hitler selbst tritt offiziell wieder in die Partei ein. Diesmal erhält er die Mitgliedsnummer 3680. Die NSDAP ist fest in seiner Hand. Mit einer Satzungsänderung wird der Ausschuß abgeschafft. Hitler ist niemandem mehr Rechenschaft schuldig. Das „Führerprinzip" ist eingeführt.

Und von diesem Tage an beginnt der Byzantinismus um die Gestalt des „Führers". Hermann Esser gebraucht als erster die Bezeichnung „unser Führer", Dietrich Eckart feiert Hitler im *Völkischen Beobachter* als „selbstlosen, opferwilligen, hingebenden und redlichen Menschen". Rudolf Heß läßt sich im gleichen Blatt zu einer quasi religiösen Schwärmerei hinreißen, indem er Hitlers „reinstes Wollen", sein „bewundernswertes Wissen" und seinen „klaren Verstand" verherrlicht und mit dem Satz schließt: „Adolf Hitler ist die fleischgewordene reine Vernunft."

Trotz der religiösen Verklärung, die Hitler als neuer Vorsitzender aus den Federn von Eckart und Heß erfuhr, trotz seiner wachsenden Sicherheit auf dem Parkett der großbürgerlichen Gesellschaft, fühlte Hitler sich damals noch immer am wohlsten bei Parteikameraden mit kleinbürgerlichem und proletarischem Hintergrund. Diese waren ihm kritiklos und total ergeben, lauschten ehrfürchtig seinen Monologen, die sie zum Teil nur dumpf verstanden und boten ihm die rauhe und kumpanenhafte Nestwärme aus dem Männerheim seiner Wiener Tage.

Zu seinen Duzfreunden gehörte zum Beispiel der arbeitslose Uhrmacher Emil Maurice, der sich trotz seiner Schmächtigkeit in Saalschlachten als brutaler Schläger einen Namen machte, der ehemalige Hoteldiener Christian Weber, ein lauter bajuwarischer „Anderthalb-Mann", der als Rausschmeißer in einer anrüchigen Kneipe tätig war, sich auf der Rennbahn von Daglfing zu Hause fühlte und gelegentlich mit Pferden handelte und der Metzgergeselle Ulrich Graf, der sein offizieller Leibwächter wurde. Während der tugendhafte Rudolf Heß auf Abstand bedacht war und gern den feinen Mann herauskehrte, stießen Esser und Amann gern zu dieser Runde, die abends nach Veranstaltungen oft lärmend in die *Osteria Bavaria,* den *Schelling Salon* oder das *Bratwurstglöckle* an der Frauenkirche einfiel. Auch das *Schlössl* in der Belgradstraße und das *Eiserne Kreuz* in der Reichenbachstraße gehörten zu den bevorzugten Wirtschaften der Gruppe um Weber und Graf. Bald stieß auch der verwachsene und ebenso talentierte wie trinkfreudige Fotograf Heinrich Hoffmann zu dieser Clique. Hoffmann besaß ein Fotoatelier mit Laden gegenüber der Redaktion des *Völkischen Beobachters* in der Schellingstraße, hatte stets Witze auf Lager, wurde später „Hoffotograf" und einer der lukrativsten Geschäftspartner Hitlers.

Stunden konnte Hitler im Café Heck am Hofgarten bei Mehlspeisen und Sahnetorten verbringen. Man hatte ihm und seinen Kumpanen dort einen Stammtisch reserviert. Zu den Lieblingsbeschäftigungen des Parteiführers gehörten auch ausgedehnte Kinobesuche. Es gab Tage, an denen er alle Arbeit für die Partei oder die Zeitung liegen ließ und sich drei oder vier Filme hintereinander anschaute, am liebsten amerikanische Streifen mit Charlie Chaplin, Buster Keaton, Mae West oder Douglas Fairbanks. Dabei konnte er Berge von Pralinen verschlingen.

Häufig ließ er sich auf diesen Exkursionen von Rudolf Heß begleiten, zu dem er eine besondere Zuneigung gefaßt hatte, obgleich er ihn auch gern provozierte und ihn wegen seiner strengen Moralvorstellungen veralberte. Heß, der auch im Umgang unter Freunden sehr auf Formen bedacht war, zeigte sich peinlich berührt, daß Hitler im Salon seiner Wirtin, Frau Reichert, den er zum Empfang von Gästen benutzen durfte, Besucher gern ohne Kragen, in Hosenträgern und Filzpantoffeln empfing. Mit Erfolg machte er ihm klar, daß dies der Würde eines Parteiführers nicht angemessen sei.

Auch mußten Parteigenossen wie Dietrich Eckart ihn ermahnen, daß es nicht seine Sache sein dürfte, sich selber in physische Auseinandersetzungen mit Gegnern einzulassen. Ende 1921 hatte Hitler an der Spitze eines Schlägerkommandos, darunter Graf, Maurice, Weber und Heß, eine Versammlung des Separatistischen Bayernbundes gesprengt und dessen Leiter, den Ingenieur Otto Ballerstedt, vom Podium gerissen und eigenhändig verprügelt. Auch die Thule-Anhänger in den höheren Etagen der Polizeibehörde konnten die Sache nicht mehr außergerichtlich unter den Tisch kehren. Am 12. Januar 1922 wurde Hitler zu drei Monaten Gefängnis verurteilt, und im Landtag wurde sogar seine Ausweisung als lästiger Ausländer diskutiert, allerdings ohne Erfolg. Einen Monat seiner Strafe mußte Hitler im Sommer 1922 im Gefängnis Stadelheim absitzen.

Bevor er Max Amann zum Geschäftsführer von Partei und Verlag machte, betrachtete Hitler Geld eigentlich nur als Mittel, sich privat ein angenehmes und mäßig flottes

Leben zu ermöglichen. Er wollte immer nur soviel davon haben, um sich ein Auto zu leisten, gelegentliche Reisen zu unternehmen, seine häufigen Kaffeehaus- und Restaurantbesuche zu finanzieren oder wechselnde Damenbekanntschaften stilvoll auszuführen. Seine bescheidene Wohnung genügte seinen Ansprüchen vollauf. Für Rücklagen oder gar wertbeständige Anlagen interessierte er sich zunächst kaum.

Es ist deshalb mit Sicherheit anzunehmen, daß er einen großen Teil der reichhaltigen Spenden, die er von wohlhabenden Anhängern persönlich kassierte, tatsächlich der Parteikasse zukommen ließ. Finanziell betrachtete er die Partei als sein Privatunternehmen, in das es zu investieren galt. Auch als Erster Vorsitzender ließ er sich nicht auf die Gehaltsliste der Funktionäre setzen. Schon damals entstand die zum Teil noch heute geglaubte Legende, Hitler wäre bei all seinen sonstigen Fehlern persönlich immer sehr anspruchslos gewesen und hätte seine Tätigkeit niemals dazu benutzt, sich persönlich zu bereichern. Außerdem hatte seine „ehrenamtliche" Tätigkeit den Vorteil, daß er seine Einkommensverhältnisse vor neugierigen Fragern in der Partei verschleiern konnte. Nach seinem Coup vom Sommer 1921 wagte ohnehin niemand mehr, ihm peinliche Fragen nach seinem Lebensunterhalt zu stellen. Als Steuerzahler trat er von 1919 bis zum Jahre 1925 eigenartigerweise aktenmäßig überhaupt nicht in Erscheinung. Warum das Finanzamt ihn in diesen ersten Jahren nie belästigte, ist nicht mehr aufzuklären und gehört zu den Geheimnissen des bayerischen Fiskus.

Es war Max Amann, der ehemalige Bankangestellte, der Hitler zu seiner ersten auf lange Sicht vorteilhaften Geldanlage verhalf. Wie bereits geschildert, war der *Völkische Beobachter* Ende 1920 für rund zweimal 60000 Mark zinsloser Darlehen erworben worden. Eckarts Schuldschein lag bei der Reichswehr, Hitlers bei dem Fabrikanten Dr. Grandel in Augsburg.

Zur Zeit des Erwerbs kostete der Dollar – die neben dem englischen Pfund international akzeptierte Währungseinheit – noch rund 20 Mark. (Der Vorkriegskurs hatte 4 Goldmark betragen.) Schon in einem halben Jahr betrug die Inflationsrate über 75 Prozent und wuchs rapide weiter. Im November 1922 stand der Dollar bei 180 Mark. Die deutsche Papiermark wurde wertloser, doch Schulden konnten weiterhin zu ihrem Nominalbetrag abgelöst werden, es sei denn, die Schuldverträge wären ausdrücklich auf wertbeständige Valuta abgeschlossen. Amann riet Hitler, sich in den Alleinbesitz der Anteile am Völkischen Beobachter und am Franz Eher Verlag zu setzen. Es seien nur ein paar Zuwendungen seiner reichen Gönner in Form von Valuta nötig, um die Schulden bei der Reichswehr und bei Grandel für ein Butterbrot abzulösen. Auch Dietrich Eckart war einverstanden. Nach dem Sommer-Coup hatte er anstelle von Hermann Esser die Chefredaktion des Blattes übernommen, da die Zeitung unter der Leitung Essers auf das Niveau eines Revolverblattes abzugleiten drohte. Esser übernahm die Leitung der Lokalredaktion, wo sein Sinn für Skandale und saftig-schlüpfrige Enthüllungsgeschichten weiterhin gefragt blieb.

Wer die Geldgeber waren, die Hitler die Devisen zum Geschenk machten, ist nicht genau festzustellen. Jedenfalls genügten 666 (!!) Dollar, um, in Papiermark umgerechnet, Hitler den *Völkischen Beobachter* zu übereignen. Soviel waren 120000 Mark Schulden inzwischen nur noch wert. Mit Amanns Unterstützung war Hitler zu einem jener Inflationsgewinnler geworden, die er in seinen Reden stets mit radikaler Unbarmherzigkeit geißelte.

1922 beginnt das Inflationskarussell sich immer schneller zu drehen. Im November steht der Dollar auf 4450 Mark. Der Grund für die galoppierende Geldentwertung: die im Versailler Vertrag festgelegte Reparationssumme, 132 Milliarden Goldmark, muß in wertbeständigen Devisen oder in Gold gezahlt werden. Die Reichsbank muß ihre Goldreserven hergeben und auf dem internationalen Markt Devisen kaufen. Für den Inlandsbedarf wird immer mehr Geld gedruckt, das immer weniger wert ist. Während Kapitalisten mit Auslandsverbindungen ein Imperium aufbauen, indem sie Schulden und Kredite mit wertloser Papiermark begleichen, verliert der kleine Sparer alles. In zwei Monaten, vom November 1922 bis zum Januar 1923, verzehnfacht sich der Wert des Dollars auf 41 500 Papiermark. Hätten Hitler und Amann solange gewartet, sie hätten den Völkischen Beobachter Anfang 1923 für rund 2500 Dollar haben können.

Im November 1922 macht Adolf Hitler die Bekanntschaft des hünenhaften, 1,92 Meter großen Ernst Hanfstaengl, der gerade aus Amerika nach Deutschland zurückgekehrt ist. Hanfstaengl, den seine Freunde „Putzi" nennen, stammt aus einer kultivierten und wohlhabenden Familie, die einen bedeutenden Kunstverlag in München besitzt. Putzi hat in Harvard studiert und will nun an der Münchner Universität seine kunsthistorische Doktorarbeit schreiben.

Am Abend des 22. November besucht Putzi auf Anregung seines Freundes Truman Smith, des stellvertretenden Militärattachés der USA, eine Hitler-Versammlung. Er ist hingerissen von Hitlers suggestiver Rhetorik. Trotz seiner amerikanischen Mutter empfindet Hanfstaengl sehr deutschnational und fürchtet den Kommunismus. Nach der Veranstaltung läßt er sich Hitler vorstellen und tritt schon wenige Tage darauf in die NSDAP ein. Hitler wiederum ist von dem witzigen, lässigen Mann fasziniert, der so welterfahren ist und nicht mit jener Verbissenheit auftritt, die er von den „Intellektuellen" seiner Partei, wie Eckart, Rosenberg oder Heß, kennt. Beide entdecken gemeinsame Interessen in Kunst und Musik (Putzi ist am Klavier ein passabler Wagner-Interpret) und verbringen bald viel Zeit miteinander.

Eines Tages, Ende 1922, entwickelt Hitler seinem neuen Freund mit großer Suggestionskraft die Pläne, die er mit seiner Zeitung hat, wenn er nur die nötigen Mittel finden könnte. „Wie kann ich Erfolge mit meinem kläglichen, vierseitigen, einmal in der Woche erscheinenden Blatt haben? Wie kann ich dort meine Erfolge als Redner ausschlachten?" klagt er. „Wir könnten viel mehr erreichen, wenn der Völkische Beobachter im Rotationsdruck als Tageszeitung erscheinen könnte." Er teilt Putzi auch mit, daß in einer bankrotten Münchner Druckerei zwei amerikanische Rotationspressen zum Verkauf stehen, doch man will keine Papiermark, sondern nur wertbeständige Devisen. Tausend Dollar würden genügen.

Hanfstaengl hat soeben eine Abfindung für seinen Anteil an der Kunstgalerie seiner Familie in New York erhalten – 1500 Dollar. Für Amerika ist das nicht sehr üppig, doch im Deutschland jener Tage bedeutet es ein Vermögen. Hanfstaengl erinnert sich: „Ich ging am nächsten Tag zu Amann und händigte ihm den Betrag in Dollarnoten aus. Er und Hitler waren außer sich vor Freude." Hitler rief: „Welche Großzügigkeit, Hanfstaengl, das werden wir Ihnen nie vergessen!"

Es waren allerdings nicht nur altruistische Motive, die Putzi zur Hergabe des zinslosen Darlehens veranlaßten. Er spekulierte darauf, anstelle des immer mehr känkelnden Dietrich Eckart Chefredakteur zu werden. Als Hitler dann Alfred Rosenberg diesen Posten gab, war Putzi gekränkt. Vielleicht hätte er tatsächlich mehr Frische in den unsagbar langweiligen und ledernen Stil des *Völkischen Beobachters* gebracht.

Stattdessen wurde Putzi zu einer Art von unbezahltem Gesellschaftssekretär Hitlers und vermittelte ihm auch Interviews mit ausländischen Journalisten. Auch privat wurden die Beziehungen sehr freundschaftlich. Hanfstaengls Schwester Erna wurde eine Zeitlang von Hitler heftig hofiert. Erna war eine großgewachsene, gutaussehende und vielbegehrte Dame der Münchner Gesellschaft. Im Auftreten war sie kühl, etwas spöttisch und galt vielen als arrogant, ein Typ, der Hitler unweigerlich anzog. Hitler und Erna wurden häufig zusammen in guten Restaurants gesehen, und man erwartete eine baldige Verlobung der beiden. Dann munkelten böse Zungen, Erna sei jüdischer Abstammung, da ihre amerikanische Großmutter eine geborene Heine gewesen sei. Als die Gerüchte sich immer mehr verdichteten, veranlaßte Hitler folgende unsägliche Notiz im *Völkischen Beobachter:* „Es laufen Gerüchte über eine Verlobung Adolf Hitlers mit einer jüdischen Dame um. Diese Gerüchte sind erlogen. Adolf Hitler ist nicht verlobt. Außerdem ist das betreffende Fräulein Hanfstaengl gar nicht jüdischer Abstammung." Nach dieser überaus taktvollen Erklärung konnte die ganze Stadt denken, was sie wollte. Erna jedenfalls entzog dem Parteiführer ihre Gunst und heiratete rasch einen mit Hitler konkurrierenden Rivalen: den Chirurgen Professor Sauerbruch.

Auch Helen Hanfstaengl, Putzis amerikanische Frau, wurde von Hitler in der Manier eines primanerhaften Troubadours verehrt. Putzi war sehr konsterniert, als er Hitler einmal im Salon seines Hauses in der Pienzenauer Straße im Bogenhausener Herzogpark Hitler vor Helen kniend antraf. Nach einer ernsten Aussprache gelobte Hitler zerknirscht, sich in Zukunft zurückzuhalten. Die Amerikanerin hatte das Ganze eher belustigt aufgenommen. Immerhin rettete Helen ihm einige Monate später das Leben, als Hitler sich nach dem mißglückten Münchner Putsch in ihrem Haus in Uffing am Staffelsee versteckt hatte und die Polizei ihn holen kam. Hitler wollte sich mit theatralischer Geste erschießen, doch gelang es Frau Hanfstaengl mit geübtem Judogriff, ihm die Pistole zu entwinden. Später, als sie im Zweiten Weltkrieg wieder in Amerika war, wo sich Putzi nunmehr als Berater seines Harvard-Kommilitonen Roosevelt betätigte, hat sie ihre Rettungstat zuweilen bedauert.

Etwa zur gleichen Zeit wie Putzi Hanfstaengl war ein weiterer wichtiger Mann zu Hitler gestoßen: Hermann Göring. Göring, erfolgreicher Jagdflieger, Träger des Pour le mérite und letzter Kommandeur des Jagdgeschwaders Richthofen, war nach dem Krieg als Testpilot nach Schweden gegangen und hatte dort die schwedische Baronin Carin von Kantzow geheiratet. Ende 1922 war das Ehepaar nach München übergesiedelt und hatte in Obermenzing eine feudale Villa gemietet. Göring selbst stammte aus einer reichen Familie, doch war sein eigenes Vermögen durch die Inflation erheblich erschöpft. Er konnte in jener Zeit aber sehr bequem von den Devisen seiner ebenfalls wohlhabenden Frau leben.

Im November 1922 hörte Göring zum ersten Mal eine Rede Hitlers. Schon am nächsten Tag suchte er ihn auf und bot ihm seine Dienste an. Hitler war außer sich vor Freude. Immerhin war Göring ein weithin bekannter Kriegsheld, was der Partei Prestige brachte. Er bewegte sich in Adelskreisen, war mit hohen Offizieren befreundet, mit Prinzen der Häuser Wittelsbach und Hohenzollern. Zu einem Parteigenossen bemerkte Hitler begeistert: „Göring! Großartig! Welche Propaganda! Außerdem hat er Geld und kostet mich keinen Pfennig!“

Görings Villa mit ihrer schönen, kultivierten Gastgeberin wurde zum Magnet für Hitler und die Créme der Nazipartei. Hitler achtete darauf, daß die rüpelhafteren unter seinen Kumpanen hier keinen Zutritt fanden, sondern nur die „Intellektuellen“ und die Wohlerzogenen wie Eckart, Esser, Hanfstaengl und Heß. Selbst seinen Intimus Hoffmann sah er hier nur ungern, da Hoffmann sich zwar zu benehmen wußte, doch im Zustand der alkoholischen Entgleisung häufig zu Witzen schlüpfriger Natur neigte. Bei Göring traf er Ludendorff, den Sohn des bayerischen Kronprinzen Rupprecht und Industrielle wie Fritz Thyssen, der später einer seiner wichtigsten Geldgeber wurde.

Als die französische Armee im Januar 1923 als Repressalie wegen ausstehender Reparationszahlungen das Ruhrgebiet besetzte, brach die deutsche Währung völlig zusammen. Die Regierung mußte hunderttausende an der Ruhr unterstützen, die durch den passiven Widerstand arbeitslos geworden waren. Um diese gewaltigen Summen aufzubringen, wurde immer mehr Geld gedruckt.

Am 1. Februar 1923 steht der Dollar auf 41500 Mark. 75 Milliarden Mark werden täglich gedruckt. Für den Notendruck werden 2000 Druckereien und über 300 Papierfabriken beschäftigt. Am 22. Mai kostet der Dollar 57000 Mark, einen Monat später 136000 Mark. Für einen Liter Milch muß der deutsche Verbraucher am 8. Juli 4000 Mark hinlegen. Am 25. Juli schießt der Dollar auf 600000 Mark. Von nun an steigen die Preise stündlich, die Arbeitnehmer werden jetzt täglich ausbezahlt. Am Fabriktor warten die Ehefrauen und stürzen sofort in die nächsten Läden, um für das Abendessen einzukaufen.

Die Vossische Zeitung berichtet am 18. Juli von einem Chefarzt, der seine Klinik geschlossen und eine Stellung in einem Nachtlokal angenommen hat, wo er „Stimmungslieder" vorträgt. Sein früherer Assistent begleitet ihn auf dem Klavier.

Wer Zugang zu stabilen Devisen hat, kann wie ein König leben. Ernest Hemingway, der damals als Journalist in Europa arbeitet, berichtete einmal über ein paar Tage, die er in einem deutschen Luxushotel verbrachte. Die Rechnung belief sich auf Millionen von Mark – oder 20 Cents am Tag.

Am 1. August überspringt der Dollarkurs die Millionengrenze, am 7. August liegt er bei 3,3 Millionen, am 15. September bei 50 Millionen; am 19. Oktober steigt er auf 12 Milliarden, drei Tage später auf 40 Milliarden. Am 1. November 1923 kostet ein Pfund Brot 260 Milliarden Mark, ein Pfund Zucker 250 Milliarden, ein Pfund Fleisch 3,2 Billionen. Der Tageslohn eines Fabrikarbeiters liegt bei 5 Billionen Mark. Am 9. November, dem Tag des Putsches von München, kostet ein Exemplar des Völkischen Beobachters 8 Milliarden Mark.

Zu welchen Absurditäten das rasende Inflationskarussell führte, zeigt ein Brief, den ein Arzt, der aus der Vorkriegszeit ein Sparguthaben von 86000 Mark besaß, am 5. September von seiner Bank erhielt: „Die Bank bedauert zutiefst, daß sie Ihre Einlage von 86000 Mark nicht mehr führen kann, da die entstehenden Kosten in keinem Verhältnis mehr zum Kapital stehen. Wir erlauben uns deshalb, Ihnen Ihr Kapital zurückzuerstatten. Da wir über keine Banknoten verfügen, die klein genug wären, haben wir die Summe auf eine Million Mark aufgerundet. Anlage: eine Banknote über eine Million Mark." Auf dem Kuvert klebt eine gestempelte Briefmarke im Wert von 5 Millionen Mark.

Das Papiergeld ist meist nur auf einer Seite bedruckt. In den Büros wird die freie Seite als Schmierpapier benutzt. Es ist billiger, als einen Notizblock zu kaufen.

Für Hitler und für die Partei war es witzlos geworden, Spenden in Papiermark entgegenzunehmen. Nur alte Schulden wurden damit bezahlt. Wert hatten nur Gold, Schmuck und Devisen. Jetzt erwies es sich als vorteilhaft, daß Hitler die Schmuckgeschenke von Frau Bechstein und seinen anderen reichen Gönnerinnen gehortet hatte. Auf diese Weise war es für ihn keine Schwierigkeit, an Devisen heranzukommen. Typisch ist ein Vertrag zwischen ihm und dem Kaufmann Richard Frank von der Firma Korn-Frank in Berlin: „Als Sicherheit für ein Darlehen von 60000 Schweizer Franken überträgt Herr Adolf Hitler an Herrn Richard Frank das Eigentum an den bei dem Bankhaus Heinrich Eckert in München hinterlegten Wertgegenständen: Einen Smaragdanhänger mit Platin und Brillanten mit Platinkettchen. Einen Rubinring in Platin mit Brillanten. Einen Saphirring in Platin mit Brillanten. Einen Brillantring (Solitär), Brillanten in Silber gefaßt, einen Ring 14 Kar. Gold. Eine venezianische Reliefspitze, sechseinhalb Meter lang, elfeinhalb cm breit (17. Jahrhundert). Eine rotseidene spanische Flügeldecke mit Goldstickerei." Hitler bemerkte später, daß er den *Beobachter* 1923 ohne Frank nicht hätte halten können.

Zu den reichen Gönnern, die Hitler während des turbulenten Inflationsjahres 1923 – persönlich und für die Partei –

immer wieder mit Devisen und Schmuck aushalfen, gehörten überraschend viele Frauen. Eine davon war Winifred Wagner, gebürtige Engländerin und Ehefrau des Wagnersohnes Siegfried. Dietrich Eckart hatte Hitler schon 1920 in Bayreuth eingeführt, und Winifred gehörte zu den ersten Mitgliedern der NSDAP. Sie wurde bald eine der engsten platonischen Freundinnen Hitlers und eine seiner tatkräftigsten finanziellen Gönnerinnen. Die Damen Bruckmann und Bechstein wetteiferten mit ihr.

Manchmal nahm Hitler, um sich größere „Respektabilität" zu geben, Putzi Hanfstaengl auf seine Betteltouren mit. So zum Beispiel zu dem steinreichen pensionierten Generalkonsul Scharrer, der ein riesiges Anwesen in Bernried am Starnberger See bewohnte. Im Garten stolzierten Pfauen, auf dem Teich schwammen Schwäne. Hitler bemerkte zu Hanfstaengl, daß der Kühler des vor dem Hause parkenden Rolls Royce nicht vernickelt, sondern vergoldet war. Für Putzi hatte hier alles den Anstrich des Neureichen, bombastisch, überladen. Scharrers Frau war eine geborene Busch und stammte aus der prominenten Bierbrauerfamilie aus St. Louis. Hanfstaengl berichtete während des Zweiten Weltkriegs den Interviewern des amerikanischen OSS (Office of Strategic Services): „Sie war eine gewaltige, dicke Frau, deren Hände mit so großen Ringen bedeckt waren, daß sie kaum die Finger bewegen konnte. Hitler verließ das Haus selten ohne eine beträchtliche Zuwendung in Dollars oder Schweizer Franken."

Allerdings waren Partei und Zeitung zu jener Zeit noch ständig knapp bei Kasse. Der Unterhalt der aus mehreren tausend Mann bestehenden SA, die 1921 gegründet worden war, mit Ausrüstung und auf geheimen Wege beschafften Waffen, kostete viel Geld. Auch bestand die SA zu einem großen Teil aus Arbeitslosen und Studenten, denen zumindest ein Taschengeld bezahlt werden mußte, um sie bei der Stange zu halten. Die Umwandlung des *Beobachters* in eine Tageszeitung hatte zwar propagandistisch viel gebracht, war aber teuer. Die Redaktion mußte vergrößert werden, die Druck- und Papierkosten vervielfachten sich. Immer gab es Schulden, die bezahlt werden mußten. Adolf Müller, der Drucker, stundete ungern und drohte häufig damit, die Maschinen anzuhalten, wenn Amann nichts Bares liefern wollte.

Als Putzi Hanfstaengl im Mai 1923 dringend harte Valuta brauchte – sein Sohn Egon war gerade geboren – mahnte er die Rückgabe seines zinslosen Darlehens von tausend Dollar an. Er fühlte sich auch deshalb dazu berechtigt, weil sein Wunsch nach dem Chefredakteursposten sich nicht erfüllt hatte. Amann und Hitler klagten, daß die Kasse leer sei und überredeten ihn dazu, einen Schuldschein zu akzeptieren. Da Putzi aber echt um hartes Bargeld verlegen war, verkaufte er den Schuldschein um die Hälfte seines Wertes an Christian Weber, der damals auf der Daglfinger Rennbahn mit Pferdehandel und Wettmanipulationen erhebliches Geld scheffelte. Weber hatte keine Hemmungen, den Schuldschein nach einem Monat Amann in der Redaktion des *Beobachters* zu präsentieren. Als der Verlagsleiter nicht zahlte, schickte ihm Weber den Gerichtsvollzieher, so daß der Betrag schließlich aus der Parteikasse zusammengekratzt werden mußte. Amann tobte über die „Verräterei" des Freundes, doch Hitler nahm dem „Anderthalb-Mann" die Sache nicht übel. „Das ist typisch Weber", sagte er. „Er ist ein brutaler Bursche. Aber er ist einer unserer ältesten und treuesten Parteigenossen und hat schon viel für die Partei getan." Irgendwie imponierte Hitler sogar die Geschäftstüchtigkeit des Rausschmeißers und Pferdehändlers.

Hitler und sein Geschäftsführer litten persönlich kaum unter Entbehrungen. Das Umwechseln von ein paar Dollarnoten erlaubte Hitler, seinen bisherigen Lebensstil über Wochen beizubehalten. Selbst vergleichsweise kleine Spenden von Sympathisanten im Ausland wurden zu bedeutenden Beträgen, sobald die Devisen in Deutschland waren. Sudetendeutsche Anhänger spendeten tschechische Kronen, und sogar in Italien konnte Hitlers Beauftragter Kurt Luedecke Devisen bei sympathisierenden Faschisten locker machen, wenn auch die Faschisten im allgemeinen mit Spott und Verachtung auf ihre teutonischen Nachahmer nördlich der Alpen blickten. Nachdem die Nazis 1922 den „römischen Gruß“ mit dem ausgestreckten rechten Arm von den Faschisten kopiert hatten, nannte Mussolini seinen deutschen Nachahmer ironisch den „Cäsar mit dem Tirolerhütchen“.

Hitler hingegen bewunderte Mussolini und faßte schon Mitte 1923 den Plan, dessen „Marsch auf Rom“ von 1922 mit einem „Marsch auf Berlin“ zu kopieren, der dann im November allerdings in der Münchner Residenzstraße ebenso kläglich wie blutig scheiterte.

Als vorzügliche Geldquelle erwies sich die Schweiz. Hier leistete Dr. Emil Ganßer, ein prominenter Berliner Nazifreund, wertvolle Vorarbeit. Hitler hatte Ganßer schon 1921 in Berlin kennengelernt und war von diesem in den noblen Berliner National-Club eingeladen worden, wo sich rechtsgerichtete Offiziere und Wirtschaftskapitäne trafen. Ganßer war Direktor bei Siemens & Halske und trug stets steife Kragen und einen „Stresemann“ (schwarzer Rock und gestreifte Hosen). Er spielte eine führende Rolle in der protestantischen Kirche Preußens und unterhielt gute Beziehungen zu prominenten Lutheranern und Calvinisten. 1923 fuhr er in die Schweiz und redete mit reichen Schweizer Calvinisten und Zwinglianern. Er malte ihnen die Gefahr aus, die auch den protestantischen Schweizer Kantonen drohen würde, wenn durch separatistische Bestrebungen in Süddeutschland ein „vergrößertes katholisches Donau-Königreich unter Loslösung vom protestantischen Preußen“ entstünde. Gerade Frankreich würde zur Zeit eine solche Entwicklung begünstigen. Man habe zuverlässige Nachrichten, daß die Franzosen auf bayerische Reparationszahlungen verzichten würden, wenn dieser Staat sich vom Deutschen Reich lösen würde. Gleichzeitig beschrieb er seinen

Schweizer Gesprächspartnern den „genialen einfachen Arbeiter und guten Republikaner Adolf Hitler, der es sich zur Aufgabe gemacht hat, Deutschland unter Führung des protestantischen Preußens wieder zu einem geachteten Faktor zu machen."

Nachdem Ganßer den Boden bereitet hatte, fuhr Hitler selbst mehrmals zur Spendenwerbung in die Schweiz. Einmal begleitete ihn Hanfstaengl, ein andermal chauffierte ihn der Prinz zu Arenberg, der über Göring zur NSDAP gestoßen war, persönlich mit einem uralten Benz-Auto von München über Lindau nach Zürich. Arenberg war neben dem Herzog und der Herzogin von Coburg einer der wenigen Mitglieder des Hochadels bei den Nazis. Sein Freund, der Herzog von Coburg, war der Sohn von Prinz Alfred, Duke of Edinburgh und der Großfürstin Marie von Rußland und damit ein Enkel von Königin Viktoria von England und Albert von Sachsen-Coburg und Gotha.

In Zürich wurden Hitler und Prinz Arenberg im Hotel Baur au Lac mit einem Diner von mehr als zwölf Gängen bewirtet. Nach dem Essen wurde ein Koffer aufgestellt, in den die reichen Schweizer Geldbeträge unterschiedlicher Höhe legten. Mit Empfehlungsbriefen versehen, machte Hitler in den Tagen darauf weitere Besuche bei Bankiers und Seidenfabrikanten an der „Goldküste" am Westufer des Zürichsees und in der Bahnhofstraße. Anschließend kehrten Hitler und Arenberg mit einem Koffer nach Deutschland zurück, der prall mit Schweizer Franken und Dollarnoten gefüllt war. Quittungen waren nicht gegeben worden. Hitler machte sich auch nicht die Mühe, das Geld zu zählen. Er übergab den Koffer Amann, der inzwischen auch zum privaten Finanzier Hitlers geworden war und dafür sorgte, daß es dem Führer an nichts mangelte.

Einer der wichtigsten Leute, die Hitler bei der Devisenbeschaffung unterstützten, war Erwin von Scheubner-Richter, ein Balte, fünf Jahre älter als Hitler, der in der Revolution von 1905 als junger Kavallerieoffizier in einem Kosakenregiment gegen die Aufständischen gekämpft hatte. Dann studierte er in München Ingenieurwissenschaften, trat in ein feudales bayerisches Regiment ein und wurde deutscher Staatsbürger. Während des Kapp-Putsches war er Kapps Pressechef in Berlin. Als der Putsch zusammenbrach, floh er nach München.

Dort traf er seinen alten baltischen Freund Alfred Rosenberg wieder, der in St. Petersburg und Moskau Architektur studiert hatte, zur Thule-Gesellschaft gehörte und inzwischen mit Hitler zusammenarbeitete. Rosenberg, der in Münchens russischer Kolonie eine führende Rolle spielte, brachte Scheubner-Richter nicht nur mit russischen Emigrantenkreisen zusammen, sondern auch mit Hitler. Scheubner-Richter war nach seinen eigenen Worten „von der hypnotischen Kraft“ Hitlers so beeindruckt, daß er ihn den „Propheten des neuen Deutschlands“ nannte. Schon Ende 1920 trat er mit seiner Frau Mathilde der NSDAP bei.

Scheubner-Richter besaß vorzügliche Kontakte in allen Teilen der Gesellschaft, kannte bayerische Aristokraten, Geschäftsleute, Bankiers und führende Leute der Industrie wie Reusch und Thyssen. Auch mit Ludendorff war er eng befreundet. Nach dem Polizeibericht „Akt Hitlerputsch“ in der Registratur der Bayerischen Staatskanzlei gelang es ihm, „enorme Geldsummen“ für die NSDAP aufzubringen. Dabei war er durch das Vermögen seiner Frau und durch Geschäfte mit Erdöl selber ein reicher Mann, so daß seine Geldbeschaffung niemals von Hektik, sondern stets von Ruhe und Gelassenheit diktiert war. Nach seinem Tod beim Novemberputsch sagte Hitler von ihm – wenig taktvoll im Hinblick auf die anderen Opfer: „Er ist der einzige, der nicht zu ersetzen ist.“

Sehr viel Zeit verbrachte Scheubner-Richter mit russischen Emigranten und bekam Spenden von russischen Industriellen, besonders von Ölleuten aus dem Kaukasus, denen es gelungen war, Vermögen und Sachwerte nach Deutschland zu retten. Die Liste der Leute, die Hitler über Scheubner-Richter Zuwendungen machten, liest sich eindrucksvoll. Namen wie Nobel erscheinen ebenso darauf wie begüterte russische Adelige, unter ihnen Gukasow, Baron Koeppen und der Herzog von Leuchtenberg.

Einer der wichtigsten Emigranten, mit denen Scheubner-Richter Hitler zusammenbrachte, war der General Wassili Biskupski. Er unterstützte Hitler rückhaltlos und brachte ihn mit finanziellen Gönnern zusammen. Es gelang ihm sogar, Sir Henri Deterding, den Shell-Magnaten, anzuzapfen. Biskupski war von Hitler tief beeindruckt. Dem fanatischen russischen Antikommunisten schien Hitler genau der Volksführer zu sein, der die Massen vom Kommunismus wegführen konnte. Biskupskis Ziel war es, mit einem wiedererstarkten, straff nationalistischen Deutschland, vereint mit den konterrevolutionären russischen Emigranten, das bolschewistische Regime in Rußland zu zerstören. Wie fast alle russischen Emigranten war auch Biskupski ein radikaler Antisemit.

Seinen größten Dienst leistete Biskupski der NSDAP, als er sich 1922 hinter den Anspruch des Romanow-Großfürsten Kyrill Wladimirowitsch auf den Zarenthron stellte und Kyrill mit Hitler zusammenbrachte. Als Vetter des erschossenen Zaren Nikolaus II besaß Kyrill durchaus legitime Ansprüche, wenn auch viele russische Monarchisten den in Paris residierenden Großfürsten Nikolai Nikolaijewitsch, einen anderen Zaren-Cousin, unterstützten. Nikolai wurde jedoch von Biskupski leidenschaftlich bekämpft. Der General, der für die Wiedererrichtung der absoluten Monarchie eintrat, bezichtigte Nikolai des Demokratismus und Konstitutionalismus und behauptete, er sei eine Marionette der Franzosen.

Kyrill sprach ausgezeichnet deutsch. Seine Mutter war Maria Pawlowna, eine geborene Großherzogin von Mecklenburg, und in seiner Kindheit hatten ihn deutsche Dienstmädchen, Gouvernanten und Hauslehrer umgeben. Auch seine Tante, die Großfürstin Alix, die eine geborene Sachsen-Altenburg war, hatte stets deutsch mit ihm gesprochen. Nach der Revolution war Kyrill zunächst nach Südfrankreich gegangen, 1922 aber mit seiner Frau nach Coburg übersiedelt, wo Großfürstin Viktoria, die Schwester des Herzogs von Coburg, zu Hause war. Viktoria war nicht nur die treibende Kraft seines Anspruches auf den Zarenthron, sondern gleichzeitig eine begeisterte Nationalsozialistin. Sie fuhr viel ins Ausland, um Spenden für die politischen Aktivitäten ihres Mannes zu sammeln und vergaß dabei auch die Nazis nicht. Es hieß sogar, sie habe Hitler noch mehr unterstützt als ihren Mann. Sie händigte Hitler auch privat einige ihrer Juwelen aus, Kyrill und Viktoria wurden enge Freunde von Scheubner-Richter und dessen Frau.

Die Tatsache, daß ein russischer Thronprätendent, Großfürsten und Generäle sich Hitlers Sache zu eigen machten, hatte wiederum zur Folge, daß Hitler in den Augen der deutschen Oberschicht noch akzeptabler wurde als bisher.

Fast schien es inzwischen, als erfülle sich Hitlers Jugendtraum von einer Existenz ohne lästigen „Brotberuf", eine Existenz voller Dramatik, Glanz und Applaus. Er hatte Autos, war Mittelpunkt der Salons, zu Hause unter Prinzen, Industriekapitänen und Honoratioren. Frau Bechstein machte diskrete Andeutungen, daß es ihr nicht unlieb wäre, wenn er ihre Tochter heiraten würde. Er dachte manchmal sogar daran, sich in dieser Existenz einzurichten. „Ich möchte eigentlich nur, daß ich mein Auskommen als Chef des *Völkischen Beobachters* habe."

Doch dann vergleicht er sich wieder neidvoll mit Mussolini und sucht nach der Chance, seinen „Marsch auf Berlin" zu inszenieren. Und im Herbst 1923 scheint ihm die Gelegenheit so günstig, daß er alles auf eine Karte setzt.

Er weiß zwar: mit seiner SA allein, so gut bewaffnet und ausgerüstet sie auch ist, schafft er keinen Putsch. Seinem Freund Ernst Röhm gelingt es, vier rechtsradikale bewaffnete Verbände, darunter das Freicorps Oberland und die „Reichskriegsflagge" mit der SA zum „Kampfbund der Vaterländischen Verbände“ zusammenzuschließen und Hitlers politischer Führung zu unterstellen, und Hitler kann General Ludendorff als Galionsfigur und „Nationalhelden“ für den „Marsch auf Berlin“ gewinnen.

Im Herbst 1923 überstürzen sich die Ereignisse: Vom September bis zum November steigt der Preis eines Kilos Butter von 100 Millionen auf 6 Billionen Mark; der eines Hemdes von 400 Millionen auf 8,5 Billionen. Am 26. September verkündet der neue Reichskanzler Stresemann die Wiederaufnahme der deutschen Reparationszahlungen. Unruhen werden befürchtet. Deshalb verkündet Reichspräsident Ebert den Ausnahmezustand und erteilt Reichswehrminister Geßler und dem Chef der Heeresleitung, General von Seeckt, die Exekutivgewalt für das ganze Reich.

Aber Bayern meutert gegen die Reichsgewalt. Ministerpräsident von Knilling proklamiert den Staatsnotstand und ernennt Gustav Ritter von Kahr, den früheren monarchistisch gesinnten Regierungschef, zum Staatskommissar mit diktatorischen Machtbefugnissen. Kahr bildet eine Junta mit General Otto von Lossow, dem bayerischen Reichswehrkommandeur, und Oberst Hans Ritter von Seißer, dem Chef der bayerischen Landespolizei.

Kahrs erste Amtshandlung: Er erklärt, der von Ebert proklamierte Ausnahmezustand habe für Bayern keine Gültigkeit. Er weigert sich, irgendwelche Befehle aus Berlin entgegenzunehmen. Seeckt versucht, sich über seinen Untergebenen Lossow in Bayern durchzusetzen. Er befiehlt ihm, den *Völkischen Beobachter* zu verbieten und drei unter Haftbefehl stehende Freicorpskämpfer, die in Röhms Kampfbund eine führende Rolle spielen, festzunehmen. Als Lossow zögert, wird er seines Kommandos enthoben. Kahr erklärt, Lossow bleibe Kommandeur in Bayern. Offiziere und Mannschaften müssen einen Eid auf die bayerische Verfassung ablegen. Die Grenzen werden geschlossen. An der Grenze nach Thüringen gehen Truppen in Stellung, die

Befehle erhalten, jeden preußischen Angriff abzuwehren. Auch die Grenze nach Württemberg wird gesichert.

Der Bruch mit Berlin scheint perfekt. Es scheint nur noch eine Frage von Tagen, daß Bayern sich vom Reich löst. Hitler hält seine Stunde für gekommen. Er beschwört Kahr und Lossow, nach Berlin zu marschieren, ehe Berlin nach München marschiert. Doch die Herren lehnen kühl ab. Und sie warnen Hitler: einen Putsch von seiner Seite würden sie niederschlagen.

Hitler kann nicht mehr zurück, wenn er bei seinen Anhängern glaubwürdig bleiben will. Die Order geht hinaus: In der Nacht vom 10. zum 11. November sollen Kampfbundtruppen und SA in München einmarschieren und die „nationale Revolution" ausrufen.

Dann trifft die Nachricht ein, daß Kahr am Abend des 8. November im Bürgerbräukeller in der Rosenheimer Straße sprechen wird, um das Programm der neuen bayerischen Regierung zu erläutern. Seißer, Lossow und andere führende Leute werden anwesend sein.

Hitler fürchtet, daß Kahr die Unabhängigkeit Bayerns proklamieren und den Kronprinzen Rupprecht zum König ausrufen wird. Er muß der Junta zuvorkommen.

Gegen 20 Uhr treffen Hitler und andere Naziführer im Bürgerbräu ein, wo Kahr soeben das Wort ergriffen hat und eine recht langweilige Rede hält. Sie drängen sich in den vollen Saal, Putzi Hanfstaengl bestellt für sich und seine Freunde Bier, das Glas um fünf Milliarden Mark. Unterdessen umstellen 600 SA-Leute das Gebäude. Um halb neun stürmt Hermann Göring mit 25 SA-Leuten in den Saal, bringt am Eingang ein Maschinengewehr in Stellung. Hitler springt im Cutaway auf einen Tisch, feuert mehrere Pistolenschüsse gegen die Decke. „Die nationale Revolution ist ausgebrochen!" schreit er. „Das Gebäude ist von Schwerbewaffneten umstellt. Niemand darf den Saal verlassen!"

Das Publikum ist verwirrt, doch eine Panik bricht nicht

aus. Vereinzelt hört man Rufe wie „Bravo!" aber auch „Südamerika!" oder „Schmierenkomödie!"

Hitler drängt Kahr, Lossow und Seißer mit der Pistole in ein Nebenzimmer, um mit ihnen zu „verhandeln". Sie weigern sich und beschuldigen ihn der Wortbrüchigkeit. Erst Ludendorff, der eben eingetroffen ist, gelingt es, sie zu überreden, sich Hitlers Putsch gegen die Weimarer Republik anzuschließen. Triumphierend führt Hitler die Gruppe zurück in den Saal, wo er eine Rede hält, die begeistert aufgenommen wird.

Als Hitler von Reibereien zwischen SA und Reichswehr in der Stadt hört, verläßt er den Bürgerbräukeller und übergibt die Führung an Ludendorff. Dieser entläßt Kahr, Lossow und Seißer gegen eine Loyalitätserklärung. Doch die denken nicht daran, sich „loyal" zu verhalten. Sie fahren in ihre Büros und treffen alle Vorbereitungen zur Niederwerfung des Putsches.

In den frühen Morgenstunden befiehlt Hitler der SA, alles bei den Druckereien Parcus und Mühltaler liegende Papiergeld zu beschlagnahmen und in den Bürgerbräukeller zu bringen. Hanfstaengl erinnert sich später: „Die Luft war dick von Zigarren- und Zigarettenrauch. Im Vorraum stand ein kleines Podium und darauf lagen in etwa 1,50 Meter hohen Haufen Tausende von Milliardenscheinen in sauberen Bankbündeln, die von Braunhemden requiriert worden waren."

Inzwischen weiß Hitler, daß Kahr, Lossow und Seißer ihn hintergangen haben. Ludendorff und er überlegen verzweifelt, wie der Putsch zu retten sei. Sie entscheiden sich für einen Marsch durch München, um sich mit Röhms Kräften zu vereinen, die sich im Gebäude des Kriegsministeriums an der Ludwigstraße verschanzt haben.

Der Zug bewegt sich vom Bürgerbräukeller über die Isar zum Marienplatz, dann durch die enge Residenzstraße in Richtung auf den Odeonsplatz. In den ersten Reihen marschieren Ludendorff und Hitler, der sich in Scheubner-Richter eingehängt hat. Um halb zwölf stoßen die Putschisten an der Einmündung der Residenzstraße zum Odeonsplatz auf eine Polizeikette. Aus dem Zug fällt ein Schuß, dem ein Kugelhagel der Polizei folgt. 16 Nazis, darunter Scheubner-Richter, werden erschossen. Scheubner-Richter reißt im Fallen Hitler mit zu Boden, der sich die Schulter ausrenkt. Göring wird schwer verwundet, kann sich aber im Laden eines jüdischen Kaufmanns in Sicherheit bringen. Unter falschem Namen reist er später mit seiner Frau nach Italien. Der junge SA-Arzt Walter Schulz führt Hitler in eine Seitenstraße, wo sie einen Wagen besteigen und in südlicher Richtung aus der Stadt rasen. Putzi Hanfstaengl setzt sich nach Österreich ab. Hitler flüchtet in das Haus der Hanfstaengls in Uffing, wo Helen Hanfstaengl ihn verarztet und in einem Dachzimmer versteckt hält. Zwei Tage später wird er dort verhaftet und in Untersuchungshaft genommen. Die erste Phase seiner politischen Karriere ist abgeschlossen.

Ende November ist auch die Inflation vorbei. Am 20. November wird der Dollarkurs zwangsweise auf 4,2 Billionen Papiermark fixiert. Gleichzeitig wird im Umtausch von eins zu einer Billion die neue Rentenmark eingeführt. Der Geldumlauf darf 24 Milliarden Rentenmark nicht übersteigen. Langsam stabilisiert sich die neue Mark. Bald verschwinden die alten Inflationsscheine, die noch eine Zeitlang neben dem neuen Geld im Verhältnis von eins zu einer Billion Gültigkeit behalten, vom Markt. Die Menschen schöpfen wieder Hoffnung. Von 1924 bis 1929 wird die Republik von Weimar ein kleines „Wirtschaftswunder“ erleben.

In Landsberg am Lech sitzt Hitler in Untersuchungshaft und bereitet sich auf seinen Prozeß vor, der im Februar 1924 in München beginnt. Er weiß: er hat diesmal zu früh gehandelt. Von nun an wird er politisch die Spielregeln des Parlamentarismus beachten, um an die Macht zu kommen. Und er setzt sich ein weiteres Ziel: Nicht nur mächtig will er werden, sondern auch reich.

Der Weg zu Reichtum und Macht

Am 22. November 1925 fand in der Wohnung des Studienrates Bernhard Rust, des Nazi-Gauleiters von Hannover, eine Konferenz der nord- und westdeutschen Gauleiter statt. Im Laufe der Diskussion erhob sich der 28jährige Doktor der Philosophie Joseph Goebbels, erfolgloser Dramatiker, Theaterkritiker und bis vor kurzem Ausrufer an der Düsseldorfer Börse, jetzt Sekretär von Gregor Strasser und Herausgeber der sozialrevolutionär gefärbten „Nationalsozialistischen Monatshefte", und verkündete mit seiner eigentümlich hellen, rheinischen Stimme: „Ich beantrage, daß der kleine Bourgeois Adolf Hitler aus der Nationalsozialistischen Deutschen Arbeiterpartei ausgeschlossen wird!"

Was war in den zwei Jahren nach dem spektakulären November-Coup von München geschehen, daß der „Trommler der nationalen Revolution", der Putschist und Revoluzzer Adolf Hitler in den Augen seiner nördlichen Parteifreunde zum bayerischen Bourgeois verkommen war?

Als Hitler am 11. November 1923 in Putzi Hanfstaengls Landhaus in Uffing am Starnberger See verhaftet wird, scheint er am Ende seiner kurzen und stürmischen politischen Laufbahn angekommen zu sein. In der Untersuchungshaft auf der Festung Landsberg am Lech ist er tief deprimiert. Er ist des Hochverrats angeklagt. Er weiß nicht, welche Strafe ihn erwartet. Viele Jahre im Gefängnis? Immerhin sitzt in einem anderen Trakt der Festung der Schriftsteller Ernst Toller, der wegen seiner Teilnahme an der Münchner Räterepublik – ebenfalls wegen Hochverrats – zu lebenslanger Haft verurteilt worden und nur ganz knapp dem Erschießungspeloton entgangen ist. Auch körperlich fühlt er sich miserabel. Die beim Sturz auf der Residenzstraße dislozierte Schulter schmerzt auch nach dem Einrenken höllisch. Hitler erhält Morphiuminjektionen, allerdings nicht so viele wie der mit seiner Schußverletzung nach Italien geflüchtete Göring, der von den Spritzen süchtig wird. Hitler tritt in den Hungerstreik, beendet diesen aber nach einigen Tagen, als der biedere Anton Drexler ihn besucht und ihn beschwört, seine Gesundheit nicht auf so theatralische Weise zu ruinieren.

Ende Februar 1924 beginnt vor dem Volksgericht I in der ehemaligen Infanterieschule in der Münchner Blutenburgstraße der Prozeß gegen Hitler et al. Angeklagt sind neben Hitler: General a. D. Ludendorff, Ernst Pöhner, Ex-Polizeipräsident von München, Dr. Wilhelm Frick, Oberamtmann bei der Münchner Polizeidirektion, der Tierarzt Dr. Friedrich Weber, Führer des „Bundes Oberland", Hauptmann a. D. Ernst Röhm, Oberleutnant a. D. Wilhelm Brückner, Leutnant a. D. Robert Wagner, Oberstleutnant a. D. Hermann Kriebel und Heinz Pernet, Oberleutnant a. D. und Stiefsohn Ludendorffs, der beim Putsch nur eine kleine Botenrolle gespielt hatte.

Der Prozeß ist eine Farce. Die Angeklagten werden mit ausgesuchter Höflichkeit behandelt. Es ist ganz offensichtlich, daß Richter, Beisitzer und Staatsanwalt mit den Putschisten sympathisieren. Die Urteile fallen am 1. April dementsprechend aus: Ludendorff wird freigesprochen. Brückner, Röhm, Wagner, Frick und Pernet erhalten ein Jahr und drei Monate Festungshaft und eine Geldstrafe von je 100 Mark. Die Strafe wird ab sofort zur Bewährung ausgesetzt. Hitler, Weber, Kriebel und Pöhner erhalten fünf Jahre Festungshaft und jeder eine Geldstrafe von 200 Mark. Es wird ihnen nach Verbüßung von sechs Monaten für den Strafrest Bewährungsfrist in Aussicht gestellt. Der Antrag des Staatsanwaltes, Hitler nach Verbüßung der Strafe als lästigen Ausländer auszuweisen, wird vom Gericht in Anbetracht seiner „hervorragenden Tapferkeit im Felde" abgelehnt.

Das Protokoll verzeichnet, „im Zuschauerraum stürmische Heilrufe".

In Nachfolgeprozessen werden weitere Putschisten zu milden Festungsstrafen verurteilt. Nur Rudolf Heß und 40 Mitglieder des „Stoßtrupps Hitler" müssen einen Teil absitzen. Streicher, Amann und Strasser werden sofort auf freien Fuß gesetzt. Göring und Esser sind im Ausland und warten auf die bald verkündete Amnestie.

Hitler hat seine Depression überwunden. Er denkt zunächst keineswegs daran, hinter Festungsmauern auf die Parteiführung zu verzichten. Der bayerische Strafvollzug sieht es nicht als seine Aufgabe an, dem verurteilten Hochverräter die Fortsetzung des Hochverrats zu erschweren. Hitler darf Delegationen empfangen, Konferenzen abhalten und Kundgebungen erlassen wie in einem Parteibüro. Nur reisen darf er nicht.

Ein reicher Strom von Geschenken fließt nach Landsberg: Blumen, Schokolade, Kuchen, Bücher – und Geld, nun wieder in wertbeständiger Währung, so daß Hitler und seine Mitverurteilten sich die Annehmlichkeiten eines Hotels leisten können. Konrad Heiden hat Hitlers „Kerker" mit folgenden Worten beschrieben: „Im ersten Stock ist ein großes zweifenstriges Zimmer mit weitem Blick übers Land, mit Bett, Stuhl, Schrank und breitem Arbeitstisch – in diese Klause hat Adolf Hitler sich zurückgezogen."

Nach einem Besuch in Landsberg sagte Putzi Hanfstaengl: „Es sah da aus wie in einem Delikatessengeschäft. Mit dem ganzen Zeug, was da aufgestapelt war, hätte man einen Blumen-, Obst- und Weinladen aufmachen können. Aus ganz Deutschland kommen Geschenke. Hitler ist sichtlich dicker geworden." Besonders seine weiblichen Bewunderer geben sich die Klinke in die Hand. Zu ihnen gehören vor allem Frau Bechstein, Frau Bruckmann und Winifred Wagner. Um Hitler noch öfter besuchen zu dürfen, gibt Frau Bechstein sich als seine Adoptivmutter aus. Frau Bechstein tut noch ein übriges: sie veranlaßt ihren Mann, für

Hitler die Bürgschaft für einen Personalkredit in Höhe von 45 000 Mark bei der Deutschen Hansa Bank in München zu übernehmen, damit ihr Schützling bei der Entlassung nicht ohne Geld dasteht. Bechstein mußte die Bürgschaft später seufzend in eine Schenkung verwandeln, da Hitler die Kreditsumme nie zurückzahlte. Nur die Schuldzinsen setzte er in seiner Steuererklärung ab.

Während es für die übrigen Landsberger Gefangenen morgens um sechs Uhr „Wecken“ und um 10 Uhr abends „Licht aus“ heißt, dürfen Hitler und sein engerer Kreis, darunter Heß, Weber und Kriebel, sowohl morgens schlafen als auch abends Licht brennen lassen, lesen und arbeiten, solange sie wollen. Schließlich erhält Hitler noch einen weiteren Raum als „Arbeits-, Besprechungs- und Besuchszimmer“. In kurzer Lederhose, mit gestickten grünen Hosenträgern (einem Geschenk von Frau Bruckmann), jedoch mit Kragen und Krawatte auf städtische Art, sitzt er lesend im Rohrsessel, vor sich Kaffeetasse und Zuckerdose, hinter sich an der Wand einen von Verehrern gestifteten Lorbeerkranz. An seinem 35. Geburtstag füllen die Blumen und Pakete für ihn mehrere Räume.

Draußen jedoch läuft es anscheinend politisch gar nicht sehr gut für ihn. Als seinen Bevollmächtigten hat er Alfred Rosenberg ernannt. Der gründet als Ersatz für die verbotene NSDAP eine „Großdeutsche Volksgemeinschaft“, die aber zunächst kaum in Erscheinung tritt. Rosenberg hat keine Autorität, er wird wegen seines schroffen Wesens abgelehnt. Hitler ersetzt ihn durch Pöhner, der erfolgreich darum ersucht hat, seine Strafe zu einem späteren Zeitpunkt anzutreten. Aber die Genossen draußen werfen ihm Untätigkeit vor. Die Bewegung bricht auseinander. Es bilden sich mehrere Ersatzorganisationen, als erfolgreichste die norddeutsche Deutschvölkische Freiheitspartei, die am 4. Mai 1924 sogar 32 Reichstagssitze erobern kann. Ludendorff spielt hier eine große Rolle. Er verachtet Hitler, dem er „Desertion“ am 9. November vorwirft. In Bayern hacken die Nachfolgebewegungen aufeinander ein: Rosenberg gegen Streicher und Esser, Streicher gegen Strasser, Drexler gegen Esser. Von Landsberg aus ergießt Hitlers Grimm sich über alle, die, so Hitler, „ihre Freiheit benützen, mich zu betrügen und wie ein unbrauchbares Gerät in die Ecke zu stellen“. Schließlich erklärt er in einem Brief an die Zeitungen, daß er die Führung der nationalsozialistischen Bewegung niederlege und sich während seiner Haft jeglicher politischer Tätigkeit enthalten werde. Er ziehe alle von ihm ausgestellten politischen Vollmachten zurück und bitte darum, sich nicht mehr auf ihn zu berufen. Außerdem würde er in Zukunft nur noch private und keinerlei politisch motivierten Besuche mehr empfangen.

Ludendorff ergreift die Führung der „Freiheitspartei“, die inzwischen in „Nationalsozialistische Freiheitspartei“ umbenannt worden ist. Hitler ist kaltgestellt.

Doch untätig bleibt er nicht. Im Juli 1924 beginnt er den ersten Band eines Buches, das ebenso politische Autobiographie wie Theorie sein soll. Zuerst schreibt Hitler selbst mit zwei Fingern auf einer Maschine, die ihm der Gefängnisdirektor leiht. Dann diktiert er seinem Kampfgenossen Erich Maurice, der inzwischen in Landsberg als Hitlers „Kammerdiener“ fungiert und ein ganz passabler Stenograph und Maschinenschreiber ist. Dann schließlich gewinnt er seinen Mithäftling Rudolf Heß als begeisterten Mitarbeiter.

Die vielbehauptete Version, Hitler habe Heß das Manuskript „diktiert“, stimmt nicht. Gewiß hat Heß eine Reihe von Kapiteln getippt. Aber er hat viel mehr getan. Er hat den Gedankenfluß einigermaßen geordnet, beraten, redigiert, umgestellt, eigene Gedanken eingebracht. Es ist nicht übertrieben, Heß den Ko-Autor zu nennen. Vielleicht wären die unendlich ledern und mühsam zu lesenden Gedankengänge sonst noch weniger lesbar gewesen. Heß’ Sohn Wolf Rüdiger sagt: „Mein Vater hat von jedem seiner Gespräche mit Hitler eine Niederschrift angefertigt.“ Zweifellos haben diese Niederschriften als Material für das Buch gedient. An den Millionenbeträgen, die Hitler das Buch eingebracht hat, erhielt Heß allerdings nie einen Anteil, der einem Ko-Autor eigentlich zugestanden hätte.

Häufiger Besucher in Landsberg ist der Mentor von Rudolf Heß, der General a.D. Karl Haushofer, Universitätsprofessor und Leiter des Münchner Instituts für Geopolitik. Haushofer, Hitler und Heß führen lange Unterhaltungen. Auch über diese Gespräche fertigt Heß Protokolle an. Die maßlosen Großmachtforderungen Hitlers nach deutschem „Lebensraum" im Osten auf Kosten der slawischen Völker erhielten durch die geopolitischen Theorien des gelehrten Professors ein wissenschaftliches Feigenblatt. Haushofer ist nicht nur ein bekannter Geopolitiker. Er neigt auch der Esoterik zu. Als Militärattaché in Japan hat er den Zen-Buddhismus studiert. Er behauptet, in Tibet Einweihungen von tibetischen Lamas erhalten zu haben. Nach Dietrich Eckart wird Haushofer nun Hitlers zweiter „esoterischer Mentor". In Berlin hat Haushofer eine Geheimloge gegründet, die „Lichtvolle Loge" oder die „Vril-Gesellschaft". Hauptziel der Loge war es, die Ursprünge der arischen Rasse zu erforschen und Konzentrationsübungen zu machen, um die Kräfte des „Vril" zu wecken, das der Kundalini-Energie des Hindus entspricht. Haushofer war Schüler des russischen Magiers und Esoterikers Gregor Iwanowitsch Gurdjeff. Sowohl Gurdjeff als auch Haushofer behaupteten, Verbindungen mit geheimen tibetischen Logen zu besitzen, die im Besitz des Geheimnisses des „Übermenschen" seien. Das Buch des englischen Schriftstellers und Esoterikers Bulwer-Lytton über eine kommende Rasse von Übermenschen nahmen sie ganz wörtlich.

Es steht nicht sicher fest, wieweit Hitler den esoterischen Einflüssen Haushofers zugänglich wurde, Heß jedenfalls war ein glühender Anhänger des Professors und hatte – zumindest bis zum Kriegsausbruch – beachtlichen Einfluß auf Hitler. Und zumindest bis zu seiner Machtübernahme im Jahre 1933 scheint Hitler sich so ausgiebig mit okkultistischen Übungen beschäftigt zu haben, daß, nach den Beobachtungen von Hermann Rauschning, Winifred Wagner einmal eine Warnung aussprach: „Hüten Sie sich vor schwarzer Magie. Noch sind weiße *und* schwarze Magie Ihnen zugänglich. Doch wenn Sie sich einmal der schwarzen Magie ergeben haben, wird diese Ihr Schicksal bestimmen." Wenn man den Worten des 1933 emigrierten Mitglieds der Vril-Gesellschaft, des Raketenforschers Willi Ley, glauben darf, gehörten der Loge nicht nur Alfred Rosenberg, Himmler und Göring an, sondern neben Hitlers späterem Leibarzt Dr. Morell und dem Horror-Autor und Texter des Horst-Wessel-Liedes Hanns Heinz Ewers auch der Führer selbst. Und Tatsache ist auch, daß berühmt-berüchtigte Magier wie Aleister Crowley und Gurdjeff Kontakt mit Hitler gesucht haben. Gurdjeffs „Hymne an Pan", die in seiner Grabrede zitiert wurde, wäre auch als Epitaph auf Hitler geeignet gewesen: „Und ich rase und vergewaltige, reiße und tobe, wüte ewig durch die Welt in der Gewalt von Pan."

Hitlers von niemandem bestrittene außergewöhnliche Suggestivkraft wird verständlicher, wenn man sich vor Augen hält, daß er Zugang zu „geheimen" psychologischen Techniken esoterischer Logen besaß. Haushofer lehrte ihn fraglos die Techniken von Gurdjeff, die wiederum auf den Lehren der Sufis und tibetischer Lamas beruhen und machte ihn mit den Zen-Lehren der japanischen Gesellschaft des „Grünen Drachen" vertraut. Alle diese Lehren vermitteln Techniken, schlummernde Kraftzentren im Menschen, „Chakras" genannt, zu wecken, und zwar durch ganz bestimmte Konzentrationsübungen.

Von der neuen Leidenschaft des Schreibens erfaßt, arbeitet Hitler oft bis in die späte Nacht hinein an seinem Buch. Als Max Amann, der Verlagsleiter des Eher Verlages, ihn besucht, nennt er ihm den Titel: „Viereinhalb Jahre Kampf gegen Lüge, Dummheit und Feigheit." Amann sagt trokken, daß kein Verleger ein Buch mit einem derartigen Titel verkaufen könne. Und verkauft werden solle es ja. Immerhin müsse Hitler nach seiner Entlassung aus dem Gefängnis ja seinen Lebensunterhalt verdienen. Auch er, Amann, wolle Geld verdienen. Der „Völkische Beobachter“ sei zur Zeit verboten, und um den Verlag zu halten, bedürfe es eines zugkräftigen Buches. Warum nicht „Mein Kampf“? Hitler ist einverstanden. Als er am 20. Dezember 1924 entlassen wird, ist das Manuskript des ersten Bandes nahezu fertig. Später schenkt Hitler es seiner langjährigen Gönnerin Frau Bechstein.

Adolf Müller, der Drucker des Völkischen Beobachters, holt ihn in Begleitung des Fotografen Heinrich Hoffmann im Mercedes aus Landsberg ab. Hoffmann verdient mit dem Foto, das Hitler in trotziger Haltung im Trenchcoat neben Müllers Auto vor dem Stadttor Landsbergs zeigt, eine Menge Geld. Hitler hat später gesagt: „Mein ganzes Geld, 234 Mark, habe ich meinen Kameraden in Landsberg zurückgelassen. Als bettelarmer Mann kam ich nach München zurück.“ Nicht erwähnt hat er, daß bei der Hansa-Bank die stattliche Summe von 45 000 Mark auf ihn wartete.

Die Rückkehr nach München ist undramatisch. In der Thierschstraße 41 warten Esser und Streicher als Begrüßungskomitee. Die Wirtin hat das Zimmer mit Blumen geschmückt. Man geht zum Essen in die „Osteria“ in der Schellingstraße. Das Weihnachtsfest verbringt der arbeitslose Parteiführer geruhsam in der Villa von Putzi Hanfstaengl, in der Pienzenauer Straße in Bogenhausen. Er bittet Hanfstaengl, ihm den „Liebestod“ aus „Tristan und Isolde“ auf dem Klavier zu spielen. Er wird elegisch. „Mein Hesserl, mein Hesserl“, klagt er. „Er ist der Treueste. Warum hat man ihn noch nicht freigelassen?“

Dann besucht er Pöhner, der demnächst drei Monate seiner fünfjährigen Festungshaft in Landsberg absitzen muß. Er hat gehofft, die ganze Strafe erlassen zu bekommen, doch auf weniger als drei Monate hat sich auch der sonst so zugängliche Staatsanwalt nicht herunterhandeln lassen. Pöhner rät Hitler dringend, den Ministerpräsidenten Held von der Bayerischen Volkspartei aufzusuchen und seinen Frieden mit der Regierung zu machen.

Hitler macht seinen Kotau. Er wolle eigentlich nur um die Entlassung seiner Kameraden bitten. Er versichert Held seiner Loyalität und Legalität. Der Putsch sei ein Fehler gewesen, das sähe er ein. Er läßt durchblicken, daß er zur politischen Zusammenarbeit bereit sei. Held fragt zurück, wie er sich eine Zusammenarbeit vorstelle, wo doch Ludendorff und die anderen von den Deutschvölkischen eine radikale antikatholische Stellung bezögen. Hitler sagt, das sei allein eine Angelegenheit Ludendorffs. Er habe mit dem General nichts mehr zu schaffen. Seinen „Kampf gegen Rom" mißbillige er aufs schärfste. Er sei noch immer ein treuer Sohn der katholischen Kirche. Sein Kampf richte sich nur gegen den Marxismus. Falls auch der bayerische Ministerpräsident den Marxismus bekämpfe, werde er, Hitler, ihm loyal zur Verfügung stehen. Die bürgerliche Bayerische Volkspartei werde er nicht bekämpfen. Die Verabschiedung ist freundlich, wenn auch nicht herzlich. Held verspricht, die Aufhebung des Verbots des Völkischen Beobachters und der NSDAP wohlwollend zu erwägen. Zustände wie vor dem 9. November 1923 würde er allerdings nicht dulden.

Am nächsten Tag liefert Hitler der Regierung einen „Beweis" für seine Wandlung. Mit der Nilpferdpeitsche bewaffnet erscheint er in der Landtagsfraktion des Völkischen Blocks, bedroht die konsternierten Abgeordneten tätlich und macht ihnen Vorwürfe, weil sie sich nicht an der Regierung beteiligt haben, sondern die katholische Volkspartei und die anderen bürgerlichen Parteien bekämpfen. Hitler weiß, daß er seine zweite Politkarriere nicht gegen, sondern mit der Gunst der Herrschenden aufbauen muß.

Ludendorffs „Nationalsozialistische Freiheitsbewegung" in Berlin reagiert giftig. In einem Zeitungsartikel nennt man ihn nach dem Besuch bei Held einen „Gefangenen des Klerikalismus". Hitler wiederum nennt die Führer der Freiheitsbewegung, Ludendorff, Graefe und den Grafen Reventlow, „politische Pikkolos, größenwahnsinnig gewordene Völkische, eine wotansüchtige Illuminatengesellschaft im Norden, eine von Ostelbiersnobismus und Ostelbiertrottelosis triefende Korona".

Der Dank des Ministerpräsidenten Held läßt nicht lange auf sich warten. Das Verbot der NSDAP und des Völkischen Beobachters wird aufgehoben. Nur das Redeverbot für Hitler bleibt bestehen, gilt aber nicht für Parteiversammlungen, bei denen die Öffentlichkeit ausgeschlossen ist.

Am 26. Februar 1925 erscheint der Völkische Beobachter wieder. Er kündigt für den folgenden Tag die Neugründung der NSDAP an. Im Bürgerbräukeller, dem Schauplatz des mißglückten Putsches. Eintritt eine Mark. Max Amann führt den Vorsitz. Drexler hat den Ehrenvorsitz abgelehnt, „solange Schmutzfinken wie Julius Streicher und Hermann Esser" sich im Saal befänden. Auch Rosenberg, Strasser und Röhm fehlen. Die Stimmung im Saal ist gespannt. Viertausend Anhänger haben sich eingefunden, die meisten untereinander bitter verfeindet und in gegenseitige Intrigen verstrickt. Als Hitler den Saal betritt, kommt es zur ersten gemeinsamen Huldigung. Und nach seiner Rede, in der er in pathetischen Worten Gemeinsamkeit beschwört, ist von Feindseligkeit nichts mehr zu spüren. Die Anwesenden steigen auf die Tische, jubeln, schwenken die steinernen Maßkrüge, liegen einander in den Armen. Amann nutzt die Begeisterung. Mit Donnerstimme übertönt er den Jubel. „Der Streit muß ein Ende haben. Alles zu Hitler!" Plötzlich stehen sich auf dem Podium alte Widersacher gegenüber, reichen einander feierlich die Hände. Der Landtagsabgeordnete Buttmann, noch kürzlich von Hitler mit der Hundepeitsche bedroht, bekennt: „Alle meine Bedenken sind geschmolzen, als der Führer sprach."

Von diesem Tage an ist Hitler „Der Führer". Kurz darauf stoßen auch Rosenberg und Strasser wieder dazu, für kurze

Zeit auch Röhm, bis ein neuerlicher Streit mit Hitler ihn veranlaßt, als Militärinstrukteur und Obrist der bolivianischen Armee für einige Jahre nach Südamerika zu gehen.

Gregor Strasser, der ebenso bullige wie gebildete Apotheker aus Landshut, wird beauftragt, die Parteiorganisation im Norden auszubauen. Strasser ist einer der ganz wenigen Nazis, die den byzantinischen Führerkult nicht mitmachen. Für ihn ist Hitler nie „der Führer", sondern stets „Herr Hitler, dem ich mich zur Mitarbeit zur Verfügung gestellt habe". Er macht auch nicht die neuaufgekommene Mode der Parteigenossen mit, einander mit „Heil Hitler" zu begrüßen, sondern bleibt beim „Grüß Gott". Wichtiger noch: Gregor und sein Bruder Otto, ein begabter Journalist, der früher Mitglied der USPD war, nehmen das Wort „sozialistisch" im Namen der NSDAP sehr ernst. Vor allem Otto ist ein Mann, der notfalls auch mit den Kommunisten gegen die Reaktion zusammenarbeiten würde. Gregor Strasser wird in Norddeutschland populärer als Hitler, der im Norden mehr als Münchner Lokalgröße gilt. Die norddeutsche Bewegung gewinnt einen definitiven „Linksdrall". Strassers Sekretär ist Joseph Goebbels, ein radikaler Sozialrevolutionär, dessen Artikel, abgesehen von ihrem Antisemitismus, auch in der kommunistischen Parteipresse stehen könnten.

Hitler sieht die Entwicklung im Norden mit nicht allzu großer Besorgnis. Er beginnt, sich in München bürgerlich zu etablieren. Zu den 45000 Mark Kredit sind weitere Spenden von Gönnern gekommen. Zwar behält Hitler seine bescheidene Wohnung in der Thierschstraße vorerst bei, doch er engagiert drei private Angestellte: Rudolf Heß als Privatsekretär für ein Monatsgehalt von 300 Mark, Julius Schaub, einen ehemaligen Expedienten des Eher-Verlages, als Leibwächter für ebenfalls 200 Mark Salär und Julius Schreck als Chauffeur für bescheidenere 100 Mark im Monat. Mit Jakob Werlin, dem Münchner Repräsentanten der Daimler-Werke in Stuttgart-Untertürckheim, hat er sich angefreundet.

Druckereibesitzer Adolf Müller hat Hitler das Autofahren auf neueren Modellen beigebracht. Er macht auch die Führerscheinprüfung, fährt aber nur ganz selten selbst. Dennoch ist er ein Autonarr geworden, der auch technisch alles über Autos weiß. Im Frühjahr 1925 verkauft Werlin ihm einen Mercedes-Kompressorwagen für den damals mehr als stolzen Preis von 20000 Mark. Als das Finanzamt wissen möchte, woher er das Geld für eine so kostspielige Anschaffung habe, gibt er an, einen Bankkredit aufgenommen zu haben.

Er verbringt viel Zeit auf dem Obersalzberg bei Berchtesgaden, wo Dietrich Eckart ihn schon 1921 eingeführt hat. In der Pension Moritz und im Platterhof haben Eckart, Esser, Amann und Hanfstaengl schon manches feuchtfröhliche Wochenende verbracht. Hier legt Hitler jetzt mit seinem Privatsekretär Heß letzte Hand an den ersten Band seines Buches, der im Spätsommer 1925 im Eher-Verlag mit dem Untertitel „eine Abrechnung" erscheint, 400 Seiten stark, Ladenpreis 12 Mark. Das Buch ist zunächst ein Mißerfolg. Die Leser, die Enthüllungen erwartet haben, sind von dem langweiligen Buch enttäuscht. Immerhin verkauft Amann bis zum Jahresende 10000 Exemplare. In harten Verhandlungen hat Hitler Amann die unüblich hohe Tantieme von 15 Prozent vom Ladenpreis abgerungen, so daß ihm für 1925 unterm Strich 18000 Mark verbleiben.

Gleich macht Hitler sich an die Abfassung des zweiten Bandes. Nahe beim Platterhof auf dem Obersalzberg liegt „Haus Wachenfeld", das Landhaus eines Fabrikanten aus Buxtehude. Für 1000 Mark im Jahr steht es zu vermieten. Hitler greift zu. Später zum „Berghof", einer privaten Festung, umgebaut, ist Haus Wachenfeld 1925 noch ein gemütliches Holzhaus mit bescheidener Ausstattung. Albert Speer beschreibt das Interieur: „Die Möbel entstammten der Vertiko-Periode und gaben der Wohnung das Gepräge behaglicher Kleinbürgerlichkeit. Ein vergoldeter Käfig mit einem Kanarienvogel, ein Kaktus und ein Gummibaum verstärkten diesen Eindruck noch."

Frau Bechstein unterstützt Hitler bei der Einrichtung. Winifred Wagner stattet das Haus mit Wäsche und Porzellan aus. Später schickt sie eine Seite aus der Originalpartitur des „Lohengrin“. Hitler bittet seine verwitwete Halbschwester Angela aus Linz, nach Berchtesgaden zu kommen und ihm den Haushalt zu führen. Mit ihr kommt ihre siebzehnjährige Tochter Angelika, genannt „Geli“, die sofort in schwärmerischer Zuneigung des Teenagers für den berühmten Onkel entbrennt. Hitler erwidert diese Zuneigung, zunächst aber nur in einer väterlich-onkelhaften Art. Handfester ist seine Beziehung zu einem drallen bayerischen Mädchen namens Maria „Mitzi“ Reiter, der Tochter des Mitbegründers der SPD in Berchtesgaden. Später, als die Liebe Hitlers zu seiner Nichte konkretere Formen annimmt, versucht Mitzi, sich aus Liebeskummer zu erhängen. Sie bleibt nicht die einzige Frau, die Hitlers wegen – mit oder ohne Erfolg – die Flucht in den Selbstmord sucht.

Im Laufe des Jahres 1925 läßt Hitler die Zügel der Partei immer mehr schleifen. Er scheint sich kaum noch dafür zu interessieren. Ab und zu fährt er nach München, hauptsächlich aber, um Geli in die Oper zu führen oder in der „Osteria“, im Café Heck oder im Carlton Tea Room in der Brienner Straße zu sitzen. Bei seinen München-Besuchen ist er auch öfter in Amanns Verlagsbüro in der Thierschstraße als in der Parteigeschäftsstelle in der Schellingstraße. Für die Parteifinanzen hat er einen tüchtigen Schatzmeister eingestellt, den 50jährigen Franz Xaver Schwarz, der die Kasse zuverlässig verwaltet. Auf Amann und die Geschäfte des Eher-Verlages hat Schwarz aber keinerlei Einfluß. Er und seine Prüfer dürfen sich nicht einmal im Verlagsbüro sehen lassen. Hitler hat klar und deutlich bestimmt, daß Amanns Geschäfte die Partei nichts angehen, daß Amann nur ihm persönlich verantwortlich ist.

Otto Wagener, späterer Wirtschaftsexperte der Partei,

wollte Schwarz gegenüber einmal unauffällig die Sprache auf die Frage bringen, wovon Hitler eigentlich lebe. Schwarz lehnte es zunächst überhaupt ab, darüber zu sprechen. Schließlich räumte er ein, daß Hitler selbst es stets brüsk ablehne, sich mit ihm, Schwarz, über diese Frage zu unterhalten. Schwarz habe ihm vorgeschlagen, sich monatlich eine bestimmte Summe aus der Parteikasse zahlen zu lassen oder sich ein Gehalt als Parteivorsitzender zu entnehmen. Aber Hitler habe das stets geradezu mißbilligend abgelehnt. Er als der Führer der Partei wolle keinen Pfennig von den Beiträgen für sich in Anspruch nehmen, die mancher arme, vielleicht sogar arbeitslose Parteigenosse sich vom Munde abgespart habe. Hitlers einzige Geldquelle seien die Tantiemen aus seinem Buch „Mein Kampf". Darüber aber sei nur der Eher-Verlag, und zwar Amann persönlich, unterrichtet.

Aber das könne doch nicht ausreichen, um Hitlers recht aufwendigen Lebensstil zu finanzieren, wollte Wagener wissen. Schwarz antwortete, seines Wissens würde Hitler natürlich auch Honorare für seine Artikel im Völkischen Beobachter kassieren. Die Zeitung würde inzwischen nicht mehr ihm selbst, sondern der Partei gehören. Trotzdem habe er, Schwarz, keinerlei Einfluß auf die Geschäftsführung. Zuständig sei allein Amann. Vorsitzender des Aufsichtsrates sei Hitler. Beschlüsse würden zwischen den beiden getroffen. „Das Finanzamt ist sehr hinter unseren Büchern her", sagte Schwarz. „Deshalb will auch der Chef nie in den Büchern stehen."

Hitler konnte zwar nicht verhindern, daß das Finanzamt seine Tantiemen aus „Mein Kampf" überprüfte. Ansonsten wollte er aber in keinen Buchhaltungsunterlagen erscheinen. Was Schwarz nicht erwähnte: um seinen eleganten Lebensstil zu finanzieren, bediente Hitler sich auch freizügig aus der Parteikasse. Schwarz half ihm des öfteren mit Beträgen von einigen tausend Mark aus, die er als „Sonderausgaben für Werbemaßnahmen" verbuchen mußte. Hitler schärfte ihm ein, seinen Namen nicht zu erwähnen. Natürlich wurde das Geld der „armen, arbeitslosen Parteigenossen“ nie zurückgezahlt.

Ende 1925 wurde Hitlers häufige Abwesenheit von München, sein aufwendiger Lebensstil, seine Opernbesuche und Landpartien in Begleitung eleganter Frauen von tugendhaften Parteigenossen mit immer größerem Mißfallen registriert. Besonders die norddeutschen „linken“ Parteifreunde mokierten sich über den „Papst in München“. Vor allem seine undurchsichtigen Geldangelegenheiten ließen Zweifel aufkommen, ob Hitler der geeignete Führer einer Partei sei, die in ihrem Namen das Wort „sozialistisch“ führte.

Aus Norddeutschland kamen Spitzen gegen die Münchner Parteiführung. Goebbels sprach von den „verkalkten Bonzen in München“, von der „Sau- und Luderwirtschaft in der Zentrale“, vom „Maulheldentum Essers und Streichers“. Gregor Strasser beklagte offen das „grauenhaft niedrige Niveau“ der Völkischen Beobachters.

Zum Eklat kam es, als im Reichstag die Frage diskutiert wurde, ob die deutschen Fürstenhäuser enteignet werden oder ihr 1918 beschlagnahmtes Vermögen zurückerhalten sollten. Strasser, der selbst im Reichstag saß, war dafür, gemeinsam mit den Sozialdemokraten und Kommunisten für die entschädigungslose Enteignung zu stimmen. In einer Grundsatzrede im Reichstag sprach er darüberhinaus von der „antikapitalistischen Sehnsucht im deutschen Volk“. Hitler las die Rede Strassers mißgelaunt. Für ihn war das Wort „sozialistisch“ im Parteinamen reine Dekoration.

Auch die außenpolitischen Auffassungen der Strasser-Fronde irritierten Hitler erheblich. Hitler sah in Sowjetrußland das Objekt von Eroberungsplänen, Rosenberg beschrieb das Land als „jüdische Henkerkolonie“. Goebbels dagegen äußerte sich in den „Nationalsozialistischen Monatsheften“ voller Hochachtung über den russischen „Willen zur Utopie“, Strasser plädierte für ein Bündnis mit Moskau, „gegen den Militarismus Frankreichs, den Imperialismus Englands, den Kapitalismus der Wallstreet." Für Hitler, der in „Mein Kampf" die gegenteiligen Thesen vertrat, war das ein Schlag ins Gesicht. Doch noch immer saß er auf dem Obersalzberg und schwieg.

Die Strasser-Gruppe sah in dem Schweigen Schwäche und wurde kühner. „Kein Mensch glaubt mehr an München", jubelte Goebbels in seinem Tagebuch. Strasser forderte, Hitlers „ängstliche Legalitätspolitik" durch eine Katastrophenpolitik mit „Putsch, Bomben, Streiks und Straßenschlachten zu ersetzen." Noch immer schwieg Hitler. Seine messianische Aura schien zu verblassen.

Einen weiteren Affront leistete sich Strasser, als er mit seinem Bruder zusammen ohne Zustimmung der Münchner Zentrale einen eigenen Zeitungsverlag aufbaute, der sich in Konkurrenz zum Eher-Verlag bald zu einem beachtlichen Konzern entwickelte. Strassers Zeitung „Der Nationale Sozialist" überflügelte zeitweilig den „Völkischen Beobachter" beträchtlich und war auch dank Otto Strasser, dem gelernten Zeitungsmann, von höherem journalistischen Niveau.

Hitlers Stern schien zu sinken. Er saß selbstzufrieden in seinem Berghaus und genoß geradezu das Redeverbot, das ihn von lästigen öffentlichen Veranstaltungen befreite. Mit Anton Drexler, dem ursprünglichen Parteigründer, der inzwischen ausgetreten war und eine eigene Splittergruppe gegründet hatte, führte er in München einen Beleidigungsprozeß. Ein früherer Anhänger rief ihm im Gerichtssaal zu: „Sie werden noch sehr traurig enden!" Und in Hannover forderte Goebbels den Parteiausschluß des „kleinen Bourgeois Adolf Hitler".

Jetzt wendet Hitler dieselbe Taktik an wie nach Landsberg. Und er gewinnt. Für den 14. Februar 1926 beruft er eine Führertagung der Gesamtpartei in Bamberg zusammen. Bamberg ist eine der Hochburgen des ihm ergebenen Julius Streicher. Alle „Linken" der Strasser-Fronde sind gekommen: Goebbels, die Gauleiter Hinrich Lohse aus

Schleswig-Holstein, Theodor Vahlen aus Pommern, Bernhard Rust aus Hannover. Hitler spricht fünf Stunden lang. Er nennt die Befürworter der Fürstenenteignung verlogen, weil sie das Eigentum der jüdischen Bank- und Börsenfürsten verschonen. Er nennt nicht Rußland, sondern England und Italien natürliche Bundesgenossen Deutschlands. Punkt um Punkt zerpflückt er das Programm der Strasser-Runde. Alle Linken erliegen seiner Suggestionskraft. Die Arbeitsgemeinschaft der nord- und westdeutschen Gauleiter wird aufgelöst, die Fürstenenteignung abgelehnt. Der einzige, der sich noch Hitlers Bann entziehen kann, ist Josef Goebbels. Am 14. Februar schreibt er in sein Tagebuch: „Ich bin wie geschlagen! Welch ein Hitler! Ein Reaktionär? ... Feder nickt, Esser nickt, Streicher nickt, Ley nickt. Es tut mir in der Seele weh, wenn ich dich in *der* Gesellschaft seh!!!! Kurze Diskussion. Strasser spricht. Stockend, zitternd, ungeschickt. Der gute, ehrliche Strasser, ach Gott, wie wenig sind wir den Schweinen da unten gewachsen! ... Ich kann kein Wort sagen! Ich bin wie vor den Kopf geschlagen!“

Wenige Wochen später ist auch Goebbels unter Hitlers Bann geraten. Hitler lädt ihn als Hauptredner zu einer Veranstaltung im Bürgerbräukeller in München ein. „Er ist beschämend gut zu uns“, notiert Goebbels. Und im Juli ist die Umkehr vollkommen. „Er ist ein Genie! ... Ein Kerl, ein Mann! ... Er verhätschelt mich wie ein Kind. Der gütige Freund und Meister!“ An der gleichen Stelle des Tagebuches heißt es jetzt über Strasser: „Er kommt wohl zuletzt mit dem Verstand nicht mit. Mit dem Herzen immer! Ich liebe ihn manchmal sehr!“

Goebbels wird Hitlers treuester Vasall – bis zum bitteren Ende. Hitler macht ihn 1926 zum Gauleiter von Berlin. Dort bekämpft er nicht nur die Kommunisten, sondern auch seine bisherigen Freunde, die Brüder Strasser. Die Macht der linken Nazis in Norddeutschland zerfällt dank Goebbels immer mehr. Goebbels eröffnet ein Boulevardblatt, den

„Angriff“, mit dem er den Zeitungen der Brüder Strasser Konkurrenz macht. Im „Angriff“ läßt er sogar verbreiten, die Brüder Strasser stammten von Juden ab und seien vom Großkapital gekauft. Hitler muß persönlich eingreifen, um seinen radikalen neuen Vasallen zu bremsen. Doch sein Ziel hat er erreicht: er hat den größten Rabulisten und talentiertesten Propagandisten der Nazis auf seine Seite gezogen. Er hat aus dem radikalen Gegner einen ebenso radikalen Gefolgsmann gemacht. Strasser kann mit Blick auf Goebbels nur noch sagen: „Ein saublöder Narr bin ich gewesen.“ Trotz aller Demütigungen bleibt Gregor Strasser Hitler treu und wird mit dem Titel eines „Reichsorganisationsleiters“ abgefunden.

Auch juristisch hat Hitler seine Macht jetzt endgültig zementiert. Auf der „Generalmitgliederversammlung“ am 22. Mai 1926 in München läßt er eine neue Satzung beschließen, die ganz auf ihn persönlich zugeschnitten ist. Nach dem Vereinsgesetz war der Nationalsozialistische Deutsche Arbeiterverein e. V. in München Träger der Partei. Um den Gesetzen zu entsprechen, mußte der Erste Vorsitzende gewählt werden. Hitler erreicht, daß nur seine Hausmacht, die Münchner Ortsgruppe, als Wahlmännergremium fungiert. Auch darf nur die ganz auf ihn eingeschworene Münchner Gruppe den Vorsitzenden zur Rechenschaft ziehen. Hitlers unbeschränkte Herrschaft über die Partei ist jetzt auch de jure gesichert. Es gibt keine Majoritätsbeschlüsse mehr, die für ihn bindend wären. Die Gauleiter werden in Zukunft nicht mehr von den lokalen Parteiversammlungen gewählt, sondern vom Ersten Vorsitzenden, dem „Führer“ ernannt. Mitgliederbeiträge müssen in Zukunft aus dem ganzen Reich direkt nach München geschickt werden. Die einzelnen Gaue erhalten ihre Gelder dann von dort.

Sein Erfolg hat Hitlers Selbstbewußtsein in ungeheurem Maße gesteigert. Ist seine bisherige Entwicklung noch von Vorbildern wie Dietrich Eckart oder Ludendorff bestimmt gewesen, so beginnt er jetzt immer mehr, sich von geistigen

Abhängigkeiten und Vorbildern zu lösen. Die Tatsache, daß seine Vorgesetzten im Krieg es abgelehnt hatten, ihn zum Unteroffizier zu befördern, und zwar mit der Begründung mangelnder Führungseigenschaften, hatte ihm schwer zu schaffen gemacht. Jetzt hat er seine Führungseigenschaft bewiesen. Er fängt an, sich mit Napoleon zu vergleichen. Er zieht Parallelen zwischen sich und dem Kaiser, der in seiner Jugend wegen seiner kleinen Gestalt verspottet, in der Kriegschule wegen seines korsischen Dialekts verhöhnt worden war. Napoleon beginnt ihn zu faszinieren. Er liest alles, was er sich über den großen Korsen beschaffen kann. (Nach der deutschen Einnahme von Paris 1940 macht er frühmorgens eine Blitztour durch die Seinestadt. Nur zwei Orte interessieren ihn: die Oper- und der Invalidendom, wo er fast eine Stunde allein vor dem Sarkophag des Kaisers Andacht hält. Er gibt Befehl, auch die Leiche von Napoleons Sohn, des Herzogs von Reichstadt, nach Paris zu überführen und ebenfalls im Invalidendom aufzubahren.)

Schon vor 1923 hat er sich ein Pseudonym zugelegt: Wolf. Von seiner allerengsten Umgebung, seinen Duzfreunden, läßt er sich privat gern so nennen. Auch Frau Bruckmann, Frau Bechstein und Winifred Wagner erhalten dieses Privileg. Er versteht den Namen als die germanische Urform von Adolf und als Symbol für Stärke, Angriffslust und Einsamkeit. Manchen Artikel im Völkischen Beobachter signiert er mit „Wolf". Seine Halbschwester Angela, die seinen Haushalt auf dem Obersalzberg führt, bringt er dazu, nicht mehr den Namen ihres verstorbenen Mannes Raubal zu führen, sondern sich „Frau Wolf" zu nennen. Nichte Geli redet ihn mit „Onkel Wolf" an. Typisch werden später die Namen „Wolfsschanze" und „Wolfsschlucht" für seine Hauptquartiere im Zweiten Weltkrieg. Es gibt einen Ort in Deutschland, der noch heute nach Adolf Hitler heißt: die Volkswagenstadt Wolfsburg. „Nach Ihnen, mein Führer, soll die Stadt Wolfsburg heißen", hatte Robert Ley, der trunksüchtige Leiter der Deutschen Arbeitsfront, erklärt, als das Werk errichtet wurde.

Ein weiteres Symbol für seinen Drang nach Macht und Stärke ist Hitlers Leidenschaft für starke und schnelle Automobile, die gleichzeitig eine tiefsitzende Unsicherheit verschleiert.

In der Nacht zum 4. Februar erklärt er in einem seiner vielen Monologe im Führerhauptquartier, die Bormanns Adjutant Heinrich Heims aufgezeichnet hat: (In Bayreuth) „1925 war mein Mercedes-Kompressor eine Freude für alle. Wir haben Ausflüge gemacht nach der Luisenburg, ein andermal nach Bamberg, oft zur Eremitage. Frau Bechstein meinte: ‚Wolf, Sie müssen den schönsten Wagen haben, den es überhaupt gibt. Sie verdienen ihn.' Sie dachte an einen Maybach."

Hitler nahm sogar für sich in Anspruch, das Typenprogramm und die ästhetische Linie der Autos mit dem Mercedes-Stern entscheidend beeinflußt zu haben. Im selben nächtlichen Monolog im Führerhauptquartier sagt er: „Was die Mercedeswagen heute schön macht, das kann ich für mich in Anspruch nehmen. Ich habe in Zeichnungen und Entwürfen mich all die Jahre bemüht, die Form aufs höchste zu vervollkommnen." Die Stuttgarter Autobauer halten sich in dieser Frage bedeckt. Was auch immer dran sein mag: Hitler war seit den zwanziger Jahren nicht nur der beste Kunde der Firma, sondern auch deren bester Propagandist. Hitlers Münchner Freund, der Mercedes-Repräsentant Jakob Werlin, stieg später zur höchsten Konzernspitze auf.

In ihrem Buch „Hitlers Wegbereiter zur Macht" behaupten James und Suzanne Pool, Hitler habe in den Jahren 1925 bis 1928 einen monatlichen Betrag von 1500 Mark, also einen erheblichen Teil seines persönlichen Einkommens, von der geschiedenen Herzogin von Sachsen-Anhalt erhalten. Die Behauptung ist nicht nachzuprüfen, da die Autoren ihre Quelle nicht nennen. Wenn die Behauptung zutrifft, was nach Lage der Dinge durchaus wahrscheinlich ist, so hat Hitler diese „Monatsrente“ jedenfalls niemals dem Finanzamt gegenüber erwähnt.

Mit dem Münchner Finanzamt lag Hitler seit seiner Entlassung aus Landsberg in Fehde.

Am 1. Mai 1925 erhält Hitler eine Mahnung, seine Steuererklärung für 1924 und das erste Quartal 1925 abzugeben. Am 19. Mai antwortet er: „Ich hatte im Jahre 1924 kein Einkommen, ebensowenig im ersten Quartal 1925. Meinen Lebensunterhalt habe ich mit einem Bankdarlehen bestritten.“

Nach dem Autokauf bittet das Finanzamt Hitler „das Amt baldmöglichst über die Mittel zu informieren, mit denen Sie das Automobil erworben haben“. Hitler antwortet kurz, er habe zum Kauf des Wagens einen weiteren Bankkredit aufgenommen.

Hitler versäumt es, die geforderten vierteljährlichen Erklärungen abzugeben. Er erhält eine Strafverfügung von 10 Mark. Schließlich, für das letzte Quartal von 1925, gibt er freiwillig eine Erklärung ab: Einkommen: 11231 Mark, absetzbare berufliche Ausgaben 6540 Mark, Schuldzinsen 2245 Mark, versteuerbares Netto-Einkommen: 2446 Mark.

In einem Anschreiben begründet er die Abzüge. Das Bankdarlehen sei nötig gewesen, da sein Prozeß große Kosten verschlungen habe. Um sein Buch schreiben zu können, habe er Geld aufnehmen müssen. Reisekosten und die Ausgaben für einen Privatsekretär, Leibwächter und Chauffeur, begründete er mit seinen Ausgaben als politischer Schriftsteller. „Ohne meine politische Aktivität wäre mein Name unbekannt. Meine politische Aktivität versorgt mich mit dem Material, als politischer Schriftsteller tätig zu sein.“

Im letzten Abschnitt schreibt er: „Ich kann jederzeit eine eidesstattliche Erklärung über mein Einkommen und meine Ausgaben abgeben. Ich besitze weder Eigentum noch Kapital. Ich beschränke meine persönlichen Bedürfnisse, indem ich auf Alkohol und Tabak verzichte, meine Mahlzeiten in den allerbescheidensten Restaurants einnehme und, abgesehen von meiner niedrigen Wohnungsmiete, mache ich keine Ausgaben, die nicht zu den absetzbaren beruflichen Ausgaben eines politischen Schriftstellers gehören. Meine Angaben sind kein Versuch, mich der Steuerpflicht zu entziehen, sondern eine nüchterne Darstellung von tatsächlichen Umständen. Auch das Automobil ist für mich nur ein Mittel zum Zweck. Nur das Automobil ermöglicht es mir, meine tägliche Arbeit zu leisten."

Das Finanzamt mochte nur die Hälfte der absetzbaren Ausgaben anerkennen. Über Jahre hinaus entwickelte sich ein hartnäckiger Briefwechsel zwischen Hitler und den Steuerbehörden.

1926 gab er ein Bruttoeinkommen von 15903 Mark an und setzte absetzbare Ausgaben von 31209 Mark dagegen, also fast das doppelte des Einkommens. Wieder sagte er, die Differenz sei durch einen Bankkredit gedeckt worden. Plötzlich, im Jahre 1929, wo er ein Bruttoeinkommen von 15448 Mark angab, wurden keine Bankzinsen mehr abgesetzt. Was war geschehen? Hatte Hitler seine Bankschulden tilgen können? Wir werden dieser Frage noch nachgehen.

Nach Hitlers Steuerunterlagen wurde sein Einkommen fast ausschließlich aus den Tantiemen für „Mein Kampf" bestritten, dessen zweiter Band 1927 herauskam. Das Buch lief zunächst sehr schlecht. 1925 wurden 9473 Exemplare verkauft, 1928 sank der Verkauf auf 3015 Exemplare, stieg 1929 wieder auf 7664.

Erst 1930 kam mit 54000 Exemplaren der Durchbruch, 1931 wurden 50808 Exemplare verkauft, 1932 wuchs die Zahl der Verkäufe auf 90351 und verzehnfachte sich 1933 fast mit 854127 Exemplaren.

1928 lag Hitlers (dem Finanzamt gemeldetes) Einkommen noch bei bescheidenen 11818 Mark.

Es muß angenommen werden, daß Hitlers gemeldetes Einkommen nur einen Bruchteil seines tatsächlichen Einkommens ausmachte. Wovon hat er seine Bankschulden zurückgezahlt? Wovon hat er 1928 das Haus auf dem Obersalzberg gekauft, wovon 1929 eine Luxuswohnung am Prinzregentenplatz gemietet? Hitler hat seine Tantiemen – und teilweise seine Honorare vom Völkischen Beobachter – deshalb steuerlich angegeben, weil das Finanzamt die Bücher des Verlages nachprüfen konnte. Alles weitere Einkommen wurde nicht erwähnt, weil es dafür keine Belege gab.

1928 kauft Hitler das „Haus Wachenfeld" für den Betrag von 30000 Mark. Da er unangenehme Fragen des Finanzamtes – wie seinerzeit beim Autokauf – vermeiden will, läßt er seine Schwester Angela als „Eigentümerin" ins Grundbuch von Berchtesgaden eintragen. Dem Finanzamt teilt er mit, daß er hier nur wenige Tage im Jahr als Gast seiner Schwester verbringe.

Und am 1. Oktober 1929 bezieht er eine repräsentative Wohnung von neun Zimmern im zweiten Stock des Hauses Prinzregentenplatz 16, im vornehmen Stadtteil Bogenhausen, gegenüber dem Prinzregententheater, Münchens Wagner-Bühne. Zur Haushaltsführung engagiert er zunächst seine bisherige Wirtin von der Thierschstraße, Frau Reichert, später noch eine Frau Anni Winter. Hitlers Untermieterzeit ist zu Ende. Er ist 40 Jahre alt, ein gutsituierter Herr in den besten Jahren, mit Hauspersonal, Sekretär und Privatchauffeur. Noch immer lehnt er es ab, von der Partei ein Gehalt zu beziehen. Er ist Freiberufler, nennt sich jetzt „Maler und Schriftsteller" und ist so auch im Münchner Adreßbuch eingetragen. Die Wohnung wird er bis zu seinem Ende beibehalten.

Der Mietvertrag wird mit dem Kaufmann Hugo Schühle, dem Besitzer des repräsentativen Hauses, abgeschlossen. Als Mietpreis werden 4176 Mark im Jahr festgelegt. (Vergleicht man die heutige Kaufkraft mit der von 1929, so kann man nach heutigen Verhältnissen durchaus eine Monatsmiete von 4000 Mark einsetzen).

Seit Anfang 1929 hat sich die finanzielle Lage Hitlers ganz

deutlich verbessert. Er scheint plötzlich eine Menge Geld zu haben. Er kauft sich eine kostbare Wohnungseinrichtung, fängt an, Gemälde zu sammeln, legt den Grundstock zu seiner Spitzwegsammlung, die eines Tages die größte der Welt sein wird. Sein „offizielles" Einkommen für 1929 beträgt aber nur 15448 Mark. Seine Mittel müssen also aus einer fast unerschöpflichen Quelle kommen. Und so ist es auch: Hitler genießt die Unterstützung eines der reichsten Männer Deutschlands. Er heißt Fritz Thyssen.

Fritz Thyssen war der Mann, der nicht nur der Nazi-Partei, sondern auch Hitler persönlich mehr Geld zukommen ließ als jede andere Einzelperson. Sein Vater August war ein kleiner drahtiger Selfmade-Mann, der auf einem Bauernhof groß wurde und ein Industrieimperium aufbaute. Als er 1926 starb, war er 84 Jahre alt, sein Sohn Fritz 53. Immer hatte der Sohn im Schatten des Vaters gestanden, der dem „Kronprinzen" nie einen genauen Einblick in das Firmenkonglomerat gewährte, ihm aber das Leben eines kultivierten Playboys mit unbegrenzten Mitteln ermöglichte. Noch im Jahre seines Todes gründete August die Vereinigten Stahlwerke. Sohn Fritz wurde nach dem Tod des Vaters zum Vorstandsvorsitzenden des Riesenkonzerns gewählt.

Anders als sein Vater war Fritz Thyssen ein eher introvertierter Mensch. Ihn interessierten religiöse und weltanschauliche Fragen. Zwar arbeitete er fleißig und erschien jeden Morgen pünktlich in seinem Büro, doch sein Herz hing nicht an der Firma. Er galt als ungewöhnlich geistreicher Gesprächspartner, liebte gutes Essen und erlesene Weine und verbrachte oft Stunden bei ausgewählten Diners.

Während der französischen Besetzung des Ruhrgebiets organisierte Thyssen den passiven Widerstand im Raum von Mülheim. Obgleich er als einer der größten Kapitalisten galt, hatte er die Unterstützung der gesamten Bevölkerung, einschließlich der Gewerkschaftsführer. Thyssen glaubte daran, daß Deutschland dann eine große Zukunft hätte, wenn sich der Klassenhaß zwischen Arbeitern und Industrie im Zeichen des Nationalismus aufheben ließe. Kein Wunder, daß er an einer nationalistischen Arbeiterpartei, wie die NSDAP sie in ihren frühen Jahren darstellte, interessiert war. Im Oktober 1923 beschloß Thyssen, Ludendorff in München zu besuchen und übergab ihm den Betrag von 100000 Goldmark mit der Maßgabe, das Geld nach Gutdünken zwischen der NSDAP und dem Freicorps Oberland zu verteilen. Hitler lernte ihn zu jener Zeit noch nicht kennen. Für Thyssen spielte er damals neben Ludendorff eine eher unbedeutende Rolle.

Erst fünf Jahre später, im Herbst 1928, kamen die Nazis wieder mit Thyssen in Verbindung. Unmittelbarer Anlaß war, daß die Partei dringend Geld zum Ankauf des Palais Barlow in der Brienner Straße benötigte, das als „Braunes Haus“ zur neuen Parteizentrale ausgebaut werden sollte.

Zunächst hatte Rudolf Heß sich an Emil Kirdorf gewandt, einen anderen Ruhr-Magnaten, den Hitler bereits im Salon der Frau Bruckmann kennengelernt hatte. Doch Kirdorf sah sich außerstande, mit einem größeren Betrag zu helfen. Er sympathisierte zwar mit den Nazis, war aber allgemein auch als ungemein geizig bekannt. Der Kohlenboß schlug Heß vor, es bei Thyssen zu versuchen und arrangierte selbst das Treffen. Thyssen war von dem gesellschaftlichen Schliff des Großkaufmannssohnes aus Alexandria angetan, und Heß scheint auch hier ein beachtliches Verhandlungsgeschick bewiesen zu haben. Thyssen arrangierte einen von ihm gebürgten Kredit bei der Bank Voor Handel en Scheepvaart N. V. in Rotterdam. Thyssen selbst spricht von 250000 Mark, doch halten Kenner einen Betrag von 1250000 Mark für wahrscheinlicher. Die 250000 Mark hätten vielleicht gerade gereicht, um die Anzahlung auf die Kaufsumme zu finanzieren. Umbau und Renovierung des Parteipalastes kosteten allein mehr als 800000 Mark. Hitler war hier neben Professor Paul Ludwig Troost Architekt und Innenarchitekt zugleich. Obgleich die Weltwirtschaftskrise sich anzukündigen begann, wurde bei der Ausstattung des Gebäudes nicht auf die Mark gesehen. Ein Parteimitglied, das das „Braune Haus“ nach seiner Einweihung zum ersten Mal besuchte, sagte: „Hätte nicht auf dem Dach die Hakenkreuzfahne geweht, ich hätte das Gebäude für den Palast eines Kurienkardinals oder das Stadthaus eines jüdischen Großbankiers gehalten.“ Hitler verzichtete zwar großzügig auf das ihm vom Schatzmeister Schwarz angebotene Architektenhonorar, doch wurde allgemein angenommen, daß Lieferanten, Dekorationsfirmen und Möbelschreiner ihm bereitwillig „Prämien“ für seine Privatschatulle steuerfrei zukommen ließen. „Alles strahlte jene Gediegenheit aus, die sich nur mit sehr teuerem Material erzielen läßt“, sagte ein anderer Besucher.

Nach seinem Bruch mit Hitler 1936 behauptete Thyssen, die Nazis hätten von dem Kredit nur 150000 Mark zurückgezahlt, für den Rest hätte er selber geradestehen müssen.

Als Heß die Kreditzusage in der Tasche hatte, arrangierte er in München ein Treffen zwischen Hitler und Thyssen. Thyssen fiel sofort in den Bann des suggestionsstarken Parteiführers. Der gebildete, feinsinnige und künstlerisch interessierte und bewanderte Industriekapitän wurde bei seiner ersten Zusammenkunft mit Hitler einer von dessen leidenschaftlichen Gefolgsleuten, obgleich er aus wirtschaftlichen und gesellschaftlichen Rücksichten zunächst nicht einmal in die Partei eintrat. Mehrmals wurde Hitler zu Wochenenden auf eines der Schlösser Thyssens im Rheinland eingeladen. Jedesmal, wenn Thyssen nach München kam, lud er Hitler zum Mittag- oder Abendessen ins Restaurant Walterspiel im Hotel Vier Jahreszeiten ein, das damals im Rufe stand, die gepflegteste Küche Münchens zu besitzen. Er liebte es, mit Hitler nicht nur die politische Lage zu diskutieren, sondern auch über Musik, Malerei und Architektur zu reden. Hitler bewunderte die Canalettos, Rembrandts und El Grecos in Thyssens Schlössern und träumte davon, eines Tages auch solche Gemälde zu besitzen.

Durch Hitler lernte Thyssen auch Hermann Göring kennen, zu dem er sofort eine ganz spontane Zuneigung faßte. Göring war 1927 aus seinem italienischen und schwedischen Exil zurückgekehrt, lebte in Berlin und vertrat dort eine schwedische Flugzeugfabrik. Über Göring schrieb Thyssen später: „Er lebte damals in einer sehr kleinen Wohnung und war sehr darauf aus, sie zu vergrößern, um einen besseren Eindruck zu machen. Ich trug die Kosten dafür."

Häufig besuchte Thyssen Hermann Göring in Berlin. Die beiden Männer teilten ihre Vorliebe für die feine Küche. Gewöhnlich ging man zu Horcher zum Essen. Bald erhielt Göring von Thyssen auch Bargeld für seine persönlichen Bedürfnisse. Nach eigener Darstellung hat Thyssen ihm dreimal je 50000 Mark geschenkt. Doch Göring behielt auch Gelder, die Thyssen ihm eigentlich zur Verwendung von Parteiprojekten gegeben hatte. Einmal gab Thyssen Göring 50000 Mark für eine Zeitung, die der zeitweilige Stabschef der SA und spätere Wirtschaftsexperte der Partei, Otto Wagener, für die NSDAP im Rheinland kaufen wollte. Als Wagener in Görings Berliner Wohnung vorstellig wurde und um Herausgabe des Geldes bat, weigerte Göring sich rundweg. Er habe das Geld bereits für eigene Repräsentationsaufgaben verbraucht.

Natürlich erfuhr Hitler von Görings Finanzmanipulationen und Thyssens Geschenken an ihn. Bei Thyssens nächstem Münchenbesuch brachte Hitler das Gespräch auf seine eigene „prekäre" Lage, die eines prominenten Parteiführers eigentlich unwürdig sei. Er bewohne ein ärmlich möbliertes Zimmer, in dem er niemanden empfangen könne. Er sei hoch bei der Bank verschuldet, vom Finanzamt gar nicht zu reden. Seinen Sekretär, seinen Chauffeur und seinen Leibwächter müsse er aus eigener Tasche bezahlen, da er der Partei die Ausgaben nicht zumuten wolle. Die notwendigen Ausgaben überstiegen sein Einkommen bei weitem, so daß er immer mehr Schulden machen müsse. Leider besitze er weder die Zeit noch die Geschäftstüchtigkeit eines Hermann Göring, um sich nach einträglichen Einkommensquellen umzusehen. Seine gesamte Zeit gehöre allein Deutschland und der NSDAP.

Thyssen war tief betroffen. Warum Hitler ihm das nicht längst gesagt habe. Es ehre Hitler ungemein, daß er der Partei nicht zur Last fallen wolle. Er bot Hitler an, sofort seine Bankschulden zu tilgen und ihm alle nötigen Mittel zur Verfügung zu stellen, um sich eine repräsentative Residenz in einem guten Wohnviertel zu verschaffen. Auch für eine gediegene, eines prominenten Politikers würdige Ausstattung würde er aufkommen. Sogar die Auslagen für die Gehälter seiner persönlichen Mitarbeiter würde er in Zukunft übernehmen.

Hitler zierte sich. Das Angebot von Herrn Thyssen sei ungemein großherzig. Es dürfe nur nicht der Eindruck entstehen, daß er, Hitler, dafür irgendwelche Verpflichtungen einginge. Wenn Zeitungen berichteten, er stehe „im Sold eines Großindustriellen", so würde sich das katastrophal auswirken. Thyssen beruhigte ihn. Die Gelder würden auf diskrete Weise aus seiner Privatschatulle kommen. Nichts würde durch irgendwelche Bücher laufen. Und was ihn selber beträfe, so brauche Herr Hitler sich keinerlei Gedanken zu machen. Er glaube an ihn. „Für mich sind Sie der Mensch, der Deutschland wieder vereint und stark machen und der kommunistischen Gefahr ein Ende bereiten wird. Ich würde mir niemals anmaßen, Ihnen auf dem Wege dahin Vorschriften zu machen, nur weil ich die Ehre habe, Ihnen zu wirtschaftlicher Unabhängigkeit zu verhelfen." Hitler war einverstanden. Mit Tränen in den Augen drückte er die Hände des großzügigen Gönners.

Noch bevor Hitler sich nach einer neuen Wohnung umsieht, kauft er am 23. März einen neuen Mercedes, Modell 15/70 Kompressor mit 100 PS. Und Fritz Thyssen wird auch eingespannt, um den Start eines Projekts zu finanzieren, für das der Fotograf Heinrich Hoffmann Hitler schon lange zu erwärmen sucht: eine wöchentliche Illustrierte. Zusammen

Mein Kampf

mit Verlagsleiter Amann, Hoffmann und Esser gründet Hitler den „Illustrierten Beobachter", ein Bilderblatt, das besonders Hoffmann, der allein für die Bildbeschaffung zuständig ist, zu wachsendem Wohlstand verhelfen soll. Chefredakteur wird Hermann Esser, Herausgeber Adolf Hitler. Das Blatt ist flotter aufgemacht als der langweilige Völkische Beobachter und kommt bald in die schwarzen Zahlen. Amann ist's umso zufriedener, als er seinem Intimfeind Rosenberg zeigen kann, wie man eine finanziell erfolgreiche Zeitung macht. Hitler, der jede Woche einen Leitartikel unter der Rubrik „Politik der Woche" schreibt und dafür ein für damalige Verhältnisse hohes Star-Honorar von 300 Mark bezieht, mokiert sich über Rosenberg: „Der präsentiert uns nur tiefschürfende philosophische Abhandlungen, geschrieben von Professoren und größtenteils über Zentralasien." Und Amann verabscheut den pseudo-intellektuellen Balten, der stundenlang lesend und schreibend im Café Odeon an der Feldherrnhalle zu sitzen pflegt. „Da hockt er wieder, der Bazi, und dichtet! Soll lieber eine gute Zeitung machen!"

Als 1930 der Verkauf von „Mein Kampf" auf 54086 schnellt, ist Max Amann endgültig für Hitler gewonnen, weil der dem Verlag jetzt zum ersten Mal wirkliches Geld bringt. Klaglos weist er seinem Führer 46000 Mark Tantiemen an.

Seit 1927 haben sich die Parteifreunde daran gewöhnt, Hitler ständig in Begleitung eines hübschen, dunkelhaarigen Mädchens zu sehen. Sie ist keineswegs eine ätherische Schönheit, sondern von eher derbem Zuschnitt, mit bräunlichem Teint und slawischen Backenknochen, die ihre bäuerliche Ahnenreihe nicht verleugnet. Sie ist 1908 geboren, neunzehn Jahre jünger als der Parteiführer, heißt Angelika, wird Geli gerufen und ist die Tochter von Hitlers Halbschwester Angela Raubal, die ihm auf dem Obersalzberg den Haushalt führt.

1927 ist Geli aus Berchtesgaden nach München gekommen, wo sie seit Ende 1925 mit ihrer Mutter gelebt hat. Geli ist musikalisch und hat eine passable Stimme. Hitler will sie auf seine Kosten in München zur Sängerin ausbilden lassen. Er sieht sie bereits in der Rolle der Elsa oder der Isolde in den Opernhäusern Europas, vielleicht sogar eines Tages in Bayreuth.

Zuerst bringt Hitler die Nichte in der Pension Klein am Englischen Garten unter, wo auch schon Rudolf Heß gleich nach dem Krieg gewohnt und seine Frau Ilse kennengelernt hat. Dann besorgt er ihr ein Zimmer in der Thierschstraße 43, gleich im Nebenhaus seiner eigenen Wohnung. Täglich ist Hitler mit Geli zusammen. Man sieht die beiden im Café Heck, im Café Stephanie, im Carlton Tea Room, in der Osteria oder im Prinzregenten-Café ganz in der Nähe des Braunen Hauses, wo Hitler den Umbau beaufsichtigt.

Inzwischen weiß jeder, daß die Beziehungen zwischen Onkel und Nichte anderer als nur verwandtschaftlicher Art sind. Man munkelt sogar, Hitler habe die Absicht, seine junge Nichte zu heiraten. Eine Heirat innerhalb der Verwandtschaft wäre in dieser Familie durchaus nichts ungewöhnliches. Immerhin hat Hitlers Vater auch seine Nichte geheiratet und dazu den Dispens aus Rom erhalten. Doch Hitler weist solche Vermutungen entschieden von sich.

Hitler überschüttet das junge Mädchen mit Geschenken. Er kauft ihr Pelze und Schmuck, versucht ihr jeden Wunsch von den Augen abzulesen. Nur einen Wunsch erfüllt er ihr nicht: den Wunsch eines jungen Mädchens nach ein wenig Unabhängigkeit, den Wunsch, ihre Zeit hin und wieder in der Gesellschaft von Gleichaltrigen zu verbringen. Er erstickt sie mit Eifersucht, überwacht sie auf Schritt und Tritt. Gewiß, Geli genießt es naiv, an der Seite des berühmten Onkels, des stadtbekannten Politikers gesehen zu werden, doch oft fühlt sie sich eingeengt. Obgleich Hitler nach außen hin betont, daß er nicht ihr

Liebhaber, sondern „nur“ ihr Onkel sei, vergrätzt er jeden jungen Mann, der versucht, mit Geli einen harmlosen Flirt zu beginnen, in barschester Weise.

Als Hitler Ende 1929 seine neue Luxuswohnung am Prinzregentenplatz 16 bezieht, bekommt Geli dort ein Zimmer. Ihre Bewegungsfreiheit ist jetzt noch eingeengter als zuvor. Frau Anny Winter, die Haushälterin, wird von Hitler mit der Funktion einer Anstandsdame und Aufpasserin betraut. Hitler weiß sehr wohl, daß seine Nichte ein lebenslustiges Mädchen ist, dem die eifersüchtige Bewachung durch den fast zwanzig Jahre älteren Hitler oft auf die Nerven geht. Zum ersten Eklat kommt es, als Hitler eines Tages den Uhrmacher Emil Maurice, einen seiner früheren Leibwächter und engen Vertrauten aus der Frühzeit der Partei, in Gelis Zimmer antrifft. Dabei hatte man sich nur freundlich unterhalten und Zigaretten geraucht, was Hitler ohnehin zuwider ist. Er beschimpft Maurice schreiend als „Lump“ und „Schürzenjäger“, schlägt ihn mit der Hundepeitsche und droht ihm an, ihn bei nächster Gelegenheit „wie einen tollen Hund“ zu erschießen. Vor den Peitschenhieben vermag Maurice sich nur durch die Flucht zu retten. Später kann er nur von Rudolf Heß und Gregor Strasser davon abgehalten werden, Hitler wegen der „Beleidigung seiner Ehre“ zum Duell zu fordern. Hitler läßt sich auf Anraten von Heß zwar zu einer lahmen Entschuldigung herab, doch Maurice erhält ständiges Hausverbot für die Wohnung am Prinzregentenplatz.

Nach der Flucht des Troubadours Maurice wird Frau Winter Ohrenzeugin einer lautstarken Auseinandersetzung zwischen Hitler und Geli, die schließlich in Weinkrämpfen beider Streitenden endet. Wenn nicht schon längst eine intime Liebesbeziehung zwischen Onkel und Nichte bestanden hat, so datiert sie spätestens von diesem Tage.

Es steht fest, daß es sich nicht um eine glückliche, zumindest keine „normale“ Beziehung gehandelt hat. Nicht nur müssen Hitlers häufige grundlose Eifersuchtsszenen für Geli eine Qual gewesen sein, sondern auch gewisse bizarre Sexualpraktiken des Onkels, die für ein natürlich empfindendes junges Mädchen schockierend und abstoßend waren.

Dr. Otto Strasser, der sich 1931 von Hitler gelöst hat und zu einem seiner erbittertsten Gegner wurde, hat mit dem Autor dieses Buches vor seinem Tode in einem Gespräch etwas Licht auf die Beziehung zwischen Geli und Hitler geworfen:

„Ich mochte dieses junge Mädchen sehr und spürte, wie sie unter der Eifersucht Hitlers litt. Sie war ein lebenslustiges junges Ding, das gern den Faschingstrubel in München genoß, doch Hitler nie dazu bringen konnte, sie auf einen der vielen ausgelassenen Bälle zu begleiten. Schließlich, im Fasching 1931, erlaubte Hitler mir, Geli auf einen Ball zu führen. Kurz bevor ich sie abholen wollte, sagte mir mein Bruder Gregor, Hitler habe soeben angerufen und seine Erlaubnis widerrufen. Ich ging trotzdem zum Prinzregentenplatz. Geli schien sich durchgesetzt zu haben. Sie hatte verweinte Augen. Hitler stand mit steinernem Gesicht an der Tür, als wir das Haus verließen, um in das wartende Taxi zu steigen. Wir verlebten einen sehr schönen, heiteren Abend. Geli schien es zu genießen, einmal der Aufsicht Hitlers entronnen zu sein. Auf dem Rückweg von Schwabing zum Prinzregentenplatz machten wir einen Spaziergang durch den Englischen Garten. Auf der Höhe des Chinesischen Turms setzte Geli sich auf eine Bank und begann bitterlich zu weinen. Schließlich sagte sie mir, daß sie Hitler zwar liebe, aber daß sie es nicht mehr aushalten könne. Seine Eifersucht wäre noch nicht einmal das Schlimmste. Aber er verlange Dinge von ihr, die einfach ekelhaft seien. Sie hätte nie geahnt, daß es so etwas überhaupt gäbe. Als ich sie bat, sich doch auszusprechen, berichtete sie mir von Dingen, die ich bisher nur aus der Lektüre von Krafft-Ebings ‚Psychopathia Sexualis' während meines Studiums kannte."

Der Autor fragte Dr. Strasser nach Einzelheiten, doch dieser lehnte ab, „nicht mit Rücksicht auf Hitler, sondern auf Gelis Andenken". Er sagte nur: „Ein Sadist und Masochist war er, beides in einer Person."

Wie die sexualphathologische Forschung weiß, sind Sadismus und Masochismus nur zwei verschiedene Ausdrucksformen derselben Persönlichkeitsstörung und finden sich häufig abwechselnd in derselben Person. Für Hitlers sadistische Veranlagung gibt es eine ganze Reihe von Indizien. Nach dem Attentat vom 20. Juli 1944 ordnete er an, die Hinrichtung der Verschwörer in allen Einzelheiten zu filmen. Diesen Film ließ er sich nicht nur einmal, sondern viele Male in seinem Hauptquartier vorführen. Auch befahl er dem Scharfrichter, den er extra in sein Hauptquartier hatte fliegen lassen, die Exekution auf besonders grausame Weise vorzunehmen. Die Verurteilten endeten beim Hängen nicht wie üblich durch Bruch des Genicks, sondern wurden am Strick hochgezogen und langsam stranguliert. Nachdem sie in der Schlinge hingen und qualvoll starben, wurden ihnen die Hosen heruntergezogen, so daß der Betrachter ihre Genitalien sehen konnte. Kein Mensch, der sexuell nicht krankhaft veranlagt ist, kann Genuß daran finden, sich eine so widerwärtige Szene wiederholt anzuschauen.

Während des Zweiten Weltkriegs vernahm die amerikanische Geheimdienstorganisation OSS (Office of Strategic Services) in den USA eine Reihe von Persönlichkeiten, die Hitler näher gekannt hatten. Die Agenten sprachen auch mit dem Hollywood-Regisseur A. Zeissler, der Anfang der Dreißiger Jahre bei der UFA in Berlin gearbeitet hatte. Wenn auch Zeisslers Bericht mit Vorsicht gewertet werden sollte, wirft er doch einiges Licht auf bestimmte Sexualpraktiken des Führers. Hitler umgab sich kurz nach seiner Machtübernahme in Berlin sehr gern mit gutaussehenden Schauspielerinnen. Zu diesem Kreis gehörten nicht nur Anny Ondra, die Frau des Boxers Schmeling, sondern auch Jenny Jugo, ein Star vieler UFA-Filme. Zeissler berichtet von der Schauspielerin Renate Müller, mit der er damals zusammenarbeitete und befreundet war.

„Renate Müller gehörte damals zu den Favoritinnen Hitlers, und sie wäre auch nicht abgeneigt gewesen, mit dem Führer eine sexuelle Beziehung einzugehen. Sie erzählte mir, das eines seiner Lieblingsthemen die Diskussion mittelalterlicher Foltertechniken sei. Eines Morgens kam sie sehr erregt ins Atelier und sagte, sie wolle nicht mehr mit Hitler zusammentreffen. Sie sei seiner Einladung in seine Privatwohnung in der Reichskanzlei gern gefolgt und habe sich eine Liebesnacht versprochen. Sie hätten sich beide ausgekleidet. Doch anstatt mit Renate Müller das Bett aufzusuchen, habe Hitler sich vor ihr auf den Boden geworfen und sie gebeten, ihn zu schlagen und zu treten. Entsetzt habe sie das abgelehnt, doch er habe weiter darauf bestanden und sie angefleht, ihm den Gefallen zu erweisen. Er habe sich mit den schlimmsten Selbstbeschuldigungen vor ihr erniedrigt und gestöhnt, daß er ihr Sklave und nicht wert sei, mit ihr im gleichen Raum zu sein. Er wäre dabei sehr erregt geworden. Endlich habe sie nachgegeben, ihn getreten, mit der Hundepeitsche geschlagen und ihn auf seine Bitten hin mit obszönen Schimpfworten belegt. Hitler sei immer erregter geworden und habe schließlich angefangen zu masturbieren. Kurz nach seinem Orgasmus habe er mit ruhiger Stimme vorgeschlagen, daß sich beide wieder ankleideten. Sie hätten dann noch ein Glas Wein getrunken und sich über belanglose Dinge unterhalten. Schließlich hätte Hitler sich erhoben, ihr die Hand geküßt, sich für einen angenehmen Abend bedankt und dem Diener geläutet, um sie hinauszugeleiten. Ich bin überzeugt, daß Renate Müller, die mir gegenüber immer ganz aufrichtig war, sich diese Geschichte nicht ausgedacht hat."

Man kann natürlich das Erlebnis Renate Müllers, die einige Jahre später Selbstmord beging, für das Produkt der hysterischen Phantasie einer Schauspielerin halten, die sich interessant zu machen versuchte. Tatsache ist, daß eine ganze Reihe intimer Kenner Hitlers, zu denen auch Putzi Hanfstaengl gehörte, immer wieder darauf hinweisen, daß Hitler sexuell abartig veranlagt war. Hanfstaengl geht soweit zu behaupten, daß er zu einem normalen Geschlechtsverkehr überhaupt nicht in der Lage gewesen sei. Dem widersprechen jedoch verschiedene Tagebucheintragungen von Eva Braun und die Tatsache, daß Eva Braun Hitlers Leibarzt Morell einmal bat, dem Führer ein Stärkungsmittel zu verabfolgen, da dessen sexuelle Potenz infolge übermäßiger Arbeit nachgelassen habe.

Noch einen ganzen Sommer schleppt sich die unglückliche Liebesaffäre zwischen Hitler und Geli Raubal 1931 hin. Hitler ist häufig auf Reisen. Geli lebt praktisch wie in einem Gefängnis, mit Frau Anny Winter als wohlmeinender Wärterin. Geht sie aus, wird sie meist von einer der Frauen von Hitlers Paladinen begleitet, Frau Hoffman, Frau Heß oder Frau Amann.

Am 18. September 1931 kommt es zur Katastrophe. Hitler will mit dem Wagen eine Reise über Nürnberg und Weimar nach Hamburg unternehmen. Draußen wartet Chauffeur Julius Schreck mit dem Mercedes-Kompressor. Geli nimmt ihren ganzen Mut zusammen und teilt Hitler mit, sie wolle nach Wien gehen, um dort ihre Gesangsstudien fortzusetzen. Außerdem wüßte sie aus zuverlässiger Quelle, daß Hitler eine junge blonde Freundin habe, die im Atelier von Heinrich Hoffmann arbeite. (Im Oktober 1929 hatte Hitler in Hoffmanns Atelier die 17jährige, eben aus der Klosterschule entlassene Eva Braun kennengelernt, die bei Hoffmann das Handwerk der Fotografie erlernen wollte. Hitler hatte sich seitdem häufig, sehr zum Mißfallen von deren Eltern, mit dem Mädchen getroffen.) Sie, Geli, wolle dieser Verbindung nicht länger im Weg stehen.

Hitler tobt. Es kommt zu einem schlimmen Wortgefecht. Schließlich beruhigt sich Hitler. Er sagt, er habe jetzt keine Zeit mehr. Man würde sich nach seiner Rückkehr aus Hamburg über alles ruhig unterhalten. Nachdem er fort ist, zieht Geli sich in ihr Zimmer zurück. Sie wolle nicht gestört werden, auch nicht zum Mittagessen. Etwa drei Stunden später hört Frau Winter einen Schuß in Gelis Zimmer. Sie stürzt zur Tür, rüttelt daran. Die Tür ist verschlossen. Sie ruft Gelis Namen, erhält keine Antwort. Frau Winter ist verzweifelt. Soll sie die Polizei holen, einen Skandal auslösen? In ihrer Not erinnert sie sich daran, daß Hitler einen Privatsekretär hat, der sein Büro im Braunen Haus in der Brienner Straße hat. Sie ruft Rudolf Heß an. Heß bittet sie, vorerst nichts zu tun, er werde sofort kommen. Kurz darauf trifft er zusammen mit Gregor Strasser ein. Gemeinsam brechen sie die Tür von Gelis Zimmer auf. Das 23jährige Mädchen liegt tot in einer Blutlache. Sie hat sich mit Hitlers Revolver mitten ins Herz geschossen.

Es gelingt Heß, Hitler in Nürnberg zu erreichen. Er berichtet ihm, was vorgefallen ist. Hitler fährt in rasender Fahrt nach München zurück. Inzwischen beraten Heß und Strasser, was zu tun ist. Strasser drängt, die Polizei zu informieren; Heß ist dagegen. Er fürchtet den Skandal. Doch Strasser setzt sich durch. Eine weitere Vertuschung der Angelegenheit würde einen noch größeren Skandal auslösen. Der Polizeiarzt konstatiert einwandfrei Selbstmord durch Erschießen. Frau Winters Aussage wird zu Protokoll genommen. Eine weitere Untersuchung findet nicht statt. Als Hitler in München eintrifft, ist Gelis Leiche bereits fortgeschafft. Hitler bricht mit einem Nervenschock zusammen.

Um Gelis Tod haben sich eine ganze Reihe von Mutmaßungen und Legenden gerankt. Eine Mutmaßung besagt, Geli habe sich erschossen, weil sie einen jüdischen Gesangslehrer liebte. In einer anderen Version heißt es, sie habe sich aus Eifersucht wegen Eva Braun umgebracht. Die abenteuerlichste Version behauptet, Hitler habe Geli Raubal selber erschossen, und zwar noch vor seiner Abreise, weil Geli von ihm schwanger gewesen sei und er sie nicht habe heiraten wollen. Frau Winter, Heß und Gregor Strasser seien eingeweiht gewesen und hätten Hitler ein Alibi verschafft.

Ein Abschiedsbrief wurde nicht gefunden. Es hieß, wenn es einen Abschiedsbrief gegeben hätte, dann hätten Heß und Strasser ihn beiseite geschafft, weil er für Hitler zu kompromittierend gewesen wäre. Die genauen Umstände werden nie ans Licht kommen. Gregor Strasser wurde am 30. Juni 1934 im Berliner Gestapogefängnis erschossen; Rudolf Heß wird nie etwas erzählen. Otto Strasser ist der Überzeugung gewesen, daß sein Bruder deshalb sterben mußte, weil er zuviel über den Tod von Geli Raubal wußte. Die Mordtheorie steht auf sehr schwachen Füßen. Nach den polizeilichen Untersuchungen haben andere Hausbewohner ausgesagt, sie hätten einen Schuß zu einer Zeit gehört, als Hitler schon längst mit dem Auto unterwegs war. Offenbar hat Geli tatsächlich Selbstmord verübt. Sie wußte sehr genau wo Hitler seine zweite Pistole aufbewahrte und konnte sie nach seiner Abreise leicht an sich bringen. Vielleicht hat sie keinen Abschiedsbrief hinterlassen, vielleicht aber haben Heß und Strasser ihn tatsächlich unterschlagen, weil er für Hitler zu kompromittierend gewesen ist.

Für mehrere Tage zieht Hitler sich in das Landhaus von Druckereibesitzer Adolf Müller am Tegernsee zurück. Da er immer wieder davon spricht, sich umbringen zu wollen, begleiten ihn Heß und sein Chauffeur Schreck. Sie lassen ihn nicht aus den Augen.

Doch dann begibt er sich wieder ins Leben zurück. Politisch kommt ihm handfester Trost aus Hamburg, wo ihm die Wähler der Hansestadt 43 Mandate in der Bürgerschaft bescheren, wo die Nazis bisher nur als Skatrunde vertreten waren. Privat baut die jetzt 19jährige Photolaborantin und Photoverkäuferin Eva Braun ihn wieder auf. Sie wird ihm bis zum Ende seines Lebens treu bleiben und mit ihm zusammen in den Tod gehen. Doch vorher wird auch sie noch zweimal versuchen, sich aus Liebeskummer das Leben zu nehmen.

Nach ihrem Tod wird Geli Raubal zur Kultfigur Hitlers. Gelis Zimmer in der Münchner Wohnung am Prinzregentenplatz wird abgeschlossen und darf von niemandem außer Hitler und der Haushälterin Frau Winter betreten werden. Wann immer Hitler in München ist, schließt er sich oft stundenlang dort ein. Zur Beerdigung Gelis in Wien ist er nicht gefahren, weil er physisch und psychisch nicht dazu in der Lage war. Doch am Jahrestag ihres Todes fuhr er nach Wien, um das Grab zu besuchen. In seinem Buch „Vom Kaiserhof zur Reichskanzlei" bemerkt Goebbels zu dieser Reise: „Der Führer ist nach Wien gefahren, zu einem privaten Besuch."

Nach 1933 beauftragte Hitler den Bildhauer Josef Thorak, von Geli eine Büste zu schaffen, die Hitler in seinem Büro in der Neuen Reichskanzlei aufstellte. Adolf Ziegler, von Hitler wegen seiner naturalistischen Aktmalerei bevorzugt und gleichzeitig als „Meister des deutschen Schamhaares" verspottet, malte ein Porträt von ihr, das später im Berghof einen bevorzugten, stets mit Blumen geschmückten Ehrenplatz erhielt. Am 2. Mai 1938 verfaßte Adolf Hitler ein handschriftliches Testament, in dem er unter Punkt vier verfügte: „Die Einrichtung des Zimmers in meiner Münchner Wohnung, in dem einst meine Nichte Geli Raubal wohnte, ist meiner Schwester Angela zu übergeben." Im gleichen Testament werden seiner Schwester Angela und seiner jüngeren Schwester Paula unter Punkt 3b und 3c monatlich je tausend Mark, „also jährlich 12000 Mark" auf Lebenszeit ausgesetzt. Unter Punkt 3a erscheint als Begünstigte von ebenfalls tausend Mark im Monat, „also jährlich 12000 Mark" ein „Fräulein Eva Braun, München".

Doch vor 1933 hatte Hitler noch keine Beträge in dieser Größenordnung zu vererben oder zu verschenken. Auch stellte Eva zu jener Zeit keine allzu großen Ansprüche an seine Brieftasche. Ihren Job in Hoffmanns Atelier in der Münchner Augustenstraße gab sie nicht auf.

Eva war die zweitälteste Tochter des Gewerbeoberlehrers Fritz Braun und in einem katholischen Mädcheninstitut in Simbach am Inn – gegenüber von Hitlers Geburtsort Braunau – erzogen worden. Nach Abschluß eines kaufmännischen Lehrgangs trat sie in die Hoffmanns Atelier angeschlossene Fotohandlung ein, wo Hitler sie kennenlernte. Sie war mittelgroß, hatte dunkelblondes Haar und blaue Augen. Ihr Haar ließ sie gern mit Wasserstoffsuperoxyd „aufhellen", um blonder als von Natur aus zu erscheinen. Man konnte sie durchaus als hübsch bezeichnen, wenn sie auch etwas puppenhaft wirkte. Ihre ältere Schwester Ilse arbeitete als Sprechstundenhilfe bei dem jüdischen Arzt Dr. Martin Levi Marx, die jüngere Schwester Gretl wurde später auch bei Hoffmann eingestellt.

Heinrich Hoffmann schrieb später: „Von musischen Ambitionen konnte bei ihr keine Rede sein. Der Aufenthalt in einer Tanzbar sagte ihr mehr zu als Theaterbesuche."

Schon seit Ende 1930 sah Hitler das um 22 Jahre jüngere Mädchen immer häufiger. Ob Geli Raubal damals Grund zu ihrer Eifersucht hatte, ist nicht sicher. Immerhin ging Hitler mit Eva ins Kino, zum Essen in die Osteria Bavaria, er führte sie in die Oper und lud sie zu Picknickausflügen in die Umgebung ein. Heinrich Hoffmann behauptete später: „Weder ich noch sonst irgend jemand merkte Hitler ein intensiveres Interesse an. Anders Eva. Ihren Freundinnen erzählte sie, Hitler sei in sie verliebt und es würde ihr bestimmt gelingen, ihn zur Heirat zu bewegen."

Eva hatte damals übrigens eine ernsthafte Konkurrentin in Gestalt von Hoffmanns gleichaltriger Tochter Henriette, die später auf Wunsch von Hitler den Reichsjugendführer Baldur von Schirach heiratete. Henriette versuchte sehr, sich in den Vordergrund zu spielen und Hitler für sich zu gewinnen, doch mit weniger Erfolg als Eva. Es ist behauptet worden, Henriette oder „Henny" habe seinerzeit in Münchner Studentenkreisen als „leichte Beute" gegolten. Auf jeden Fall war das üppige, lebenslustige Mädchen eine beliebte Faschingspartnerin.

Auf keinen Fall hatte Hitler zunächst die Absicht, mit Eva eine Verbindung einzugehen, die über eine lockere Liebesbeziehung hinausging.

Sehr viel deutet darauf hin, daß Hitler nach Gelis Tod eine Ehe mit Winifred Wagner zumindest erwog. Siegfried Wagner war 1930 gestorben, und Hitlers Freundschaft mit Winifred war sehr eng. Sie war eine der wenigen Frauen, mit der er sich duzte, die Kinder der Wagners nannten ihn „Onkel". Winifred soll aber schließlich eine Ehe abgelehnt haben, da sie Angst vor Hitlers unorthodoxen sexuellen Ansprüchen hatte.

Im Herbst 1930 hatte Hitler auf einer kleinen Gesellschaft in Berlin eine 29jährige Frau kennengelernt, von deren „Schönheit und vornehmer Erscheinung" er sofort gefesselt war. Sie hieß Magda Quandt und war die Freundin seines Berliner Gauleiters Joseph Goebbels. Bis zu ihrem zwanzigsten Lebensjahr hatte Magda den Namen ihres jüdischen Stiefvaters Friedlander getragen und im Januar 1921 den Industriellen Günther Quandt, einen 38jährigen Witwer mit zwei Söhnen geheiratet. Im November 1921 wurde der Sohn Harald geboren, doch bald ging die Ehe in die Brüche und wurde 1929 geschieden. Quandt willigte ein, seiner geschiedenen Frau 50000 Mark für den Kauf von Möbeln sowie einen monatlichen Unterhalt von 4000 Mark zu zahlen, solange sie sich nicht wieder verheiratete. Sie mietete eine elegante Sieben-Zimmer-Wohnung im Berliner Westen.

Auf einer Nazi-Versammlung im Berliner Sportpalast lernte die attraktive und elegante Magda Quandt den radikalen Joseph Goebbels kennen, Doktor der Philosophie und proletarischer Herkunft, und war von ihm fasziniert. Sie trat in die Partei ein und übernahm in der Gauleitung ehrenamtliche Arbeiten. Bald wurde sie die Geliebte des Gauleiters.

Eine Zeitlang schien es, als würde Magda Quandt Goebbels verlassen und sich Hitler zuwenden, doch der leidenschaftliche kleinwüchsige Gauleiter gewann das Rennen. Am 19. Dezember 1931 heiratete Goebbels seine Magda. Hitler blieb jedoch ein enger Freund der Familie. Da Magda durch die Heirat ihre „Apanage" von 4000 Mark verloren hatte, ließ Hitler das Einkommen von Goebbels verdoppeln. Sowohl für Hitler als auch für die Partei war die Ehe des Gauleiters finanziell sehr vorteilhaft. Goebbels selbst war zwar in der besten Berliner Gesellschaft noch immer nicht sehr willkommen, seine Frau dagegen umso mehr. Sie wurde sogar zu den exklusivsten Gesellschaften der Kronprinzessin Cäcilie eingeladen, wo sie für Hitler eine ganze Reihe von reichen Gönnern fand.

Magda und Joseph Goebbels bemühten sich auch, Hitler unauffällig und diskret attraktive Damen zuzuführen. Sie brachten ihn zum Beispiel nach Geli Raubals Tod mit der knapp 30jährigen Gretl Slezak zusammen, der Tochter des weltberühmten Opernsängers Leo Slezak. Wie weit die Beziehungen zu der „Viertel-Jüdin" Gretl gingen, ist nicht genau nachzuprüfen. Es ist jedoch verbürgt, daß Hitler und Gretl Slezak – von Goebbels sorgfältig abgeschirmt – sehr häufig allein zusammen waren. Auf jeden Fall entsprach die vollbusige Gretl Slezak genau dem Frauentyp, den Hitler in figürlicher Hinsicht bevorzugte. Henriette Hoffmann, selber von der Natur mit einer gesegneten Oberweite bedacht, berichtet, daß Eva Braun sich anfänglich ihren Büstenhalter mit Taschentüchern ausstopfte, um üppigere Formen vorzutäuschen.

Im Sommer 1932 fühlte sich Eva Braun immer vereinsamter und von Hitler vernachlässigter. Er reiste damals viel und lehnte jede Bitte, ihn begleiten zu dürfen, ab. War er einmal kurz in München, dann gab es ein hastiges Beisammensein in seiner Wohnung am Prinzregentenplatz, anschließend ein Essen mit den Mitgliedern seiner Begleitung in der Osteria. Oft pflegte Hitler bei diesen Gelegenheiten seiner Geliebten einen Umschlag mit einem Hundertmarkschein zuzustecken, ohne einen Gruß, ohne ein paar Worte der Zuneigung. Hitler schien jedes Gespür dafür zu fehlen, daß ein Mädchen sich bei einer solchen Handhabung der Dinge wie eine Prostituierte vorkommen mußte.

Im Sommer 1932 erreichten die Depressionen Eva Brauns den Tiefpunkt. In einer Julinacht rief sie den Chirurgen Dr. Plate – einen Schwager Heinrich Hoffmanns – von ihrer Wohnung in der Wiedenmayerstraße an, die Hitler ihr finanzierte, und bat ihn, sofort zu kommen. Sie hatte sich mit einer 6,35 mm-Pistole in die Herzgegend geschossen. Plate ließ sie sofort in die Privatstation seines Krankenhauses bringen und informierte Hoffmann. Dieser rief Hitler an, der sofort nach München zurückkehrte. Der Schuß war nicht tödlich, die Kugel konnte leicht entfernt werden. Wie Hoffmann später schrieb, wollte Hitler zuallererst wissen, ob der Arzt verschwiegen sei. In einer Unterredung fragte er Dr. Plate: „Doktor, sagen Sie mir die Wahrheit! Hat sich Fräulein Braun nur einen harmlosen Schuß beigebracht, um sich interessant zu machen und meine Aufmerksamkeit auf sich zu lenken?" Der Arzt meinte, er sei überzeugt, daß Eva Braun sich wirklich töten wollte. Auch hatte Hitler einen Abschiedsbrief erhalten, den er aber nach dem Lesen sofort vernichtete.

Zu Hoffmann sagte Hitler: „Das Mädel hat es aus Liebe zu mir getan. Aber ich habe ihr doch keinen Anlaß gegeben, der ihre Tat rechtfertigen würde. Jetzt ist es allerdings klar, daß ich für sie sorgen muß." Nach einigem Nachdenken fuhr er fort: „Wenn ich für sie sorgen will, so soll das nicht etwa heißen, daß ich sie heirate. Evas größter Vorzug ist es, kein politischer Blaustrumpf zu sein. Politische Frauen hasse ich. Die Freundin eines Politikers darf nicht gescheit sein."

Mit ihrem Selbstmordversuch hatte Eva Braun immerhin erreicht, daß Hitler sie jetzt als seine Freundin anerkannte. Es sollte aber nicht ihr letzter Versuch bleiben, sich das Leben zu nehmen.

Am 31. Dezember 1931 werden in Deutschland 5,7 Millionen Arbeitslose gezählt. Die Mitgliedschaft in der Partei ist auf 807000 angewachsen. Das Jahr 1932 wird zum entscheidenden in Hitlers Karriere werden.

Für den März sind Neuwahlen für das Amt des Reichspräsidenten angesetzt. Als die Sozialdemokraten bekanntgeben, sie würden für Hindenburg stimmen, geben die Nazis ihre Unterstützung des greisen Feldmarschalls auf. Hitler gibt seine eigene Kandidatur bekannt. Doch man stellt fest, daß er gar nicht kandidieren kann. Er ist staatenlos. Seine österreichische Staatsbürgerschaft hat er aufgegeben, die deutsche hat er nie erworben. Doch es gibt einen Weg. In Braunschweig gibt es eine Koalitionsregierung mit einem Nazi als Innenminister. Am 4. Februar ernennt dieser Adolf Hitler zum „Außerordentlichen Professor" an der Technischen Hochschule. Er soll pro Semester zwölf Vorlesungen über „Organische Sozialwissenschaft und Politik" halten. Doch die Berufung scheitert, weil der Rektor nicht mitspielt. Hitler fehlten, so heißt es, die „minimalen akademischen Voraussetzungen".

Aber der Innenminister weiß Rat: am 26. Februar 1932 wird Adolf Hitler zum Regierungsrat bei der braunschweigischen Gesandtschaft in Berlin ernannt. In dieser Eigenschaft soll er offiziell „die braunschweigischen Interessen bei der Reichsregierung fördern und vertreten". Der frischgebackene Regierungsrat betritt die Gesandtschaft nur ein einziges Mal: um seinen Eid auf die Verfassung als neuer Staatsbürger und Beamter abzulegen. Anschließend wird er „zur Wahrnehmung politischer Aufgaben" auf unbestimmte Zeit beurlaubt. Hitler ist Deutscher geworden. Er besitzt jetzt das aktive und passive Wahlrecht.

Doch sein Griff nach der Stellung des Staatsoberhauptes mißlingt. Hindenburg erhält im ersten Wahlgang 49,6 Prozent der Stimmen, Hitler wird Zweiter mit 30,1 Prozent, der Kommunist Thälmann erreicht 13,2 Prozent, der Stahlhelmführer Düsterberg 6,8 Prozent.

Im zweiten Wahlgang, der Hindenburg 53 Prozent der Stimmen bringt, erreicht er immerhin 13400000 Stimmen oder 36,8 Prozent. Die „Times“ veröffentlicht ein Interview mit Hitler: „Ich hatte keinen persönlichen Ehrgeiz, Reichspräsident zu werden. Ich habe aus dem einzigen Grunde gegen Hindenburg kandidiert, weil das System, das wir zerschlagen wollen, sich seines Ansehens und seiner Popularität bedient hat.“

Am 31. Juli 1932 erringt die NSDAP einen erdrutschartigen Wahlsieg. Mit 230 Abgeordneten wird sie zur stärksten Reichstagsfraktion. Hitler rechnet jetzt fest damit, als Kanzler berufen zu werden. Aber Hindenburg denkt nicht daran. Er läßt ihn wissen, daß für ihn höchstens eine Vizekanzlerschaft in einem Kabinett Papen in Frage käme. Hitler empfindet das als Beleidigung. Er läßt die SA um Berlin zusammenziehen, versetzt sie in Alarmbereitschaft. Er droht, alle Marxisten in Berlin „niedermetzeln“ zu lassen. Papen ruft den Ausnahmezustand aus. Kriegsminister Schleicher gibt Hitler kühl zu verstehen, daß die Reichswehr jedem Aufruhr mit der Waffe begegnen wird. Bei einer Unterredung bietet der 85jährige Reichspräsident ihm nicht einmal einen Stuhl an, läßt ihn acht Minuten lang stehen und kanzelt ihn, mit dem Krückstock den Takt zur Standpauke schlagend, wie einen Schuljungen ab. Der alte Herr nennt ihn einen „wortbrüchigen Gesellen“, weil er vor der Wahl versprochen habe, ein Kabinett Papen zu unterstützen. Die Presse beschreibt die Szene genüßlich.

Hitlers Nimbus als Führer hat – ganz kurz vor Erreichen seines Zieles – häßliche Flecken bekommen. In der NSDAP zeigen sich Auflösungserscheinungen. Alte Parteigenossen wenden sich ab. Man versteht seine „Alles-oder-Nichts“-Politik nicht mehr. Warum lehnt er eine Koalition ab? Warum lehnt er es ab, die Partei regierungsfähig zu machen? Die SA-Leute fangen an, ihm davonzulaufen, zu den Kommunisten oder zu Otto Strassers so-

Mein Kampf

zialrevolutionärer „Schwarzer Front". Parteigenossen fangen an, Hitler den „ewigen Oppositionellen" zu nennen.

In der Parteikasse herrscht fürchterliche Ebbe. Die Partei hat 90 Millionen Mark Schulden. Privat hat Hitler weniger Einkommenssorgen. Die Honorarabrechnung von „Mein Kampf" weist für das Jahr 1931 40780 Mark bei 51000 verkauften Exemplaren aus. 15000 Mark zusätzlich hat Amann ihm für Artikel im Völkischen Beobachter und im Illustrierten Beobachter gutgeschrieben. Doch der Partei geht es schlecht. Die Industrie hält die Taschen zugeknöpft. Wechsel platzen. Gläubiger schicken den Gerichtsvollzieher ins Braune Haus. Sogar der sonst so großzügige und langmütige Druckereibesitzer Adolf Müller stellt ein Ultimatum: entweder die rückständigen Schulden werden bezahlt oder der Völkische Beobachter wird nicht mehr gedruckt. Allein die SA mit ihren 400000 Mitgliedern kostet in der Woche rund 1,2 Millionen Mark. Die SA-Leute werden mit Sammelbüchsen zum Betteln auf die Straße geschickt.

Und wieder wird am 6. November erbarmungslos gewählt, denn Hitler hat das Kabinett Papen stürzen lassen. Deutschland hat 7 Millionen Arbeitslose.

Im obersten Stockwerk des Hotels „Kaiserhof" in der Wilhelmstraße, wo Hitler eine Suite bewohnt, wartet er mit den Spitzenfunktionären auf das Wahlergebnis. Es ist niederschmetternd: zwei Millionen Wähler, 34 Reichstagssitze weniger als im Sommer. Die Kommunisten buchen die größten Gewinne. Die Stimmung ist verzweifelt. Der Mythos von Hitlers Unbesiegbarkeit ist erschüttert. Noch eine Wahl mit leeren Kassen kann die Partei nicht überstehen.

Vier Wochen später bringen die Landtagswahlen in Thüringen einen Rückgang um 40 Prozent. Die Wähler scheinen nicht mehr an Hitler zu glauben. Die Arbeiter machen ihr Kreuz lieber bei der KPD, die nationalen Bürger bei Hugenbergs Deutschnationaler Volkspartei. Jetzt werden in der engsten Umgebung Hitlers Zweifel laut, ob man den Führer nicht überschätzt habe.

Ohne Rücksicht auf Hitlers Wünsche beginnt der energische Gregor Strasser Politik zu machen. Sein Bruder Otto ist schon vor anderthalb Jahren aus der NSDAP ausgeschieden, hat die sozialrevolutionäre „Schwarze Front" gegründet, ist zum erbitterten Gegner Hitlers geworden. Strasser verhandelt mit Schleicher, dem neuen Reichskanzler. Schleicher will Strasser als Vizekanzler, hält drei weitere Ministerposten für Nationalsozialisten bereit. Allerdings will er auch die Gewerkschaften miteinbeziehen, ihm schwebt ein Bündnis zwischen Militär und Linken vor. Strasser, der den „sozialistischen" Flügel der Nazis repräsentiert, ist zufrieden. Er rät Hitler dringend, das Angebot anzunehmen, die Partei in die Regierungsverantwortung zu geben.

Doch Hitler tobt vor Wut. Er überhäuft Strasser mit Schimpfworten. „Sie sind mir in den Rücken gefallen! Sie wollen nicht, daß ich Kanzler werde! Sie wollen mich aus der Führung der Partei verdrängen, mich aufs Abstellgleis schieben!"

Strasser steht diesem Anfall von Paranoia fassungslos gegenüber. Hitler hatte ihn doch selbst zu Gesprächen mit Schleicher beauftragt.

Strasser verläßt den Kaiserhof, schreibt in seinem Zimmer im Hotel „Excelsior" einen Brief an Hitler und legt seine sämtlichen Parteiämter nieder.

Der Brief schlägt ein wie eine Bombe. Hitler ist wie zerschmettert. Strassers Rücktritt kann das Ende der Partei bedeuten. Er läßt Strasser suchen. Er will sich mit dem neben ihm mächtigsten Mann in der Partei arrangieren. Doch dann weiß Hitler, daß sein Gegenspieler den Kampf endgültig aufgegeben hat. Er ist nach Meran zur Traubenkur gefahren.

Hitler reorganisiert Strassers Imperium. Alle Gauleiter müssen ein Verdammungsurteil gegen Strasser und eine Treueerklärung für Hitler unterschreiben. Den unbedeutenderen Teil von Strassers Organisation erhält der trunksüchtige Chemiker Robert Ley, der Hitler hündisch ergeben ist. Leiter der politischen Zentralkommission wird Hitlers bisheriger Privatsekretär Rudolf Heß. Hitler ist seinen vorletzten Rivalen losgeworden. Anderthalb Jahre später wird der letzte beseitigt.

Und nachdem der mächtige „Linke“ in der Partei gegangen ist, arrangiert Hitler sich mit Franz von Papen im Hause des rheinischen Barons von Schröder. Mit Hitlers Hilfe will Papen seinen alten Freund General von Schleicher stürzen. Und Papen hat das Ohr des Reichspräsidenten. Papen sagt zynisch: „Wir werden uns Herrn Hitler als Reichskanzler engagieren.“ Der „Ritt auf dem Tiger“ hat begonnen. Die Industriellen öffnen wieder ihre Taschen.

Vier Wochen später ernennt der Reichspräsident Paul von Hindenburg den Kunstmaler, Schriftsteller und Ex-Gefreiten Adolf Hitler, seit knapp einem Jahr deutscher Staatsbürger, zum Reichskanzler.

1932 hatte sein Einkommen aus „Mein Kampf“ 65000 Mark betragen. Im ersten Jahr seiner Kanzlerschaft betrug es mehr als eine Million. Hitler war Millionär. Bald sollte er Multimillionär sein.

Der Reichskanzler

Als am 30. Januar 1933 in Berlin die Dämmerung einbrach, erlebte Berlin ein Schauspiel, das die Herren Papen und Hugenberg, die sich „Herrn Hitler engagiert hatten", hätte warnen sollen:

Von 19 Uhr bis lange nach Mitternacht marschierten SA-Männer in braunen Uniformen in einem riesigen Fackelzug an der Reichskanzlei vorbei, um Hitlers Sieg zu feiern. Weithin hallte ihr Marschtritt, als sie sich durch das Brandenburger Tor die Wilhelmstraße hinunterbewegten. Die Musikkapellen spielten alte Militärmärsche. Die Fackeln erhellten die kalte Januarnacht. Am Fenster des Arbeitszimmers der Reichskanzlei stand Adolf Hitler. Ein Haus weiter, am Fenster im Reichspräsidentenpalais, blickte der greise Feldmarschall Hindenburg auf die marschierenden Kolonnen, klopfte mit seinem Stock den Takt der Militärmusik und war zufrieden. Und gleich bemächtigte sich der Berliner Witz der Reaktion des schon reichlich senilen alten Herrn. Angesichts der erdfarbenen Uniformen der langen SA-Kolonnen soll er sich in die Zeit der Schlacht von Tannenberg zurückversetzt gefühlt und zu seinem Staatssekretär Meißner gesagt haben: „Ich wußte gar nicht, daß wir so viele russische Gefangene gemacht haben." Goebbels hatte die Monster-Demonstration innerhalb von sechs Stunden organisiert und in brillanter Choreographie inszeniert.

Einer der ersten Entschlüsse, die Hitler in jener Nacht faßte, war der, die Reichskanzlei umzubauen. Das Haus sei die „reinste Zigarrenkiste". Das Arbeitszimmer, das einem Bismarck gut genug gewesen war, würde höchstens seinem Büroleiter oder einer Sekretärin genügen.

Erst gegen Morgen verließ er durch ein Mauertürchen auf der Rückseite des Gebäudes die Reichskanzlei und begab sich in seine Hotelsuite.

Am 7. Februar 1933 erschien eine Notiz im Völkischen Beobachter, nach der der Reichskanzler Adolf Hitler auf sein Jahresgehalt von 29200 Mark und seine Aufwandsentschädigung von 18000 Mark verzichte. Das Geld solle den Angehörigen der im Kampf getöteten SA- und SS-Männer zugute kommen. Der VB schrieb, Hitler könne sich diese großherzige Geste erlauben, da er ein unabhängiges Einkommen als Schriftsteller habe und seine öffentliche Position als Ehrenamt betrachte.

Der sogenannte „Verzicht" brachte Hitler kaum Verluste, da er seine Steuerlast senkte. Er hatte aber eine ungeheure propagandistische Wirkung. Hitlers Entschluß nährte die Legende, die bis in unsere Tage existiert: die Legende, Hitler sei bei allen seinen sonstigen Fehlern und Monstrositäten zumindest finanziell völlig desinteressiert gewesen. Nichts ist falscher als das. Zum einen machte Hitler seinen „großmütigen Verzicht" schon zwei Jahre später stillschweigend wieder rückgängig und ließ sich sowohl Gehalt als auch Aufwandsentschädigung wieder überweisen; zum anderen versuchte er erfolgreich und mit bemerkenswerter Dreistigkeit, seine völlige Befreiung von jeglicher Steuerzahlung zu erreichen.

Zunächst übergab er seinem Adjutanten Julius Schaub die Bearbeitung seiner Steuerprobleme. Schaub war gut bekannt mit dem Staatssekretär Fritz Reinhardt im Reichsfinanzministerium. Reinhardt war ein altes Parteimitglied und früher in Thüringen Berufsschullehrer für Buchhaltung und Steuerrecht. Er war gleich nach der Machtübernahme zum Staatssekretär im Finanzministerium ernannt worden, um das konservative Ministerium unter Graf Schwerin-Krosigk „politisch zu koordinieren". Er wurde bald eine wichtige Figur und war in der Lage, Hitler und anderen Naziführern steuerlich eine Menge Erleichterungen zu verschaffen.

Reinhardt setzte sich als erstes mit dem für Hitler zuständigen Finanzamt München-Ost in Verbindung. Der Erfolg: Hitlers vierteljährliche Vorauszahlungen für 1933 wurden auf der Basis seines noch relativ niedrigen Einkommens von 1932 festgesetzt. Außerdem wurde beschlossen, daß er auf sein „gestiftetes" Gehalt keine Einkommensteuer zu zahlen brauchte.

1933 stieg sein jährliches Einkommen auf 1232335 Mark. Dafür sollte er 297005 Mark Steuern zahlen. Doch Reinhardt erreichte eine neue Vergünstigung. Hitler wünschte, daß die Hälfte seines Bruttoeinkommens – 616167 Mark – als beruflich notwendige Ausgabe deklariert werde. Reinhardt schrieb an Hitler: „In Anbetracht Ihrer ungewöhnlich hohen Ausgaben als Führer der deutschen Nation erkläre ich mich mit Ihrem Vorschlag einverstanden."

Dennoch blieb eine hohe Steuerschuld für 1933 zu zahlen. Der Betrag wurde im September 1934 fällig. Ende Oktober erhielt Hitler einen Mahnbescheid. Der Münchner Steuerinspektor Vogl versuchte Adjutant Schaub am 7., 8. und 9. November telefonisch zu erreichen, doch ohne Erfolg.

Die Steuerbehörden waren in einer delikaten Position. Hitler schuldete für 1933 und als Vorauszahlung für 1934 inzwischen 405494 Mark. Ein Strafbeschluß wurde vorbereitet, aber nicht abgeschickt. Man wartete auf Anweisungen von höherer Stelle.

Und diese Anweisung kam bald. Der Präsident des Finanzamtes München, Dr. Ludwig Mirre, fuhr nach Berlin, um Hitlers delikates Steuerproblem mit Staatssekretär Reinhardt zu diskutieren. Und man fand eine bemerkenswerte Lösung. Seit dem 2. August 1934 war Hitler nicht nur Reichskanzler, sondern auch Reichspräsident, also Staatsoberhaupt. Er hatte einen Tag nach Hindenburgs Tod dessen Position gegen die Verfassung einfach usurpiert. Reinhardt und Mirre wurden sich einig, daß das Staatsoberhaupt von jeglicher Steuer befreit sein müsse. Auch die bisher angefallenen Schulden wurden einfach gestrichen. Dr. Mirre gab Anweisung, sämtliche Steuerunterlagen Hitlers auszusortieren und unter Verschluß zu nehmen. Am 12. März 1935 war Hitlers Existenz als deutscher Steuerzahler offiziell beendet, als seine Kartei- und Adremakarte im Finanzamt München-Ost vernichtet wurden.

Als Hitler wußte, daß er keine Steuern mehr zahlen mußte, ließ er sich sein Gehalt als Reichskanzler und zusätzlich das als Reichspräsident sofort wieder auf sein Konto überweisen.

Die Unterlagen über seine Tantiemen seit 1934 sind zerstört worden. Man kann aber zuverlässig schätzen, daß seit 1934 jedes Jahr mindestens eine Million Exemplare von „Mein Kampf" verkauft wurden. Hitlers jährliche Tantiemen lagen pro Jahr zwischen 1,5 und 2 Millionen Mark. Noch 1944 lagen auf Hitlers Konto im Franz Eher Verlag Tantiemen in Höhe von 5525811 Mark. Im Jahre 1943 hatte Hitler 569212 Mark von seinem Tantiemenkonto abgehoben.

Wir werden später sehen, daß die hohen Tantiemen aus seinem Buch nur einen Bruchteil von Hitlers privatem Einkommen bildeten. Auch darf man nicht vergessen, daß ein sehr großer Teil von Hitlers Lebenshaltungskosten, die Kosten für seinen Wagenpark, sein Sekretariat und sein sonstiges Gefolge seit 1933 ausschließlich vom Staat, also vom deutschen Steuerzahler, gedeckt wurden. Persönlich hatte er nur noch für seine Privatwohnung am Münchner Prinzregentenplatz und für sein „Ferienhaus" in den Berchtesgadener Alpen aufzukommen. Und Hitler blieb sehr erfinderisch im Auftun neuer – steuerfreier – Geldquellen, an denen sich auch andere goldene Nasen verdienten.

Kurz nach der Machtübernahme lernte Hitler den jungen Architekten Albert Speer kennen und gab ihm gleich den Auftrag zum Umbau der Reichskanzlei und seiner dortigen Dienstwohnung. Zunächst bezog er die Wohnung von Staatssekretär Lammers im oberen Stock der Reichskanzlei. Sein Diener Karl Wilhelm Krause hat die Lebensweise des frischgebackenen Reichskanzlers in einigen Einzelheiten beschrieben.

Zum Frühstück, das ihm ans Bett gebracht wurde, trank Hitler zwei Tassen mundwarme Vollmilch und aß etwa zehn Stück Leibniz-Keks-Zwieback sowie eine halbe Tafel zerkleinerte halbbittere Schokolade. Seine Ärzte warnten ihn zwar, daß ein solches Frühstück Gift für ihn sei, da es seine Veranlagung zu Blähungen und Verstopfung noch fördere, doch Hitler beachtete ihre Ratschläge nicht. Dabei führte die Milch häufig zu so starken Blähungen, daß Hitler sich in schmerzhaften Krämpfen wand, zumal er sich aufgrund seiner verklemmten kleinbürgerlichen Erziehung oft davor scheute, den quälenden Darmwinden natürlichen Abgang zu gewähren.

Für seine Toilette benötigte Hitler genau 22 Minuten. Er pflegte sich selbst zu rasieren. Einen Rasierapparat (Klinge Marke „Rotbart") benutzte er für die Vorrasur, einen anderen für die Nachrasur. Auch seinen Schnurrbart stutzte er selbst und rasierte die Ecken aus. Hanfstaengl fand die Bartmode Hitlers schrecklich und versuchte ihn einmal zu überreden, sich einen Van-Dyck-Bart zuzulegen, da ein solcher seinem Gesicht mehr Markanz verleihen würde, doch Hitler lehnte den Vorschlag ab. „Mein Bart wird einmal in ganz Europa Mode machen, Hanfstaengl", behauptete er. In den Reihen kleinerer Nazis war das allerdings der Fall. Doch außer bei Hermann Esser und dem Chauffeur Julius Schreck sah man die eigenartige „Fliege" vor allem bei nationalsozialistischen Volksschullehrern.

Seine Seifenmarke hieß „Steckenpferd-Lilienmilch", seine Rasiercreme „Peri". Als Hautcreme benutzte er „Pfeilring", als Haarwasser „Dralles Birkenwasser". Zum Baden nahm er gern Fichtennadel-Tabletten.

An den Nachmittagen um halb fünf ging er in der ersten Zeit fast täglich zur Teestunde in den „Kaiserhof", mit zwei oder drei Begleitern. Er nahm an einem für ihn reservierten Ecktisch Platz, grüßte die anderen Gäste des überfüllten

Restaurants freundlich und genoß zu den Klängen einer ungarischen Zigeunerkapelle Kuchen und Schlagsahne.

Die Sicherheitsvorkehrungen waren mehr als nachlässig. Weit und breit war keine Polizei- oder SS-Uniform zu sehen. Kein Absperrseil trennte den Reichskanzler von den übrigen Kaffeehausgästen. Handtaschen und Aktenmappen wurden nicht durchsucht. Stühle an den Nachbartischen waren beim Oberkellner zu hohen Bestechungspreisen erhältlich. Es störte Hitler aber auch nicht, wenn Juden in seiner Nähe saßen und neugierig zu ihm hinüberblickten. Er trat auf wie ein Privatmann, gab sich bescheiden und gutbürgerlich. Nie kam er in Nazi-Uniform in den Kaiserhof und verbot das auch seinen Begleitern.

Nach Aussage von Diener Krause besaß Hitler 1934 einen Frack, einen Smoking, einen Cutaway, einen Teeanzug, einen braunen, einen blauen und einen hellen Straßenanzug. Dazu fünf Uniformröcke, zwei davon zum Umschnallen eines Koppels, drei lange schwarze Hosen, zwei Stiefelhosen. Hitlers Straßenanzüge waren derartig abgetragen, daß auch ein mittlerer Beamter sie kaum noch zum Dienst getragen hätte. Schließlich drängten ihn die Frau seines Münchner Architekten Ludwig Troost, Magda Goebbels und Eva Braun, größeren Wert auf seine Garderobe zu legen. Aber es gelang den Damen nicht, Hitler zu einer modischeren Kleidung zu bewegen. Er bevorzugte zweireihige Jacketts, von zweitklassigen Münchner Schneidern genäht. Mäntel kaufte er im Berliner Konfektionsgeschäft Herpich von der Stange. Am liebsten trug er auch weiterhin seinen Trenchcoat, wenn er auch seit Ende 1934 auf die Hundepeitsche verzichtete, da sie ihm ein zu revoluzzerhaftes und brutales Image gab.

Seine weichen Velourshüte kaufte er bei Seidl in München, die Uniformmützen in Berlin. Eva Braun fand die Mützen grauenvoll. Sie behauptete, er sähe darin wie ein Briefträger oder Bahnhofsvorsteher aus. Doch alle ihre Versuche, den Mützen wenigstens einen feschen Knick zu geben, waren ohne Erfolg. Da Hitler seit seiner Gasvergiftung im Weltkrieg unter sehr empfindlichen Augen litt, bestand er auf einem sehr großen Mützenschirm, der die Augen fast bedeckte.

Auch zum gewöhnlichen Tagesanzug trug Hitler fast nur schwarze Lackhalbschuhe. Selbst in seinen Schaftstiefeln trug er Socken aus dünner Seide. Er trug nur kurze Unterhosen, auch im tiefsten Winter, und verschmähte ein Unterhemd. Oberhemd und Kragen waren stets getrennt. Auch Eva Braun gelang es nicht, ihn zu den inzwischen überall in Mode gekommenen Sporthemden mit angenähtem Kragen zu überreden. Er trug keine Gürtel, sondern Hosenträger, statt eines Pyjamas bevorzugte er ein Nachthemd aus Leinen.

Seit dem Tod von Geli Raubal hatte er völlig dem Fleischgenuß abgeschworen. Eine Ausnahme waren Leberknödel, die seine Schwester Angela Raubal auf dem Obersalzberg hervorragend zuzubereiten wußte. Fleischbrühe nannte er verächtlich „Leichentee", und er mokierte sich oft über sein fleischessendes Gefolge. Sogar Fisch verschmähte er. Als einer seiner Mitarbeiter einmal Flußkrebse bestellte, erzählte er mit taktlosem Genuß eine erfundene Geschichte von einer Familie, die ihre tote Großmutter in den Bach gelegt habe, um die Krebse anzulocken.

Er ließ sich ein besonderes Brot ohne Sauerteig backen und bestellte bei einer Brauerei für seinen privaten Gebrauch ein alkoholarmes Bier. Es stimmt nicht, daß er völlig auf Alkohol verzichtete. Er trank gern ein Glas Henkell-Sekt aus der Kellerei seines späteren Außenministers Ribbentrop, der mit einer Henkell-Tochter verheiratet war. Bei häufigen Erkältungen tat er sich Cognac in den Tee und zur Verdauung nahm er regelmäßig einen Magenbitter der Firma Underberg.

Wie Diener Krause berichtet, nahm Hitler regelmäßig vor dem Einschlafen zwei starke Schlaftabletten der rezeptpflichtigen Mittel Evipan, Phanodorm oder Tempodorm.

Die Warnungen der Ärzte, daß diese Mittel süchtig machen, beachtete er nicht.

An den Abenden fand sich in der Reichskanzlei häufig die sogenannte „Chauffeureska“ ein, Hitlers langjähriger Fahrer Schreck, die Adjutanten Brückner und Schaub, der Kommandeur der SS-Leibstandarte Sepp Dietrich, die Sekretärinnen, dazu häufig Heinrich Hoffmann und Max Amann, sofern sie in Berlin waren. Hitler liebte die Gesellschaft von Leuten, die ihm ebenso ergeben wie intellektuell unterlegen waren. Regelmäßig wurde ein Filmapparat aufgebaut, um zwei Kinofilme vorzuführen. Die Auswahl der Filme besprach Hitler mit Goebbels. Hitler bevorzugte harmlose Gesellschafts-, Liebes- und Unterhaltungsfilme. Er schwärmte für Heinz Rühmann, Henny Porten, Lil Dagover, Olga Tschechowa oder Jenny Jugo. Revuefilme mit vielen nackten Beinen waren seines Beifalls stets sicher. Gern sah er amerikanische Ausstattungsfilme, hatte aber für grotesken Humor wie den von Buster Keaton oder Charlie Chaplin nicht viel übrig. Goebbels dagegen schwärmte für Chaplin und machte sogar einmal den erfolglosen Versuch, Chaplin nach Deutschland zu holen.

Einen ähnlich anspruchslosen Geschmack bewies Hitler auf dem Gebiet der Literatur. Belletristik verschmähte er grundsätzlich. Zur Entspannung las er Edgar Wallace und Karl May. Den letzteren verehrte er. „Es ist das beste Buch für die deutsche Jugend“, sagte er. In seiner Bibliothek in Berlin, München und Berchtesgaden standen sämtliche Werke des Radebeuler Vielschreibers – und Hitler hatte alle gelesen.

Mit großem Geschick verstand es Hitler in den ersten Jahren seiner Kanzlerschaft, sich der täglichen Büroarbeit zu entwinden. Zu Albert Speer sagte er: „Die ersten Wochen wurde mir aber auch jede Kleinigkeit zur Entscheidung vorgelegt. Stöße von Akten fand ich jeden Tag auf meinem Tisch vor, und ich konnte arbeiten was ich wollte, sie wurden nicht geringer. Bis ich diesen Unsinn radikal abstellte.

Hätte ich weiter so gearbeitet, ich wäre nicht mehr zu positiven Resultaten gekommen, weil sie mir einfach keine Zeit zum Nachdenken ließen. Als ich es ablehnte, die Akten zu sehen, wurde mir gesagt, daß dadurch wichtige Entscheidungen verzögert würden. Aber erst dadurch wurde es mir ja möglich, über wichtige Dinge nachzudenken. Damit bestimmte ich die Entwicklung, und ich wurde nicht mehr von den Beamten bestimmt."

Hitler verstand es, soviel wie möglich an Mitarbeiter zu delegieren, um sich so wenig wie möglich um Staats- und Parteigeschäfte zu kümmern. Seit Hindenburgs Tod arbeiteten vier Kanzleien ausschließlich für ihn: die Reichskanzlei unter Staatssekretär Lammers, die „Kanzlei des Führers" unter Phillip Bouhler, die Parteikanzlei unter Rudolf Heß und dessen ehrgeizigem Assistenten Martin Bormann und die Präsidialkanzlei unter Staatssekretär Otto Meißner. Alle diese Kanzleien konkurrierten heftig miteinander und stritten sich über Zuständigkeitsfragen, was Hitler genoß, da ihm der Grundsatz des *divide et impera* aus seinem Studium Macchiavellis wohlvertraut war. Hitler liebte es, seine Zeit auf Bauplätzen, in Ateliers von Architekten und Künstlern, in Cafés und Restaurants zu verbringen und Gespräche zu führen, die meist Monologe waren. Diese Tendenz nahm noch zu, nachdem er sich am 30. Juni 1934 bei der blutigen Niederwerfung eines angeblichen Putsches der SA seines letzten gefährlichen Widersachers, Ernst Röhm, entledigt und die SA entmachtet hatte. Eine Kontrolle durch das Parlament fand ohnehin nicht mehr statt. Am 24. März 1933 hatte der Reichstag Selbstmord begangen, indem die Abgeordneten aller Parteien – mit Ausnahme der SPD – Hitlers Regierung für vier Jahre diktatorische Vollmachten erteilten. Der nächste Reichstag wurde am 12. November 1933 per Einheitsliste der NSDAP gewählt.

Das Parlament war zur reinen Akklamationsversammlung verkommen. Zum parlamentarischen Lendenschurz seiner Diktatur. Ebenso wie die „Volksabstimmungen", die nach bereits vollzogenen Tatsachen den Austritt Deutschlands aus dem Völkerbund, den Bruch der Verträge von Locarno und den Anschluß Österreichs mit „überwältigenden Mehrheiten“ von 98,2 Prozent guthießen. In Abstimmungsfarcen verlängerten die bestellten Abgeordneten 1937 das Ermächtigungsgesetz für Hitler. Der Führer war legaler Diktator geworden, von der „Volksvertretung“ rechtmäßig bestätigt.

Schon 1933 hat Hitler die Parlamente der Länder aufgelöst, die politischen Parteien verboten. Er kann nach Gutdünken, ohne Kontrolle, schalten und walten.

Wohl fühlte sich Hitler in den ersten Jahren seiner Diktatur in Berlin eigentlich nie. Wann immer sich die Gelegenheit ergab, mindestens aber alle zwei bis drei Wochen, fuhr er nach München und anschließend auf den Obersalzberg. Sein erster Weg in München war stets zu seinem dortigen Architekten, Professor Ludwig Troost, der sein Atelier in einem Hinterhof in der Theresienstraße, nahe der Technischen Hochschule hatte. Hitler hatte Troost im Salon der Familie Bruckmann kennengelernt. Er war ein großer, schlanker Westfale mit glattrasiertem Schädel. Als Hitler ihn kennenlernte, war er 52 Jahre alt. In seiner Jugend hatte er zu einer Gruppe von Architekten gehört, die wie Peter Behrens, Bruno Paul und Walter Gropius in einer Gegenreaktion auf den ornamentreichen Jugendstil einen fast spartanischen Traditionalismus mit einigen modernen Elementen vertraten. Vor 1933 war Troost allerdings nie zur Spitzengruppe der deutschen Architektur vorgestoßen.

Obgleich Hitler eigentlich viel mehr zu einem schwülstigen Neobarock neigte, schätzte er die karge neoklassizistische Architektur Troosts zu jener Zeit sehr. Troost hatte schon beim Umbau des Palais Barlow in der Brienner Straße zum „Braunen Haus“ eine Menge Impulse gegeben. 1933 gab Hitler ihm den Auftrag, am Königsplatz den sogenannten „Führerbau“ zu errichten, der in München, nur ein paar Schritte vom Braunen Haus entfernt, sein Dienstgebäude werden sollte. Außerdem entwarf Troost die Pläne zum „Deutschen Haus der Kunst" an der Prinzregentenstraße.

Als Innenarchitektin arbeitete Frau Troost eng mit ihrem Mann zusammen. Sie entwarf die Farbmuster und Tapeten für den Führerbau. Wie Albert Speer sagte, „eigentlich viel zu zurückhaltend für Hitlers auf Effekte gerichteten Geschmack". Dennoch gefiel es ihm. Die bürgerliche Atmosphäre einer reichen Gesellschaft sprach Hitler in ihrem dezenten Luxus an. Troost hatte übrigens auch die Innenausstattung des Überseedampfers „Europa" entworfen, und Hitler war von diesem luxuriösen sogenannten „Dampferstil" hell begeistert.

Nachdem Troost 1934 gestorben war, wurde Hermann Giesler mit der Stadtplanung für München beauftragt, doch Speer wurde Hitlers eigentlicher Hofarchitekt.

Erst nach dem Besuch bei Troost und auf den Baustellen fuhr Hitler in seine Privatwohnung, um bald darauf zum Essen in der Osteria Bavaria zu erscheinen, während der einen Block weiter gelegene Schelling-Salon die niederen Chargen seiner Begleitung aufnahm.

Die Osteria Bavaria (heute Osteria Italiana) war ein kleines Künstlerrestaurant mit vorwiegend italienischer Küche in der Schellingstraße, das relativ unbekannt blieb, bis Hitler es in den späten zwanziger Jahren zu seinem Stammlokal erkor. Zu Hitlers Begleitung gehörten gewöhnlich Verleger Max Amann, Martin Bormann, der noch sehr unscheinbar wirkende aber energische Assistent von Rudolf Heß, Putzi Hanfstaengl, Speer, selten einmal ein Maler oder ein Bildhauer. Gelegentlich – aber sehr selten – wurde auch Eva Braun zur Mittagstafel mitgenommen.

Das Restaurant bestand aus einem kleinen Hauptraum mit einem offenen Durchgang zu einem kleinen Nebenzimmer. Hier war für Hitler ständig ein Tisch reserviert. Wenn sein Kommen angesagt wurde, mußten die Gäste das Nebenzimmer verlassen und in den Hauptraum umziehen. Zunächst erschienen zwei SS-Männer, die ein Seil in den offenen Durchgang spannten, dann kamen Hitler und seine Begleitung. Die Gäste im Hauptraum konnten den Diktator sehen. Ein Pistolenattentat hätte keinerlei Schwierigkeiten bereitet.

Natürlich gehörte zu den Gästen an Hitlers Tafel auch fast immer der unvermeidliche Heinrich Hoffmann, der in leicht alkoholisiertem Zustand die Rolle des Hofnarren wahrnahm und Hitler mit seinen Witzen und Imitationen prominenter Parteiführer ergötzte und zu schallendem Gelächter brachte. Eigentlich war Hitler zutiefst humorlos, da er nicht über sich selbst lachen konnte. Er amüsierte sich aber gern auf Kosten anderer und genoß das, was man Schadenfreude nennt. Wenn Hoffmann den stotternden Robert Ley nachmachte, den gravitätisch-puritanischen Heß oder Goebbels mit seiner öligen Stimme – stets in deren Abwesenheit – dann bog Hitler sich förmlich vor Gelächter.

Gewöhnlich bestellte Hitler ein einfaches Gericht – Spaghetti oder Ravioli mit Tomatensauce, Fachinger, anschließend Palatschinken oder Kaiserschmarren. Er hatte nichts dagegen, wenn seine Begleitung Fleisch aß oder dem Alkohol zusprach.

Als er eines Tages 1935 mit Hoffmann, Amann, Frau Troost und dem Münchner Mercedes-Direktor Werlin, seinem Auto-Lieferanten, im Nebenzimmer speiste, bemerkte er an einem Tisch des Hauptraumes eine junge Dame, die offenbar Engländerin war. Sie verkörperte den in ihrer Heimat eigentlich seltenen Typ der vollbusigen Walküre, und Hitler begann sich für sie zu interessieren. Von Hoffmann, der Gott und die Welt kannte, erfuhr Hitler rasch, daß es sich um Unity Valkyrie Mitford handelte, eine der sechs Töchter von Lord Redesdale. Sie sei politisch ebenso interessiert wie ihre Schwester Diana, die den englischen Faschistenführer Oswald Mosley geheiratet hatte, und ihre andere Schwester Jessica, die sich mit ihrem Verlobten Edmond Romilly, einem Neffen Churchills, zur äußersten Linken bekannte.

1934 war Unity nach München gezogen, um Kunstgeschichte zu studieren. Sie war für den Nationalsozialismus begeistert und hatte im Jahr zuvor am Nürnberger Reichsparteitag teilgenommen. Hitler ließ sie an seinen Tisch bitten. Er küßte ihr formvollendet die Hand und erkundigte sich nach ihren Kunststudien. Unity antwortete: „Herr Hitler, ich bin nicht nur Studentin, sondern auch eine englische Faschistin."

Hitler unterhielt sich sehr angeregt mit ihr. Dem Kennenlernen in der Osteria folgten Einladungen in den Carlton Tea Room in der Brienner Straße und Opernbesuche. Unity schrieb begeistert an ihre Schwester Diana und lud sie und ihren Mann Oswald ein, sie in München zu besuchen, um Hitler kennenzulernen.

Im April 1935 kam der britische Faschistenführer mit seiner Frau nach München und wurde von Hitler in seiner Wohnung am Prinzregentenplatz zu einem Essen empfangen. Diana Mosley erinnert sich, bei Tisch neben ihr und ihrer Schwester noch drei Frauen englischer Abstammung gesehen zu haben: Winifred Wagner, die Herzogin von Braunschweig, Tochter Kaiser Wilhelms II. und Urenkelin von Queen Victoria sowie deren Tochter Friederike, die spätere Königin von Griechenland, die damals begeisterte Nationalsozialistin und aktive Führerin im „Bund Deutscher Mädchen", der weiblichen Hitlerjugend, war. Allerdings schien Hitler dem britischen Faschistenführer keinen allzu großen Einfluß in seinem Heimatland zuzubilligen.

Zweifellos war Unity Mitford in Hitler verliebt. Dennoch scheint eine Liebesgeschichte zwischen ihr und dem Diktator der Phantasie eines Reporters des „Daily Express" entsprungen zu sein. Unity wurde nach 1935 zwar noch des öffteren zu offiziellen Veranstaltungen eingeladen, doch hatte Hitler seitdem kaum noch privaten Umgang mit ihr. Am Tage des Kriegsausbruches zwischen Deutschland und England, am 3. Mai 1939, schoß Unity sich auf einer Bank im Englischen Garten eine Kugel in den Kopf. Die Verletzung war nicht tödlich. Hitler sorgte sofort dafür, daß ihr jegliche ärztliche Hilfe zuteil wurde und ließ sie nach ihrer Genesung über die neutrale Schweiz nach England bringen.

Allerdings wurde Unity zum unmittelbaren Anlaß für Eva Brauns zweiten Selbstmordversuch. Schon länger litt sie unter schweren Depressionen aufgrund ihrer Eifersucht. Am 11. März 1935 stand sie drei Stunden lang vor dem Carlton Tea Room, wo Hitler allein mit der Filmschauspielerin Anny Ondra (der späteren Frau Schmeling) speiste. Sie beobachtete voller Bitterkeit, wie Hitler später herauskam und Frau Ondra ein riesiges Blumenbukett überreichte, das ein SS-Mann seiner Begleitung besorgt hatte.

Schließlich verkündete ihr Frau Hoffmann eines Tages ziemlich boshaft und taktlos, Hitler habe jetzt einen Ersatz für sie gefunden. In ihr Tagebuch schrieb sie unter dem 10. Mai 1935: „Sie heißt Walküre (Unity Mitford, d. Verf.) und sieht auch so aus die Beine mit eingeschlossen. Aber diese Dimensionen hat er ja gerne d. h. wenn das stimmt, wird er sie bald ganz mager geärgert haben, wenn sie nicht das Talent hat durch Kummer dick zu werden..." Und am 28. Mai schrieb sie: „Wie es auch sein wird die Ungewißheit ist furchtbarer zu ertragen als ein plötzliches Ende. Lieber Gott hilf mir daß ich ihn heute noch sprechen kann morgen ist es zu spät. Ich habe mich für 35 Stück entschlossen es soll diesmal wirklich eine ‚todsichere' Angelegenheit werden. Wenn er wenigstens anrufen würde."

In der Nacht nahm Eva Braun 34 starke Schlaftabletten. Der jüdische Arzt Dr. Marx, der Arbeitgeber ihrer Schwester Ilse, rettete sie durch eine Magenspülung.

Jetzt schien sie erreicht zu haben, daß Hitler sich endgültig für sie entschied. Zwar lehnte er eine Heirat auch weiterhin ab, doch sie wurde – wenn auch nicht für die Öffentlichkeit, so doch für die Mitarbeiter der Partei – seine offizielle Mätresse und die Frau im Mittelpunkt seines Lebens.

Beim Reichsparteitag 1935 sitzt sie auf der Ehrentribüne, zusammen mit Unity Mitford und Magda Goebbels. Sie trägt einen prächtigen Pelzmantel, ein Geschenk von Hitler. Als Hitler hinterbracht wird, Magda Goebbels habe spitze Bemerkungen über die Geliebte des Führers gemacht, wird Hitler so wütend, daß er seiner alten Freundin für mehrere Monate den Zutritt zur Reichskanzlei untersagt.

Unter den Ehrengästen des Reichsparteitages ist auch Hitlers Halbschwester Angela Raubal. Wie Eva Braun wohnt sie im „Deutschen Hof". Hitler wird Zeuge eines häßlichen Streits zwischen den beiden Frauen. Gleich nach dem Parteitag fährt er mit Angela auf den Berghof zurück, bittet sie, sofort ihre Sachen zu packen und das Haus zu verlassen. Hitler gibt ihr eine finanzielle Entschädigung von 10000 Mark, will sie aber nicht um sich haben, wenn sie Eva Braun nicht akzeptieren und respektieren kann. Angela zieht nach Dresden, wo sie später den Architekten Hamitzsch heiratet. Aus München wird eine neue Hausdame geholt. Die eigentliche „Dame des Hauses" aber ist jetzt Eva Braun. Sie kann jetzt auf den Berghof kommen so oft, wie sie mag. Sie ist die Hauptfrau im Leben Hitlers geworden.

In der vornehmen Wasserburgstraße 12 (der heutigen Delpstraße) läßt Hitler seiner Freundin ein Haus bauen. Am 30. März 1936 zieht Eva Braun mit ihrer Schwester Gretl dort ein. Das Haus hat eine Grundfläche von acht mal zehn Metern mit einem Obergeschoß. Das Grundstück umfaßt 798 Quadratmeter mit einer hohen Mauer. Die Wohnung ist bescheiden, aber geschmackvoll und modern eingerichtet.

In der Nachbarschaft wohnen bekannte Persönlichkeiten wie der Flugzeugkonstrukteur Messerschmidt, der Architekt Giesler, der Verleger Amann und der Photograph Hoffmann. Eva Braun erhält eine persönliche Leibwache, die in einem kleinen Häuschen im Garten untergebracht wird. Zum Einzug schenkt Hitler seiner Freundin einen Mercedes mit ständigem Chauffeur. Der Wagen steht in der Mercedes-Garage in der Dachauer Straße stets zu ihrer

Verfügung. Direktor Werlin überwacht persönlich die Pflege dieses Wagens.

Als ein tschechisches Wochenblatt mit einem Artikel unter dem Titel „Hitlers Pompadour“ erscheint, bekommt der Diktator einen Wutanfall. Der Artikel enthält auch ein Photo, das Eva Braun auf dem Obersalzberg zeigt. Zu seinem Befremden stellt Hitler fest, daß das Photo von seinem Freund Heinrich Hoffmann stammt, der es in all seiner harmlosen Geldgier an die Prager Zeitschrift verkauft hat. Eigenartigerweise fällt Hoffmann nicht in Ungnade. Hitler verbietet ihm lediglich, Photos von Eva Braun jemals in einer deutschen Zeitung zu veröffentlichen. Das deutsche Volk dürfe nicht erfahren, daß er eine feste Freundin habe. Hitler möchte den Photographen nicht über Gebühr verärgern. Hoffmann weiß einfach zuviel über ihn und – Hitler braucht ihn. Heinrich Hoffmann ist einer seiner besten Geschäftspartner.

Der Photograph mit dem goldenen Finger

In der Umgebung Hitlers gab es zwei Männer, die durch ihn Multimillionäre wurden und ihn gleichzeitig in einer echten symbiotischen Partnerschaft viele Millionen verdienen ließen. Hitler war habgierig und mächtig. Er liebte den Reichtum, besaß aber nicht die angeborene Geschäftstüchtigkeit, sich Reichtum ohne die Hilfe anderer zu erwerben. Seine Partner standen zwar im Schutz und im Schatten seiner Macht, besaßen aber neben ihrer Habgier auch einen skrupellosen Geschäftssinn, der nicht nur ihnen selber, sondern auch ihrem Führer und Gönner zum Vorteil gereichte.

Der eine dieser beiden Männer hieß Max Amann und war Hitlers Verleger. Wir werden noch auf ihn und das Imperium zu sprechen kommen, das er sich aufbaute. Der andere hieß Heinrich Hoffmann. Sein offizieller, ihm von Hitler verliehener Titel war „Reichsbildberichterstatter". Er bekleidete keine Machtposition innerhalb von Staat oder Partei. Sein Titel diente ihm lediglich dazu, reich zu werden und seinen Führer reich zu machen.

Heinrich Hoffmann wurde 1885 als Sohn eines Münchner Photographen geboren. Auch er erlernte in der väterlichen Werkstatt das Photographenhandwerk und bildete sich anschließend in der Londoner Fleet Street zum Photoreporter aus. Er war ein guter Photograph, der auf mehreren internationalen Wettbewerben Medaillen gewann. Kurz vor dem ersten Weltkrieg ließ er sich als Photograph in München nieder. Während des Krieges war er Kriegsberichterstatter und flog auch als Beobachter in Aufklärungsflugzeugen mit.

Nach dem Friedensschluß gründete er in der Schellingstraße in München ein Photoatelier mit angeschlossenem Ladengeschäft, in dem er für Profis und Amateure Kameras, Bildplatten und Filme verkaufte.

Als Hoffmann Adolf Hitler 1922 kennenlernte, war er 37 Jahre alt, ein international angesehener Photoreporter mit einem gutgehenden Geschäft. Sein Atelier lag schräg gegenüber der Redaktion des Völkischen Beobachters.

Hitler war zu jener Zeit extrem kamerascheu. Es gab keine Photos von ihm. Bildreporter, die ihm auf Versammlungen auflauerten, wurden von Begleitern und SA-Leuten nicht selten verprügelt, die Bildplatten oder Filme unbrauchbar gemacht.

Eines Tages erhielt Hoffmann ein Telegramm der Hearst-Presse in den USA, in dem ihm 1000 Dollar für ein Exklusiv-Photo des aufstrebenden Münchner Parteiführers geboten wurden – in der Zeit der beginnenden Inflation ein Traumhonorar.

Stundenlang beobachtete Hoffmann von seinem Atelierfenster aus die gegenüberliegende Straßenseite. Als Hitler die Redaktion verließ und – zusammen mit Chauffeur Haug und Leibwächter Ulrich Graf seinen klapperigen Selve besteigen wollte, stürzte Hoffmann auf die Straße, um sein Photo zu schießen. Haug und Graf rissen ihm die Kamera aus der Hand und verprügelten ihn. Hitler stand mit amüsiertem Grinsen dabei, als Hoffmann ebenso lautstark wie erfolglos auf seine Rechte als Reporter pochte und dem Parteiführer klarzumachen versuchte, daß er als Person des öffentlichen Lebens keine Privatrechte an seinem Bild habe.

Wenige Tage später stieß Hoffmann durch Zufall auf ein Photo, das er am Tage der bayerischen Mobilmachung am 1. August 1914 von der Menschenmasse auf dem Odeonsplatz gemacht hatte. Inmitten der Menge war deutlich das Gesicht des 25jährigen Malers Hitler zu erkennen. Hoffmann vergrößerte den Bildausschnitt, ging in die Redaktion des Völkischen Beobachters – diesmal ohne Kamera – und machte ihn Hitler zum Geschenk. An diesem Tage begann die Freundschaft der beiden. Hitler lud Hoffmann in die Osteria zum Essen ein. Ein Geschäftsabkommen wurde besiegelt: Hoffmann sollte in Zukunft als einziger das Recht haben, Hitler zu photographieren. Nur seine Photos würden von Hitler zur Veröffentlichung autorisiert werden. Zehn Prozent der Verkaufserlöse sollte Hitler erhalten. Für Hoffmann wurde das Abkommen zu einer Goldgrube, doch auch Hitler verdiente im Laufe der kommenden Jahre nicht schlecht dabei. Nach 1923 rissen sich die Zeitungen und Illustrierten nicht nur in Deutschland, sondern auch im Ausland um Hitler-Photos. Und Hoffmann hatte das Monopol. Er konnte die Preise diktieren.

Bald überließ Hoffmann sein Atelier der Partei als Geschäftsstelle und zog in größere, elegantere Räume in der Augustenstraße um. Seine Atelierfeste dort waren Stadtgespräch. Auch Hitler war oft als Gast dort zu finden. Er liebte die Bohème-Atmosphäre und fühlte sich gern als „Künstler unter Künstlern".

Bald konnte Hoffmann sich eine Villa im vornehmen Bogenhausen leisten. Nach dem Tode seiner ersten Frau heiratete Hoffmann die Tochter des Kammersängers Gröpke, der lesbische Tendenzen nachgesagt wurden. Hoffmann hielt stets ein gastfreies Haus, in dem auch Hitler sich immer sehr wohlfühlte. Auch nachdem er der mächtigste Mann in Deutschland geworden war, besuchte er Hoffmann, so oft er nach München kam. Albert Speer schreibt in seinen Erinnerungen: „Bei gutem Wetter wurde dort der Kaffee im kleinen Garten serviert, der von den Gärten anderer Villen umgeben, nicht größer als etwa zweihundert Quadratmeter war. Bei schönem Sonnenschein konnte es vorkommen, daß der Führer und Reichskanzler seinen Rock auszog und sich in Hemdsärmeln auf den Rasen legte. Bei Hoffmann fühlte er sich wie zu Hause; einmal ließ er sich einen Band von Ludwig Thoma kommen, wählte ein Stück und las daraus vor."

Hoffmann wurde einer der wenigen, die in Hitlers Kreis eine weitgehende „Narrenfreiheit“ genossen. Hitler sah ihm viel nach: seine Trunkenheitsexzesse, seine liberalen Standpunkte gegenüber moderner Kunst, seine Freundschaften mit „zweifelhaften“ Randgruppen der Münchner Szene, sogar seine Verbindung zu Juden. Als Hoffmann dem etwas peinlich berührten Hitler einmal im Café Heck einen jüdischen Schulfreund, einen Rabbinersohn, vorstellte, meinte Hitler später nur: „Also Hoffmann, das nächste Mal trinken wir unseren Kaffee am besten gleich in der Synagoge.“

Auch als Vermittler in delikaten Angelegenheiten diente Hoffmann dem Freund. Emil Maurice, der wegen seiner Affäre mit Hitlers Nichte später in Ungnade gefallene frühere Mitstreiter, hatte eine Mappe an sich gebracht mit pornographischen Zeichnungen, die Hitler von Geli Raubal angefertigt hatte. Hitler ließ die inkriminierenden Kunstwerke durch Hoffmann von Maurice zurückkaufen, für den stolzen Preis von 10000 Mark, mit denen Maurice dann in München einen Uhrmacherladen eröffnen konnte. Auch sonst war Hoffmann dem Freund gern diskret zu Diensten. In der Anfangszeit seiner Affäre mit Eva Braun kam Hitler oft unter dem Schutz der Familie Hoffmann mit dem Mädchen zusammen, weil der strenge und moralisch sehr anspruchsvolle Vater die Beziehung seiner Tochter zu dem 23 Jahre älteren Liebhaber strikt ablehnte.

Es wurde vielfach behauptet, Hoffmann habe dem Führer auch des öfteren gefällige Mädchen aus der Münchner Modell- und Prostituiertenszene zugeführt, die den sexuellen Präferenzen des Führers aufgeschlossen gegenüberstanden, doch fehlen dafür Belege. Auf jeden Fall hatte der Photograph intimere Kenntnisse von Hitlers Privatleben als jeder andere seines Kreises. Auch seinen späteren Leibarzt Dr. Theo Morell lernte Hitler im Hause Hoffmanns kennen.

Die auch privat enge Verbindung zu Hitler zahlte sich für

Hoffmann aus. Nach der Machtübernahme gab Hitler ihm nicht nur den Titel eines „Reichsbildberichterstatters“, sondern ernannte ihn auch zum Professor.

Von 1932 bis 1940 veröffentlichte Hoffmann mehr als dreißig prachtvolle Bildbände, von denen einige Auflagen von über hunderttausend Exemplaren erlebten. Der Band „Hitler in Polen“ erreichte eine Auflage von 200000 Exemplaren. Einige Titel von Hoffmann-Bildbänden: „Hitler abseits vom Alltag“, „Hitler befreit das Sudetenland“, „Hitler in Italien“, „Hitler in seinen Bergen“, „Jugend um Hitler“. Sämtliche Reichsparteitage wurden von Hoffmann photographisch aufbereitet und mit gutem Profit an den Mann gebracht. Immerhin kosteten die Bände den für damalige Begriffe stolzen Preis von 10 bis 13 Mark. Nur wenige der Bücher erschienen im Franz Eher Verlag. Da Hoffmann es leid war, mit Amann teilen zu müssen, erhielt er von Hitler die Erlaubnis, unter dem Namen „Verlag für Zeitgeschichte“ eine eigene Firma zu gründen. Hitler konnte dies nur recht sein, weil sich dadurch auch sein eigener Anteil erhöhte. Die endgültige Auswahl der Photos mußte ohnehin seine Zustimmung finden. Photos mit Eva Braun waren tabu. Erschien sie einmal tatsächlich auf einem freigegebenen Photo auf dem Obersalzberg, dann war sie für die Öffentlichkeit ein nicht identifizierter Gast.

Sogar als Strohmann für Grundbucheintragungen diente Hoffmann seinem Führer. Als Eigentümer des Grundstücks von Eva Braun in der Wasserburgstraße erschien nicht Hitler, sondern „Heinrich Hoffmann“. Selbst den Beamten des Katasteramtes gegenüber wollte Hitler die Fiktion vom „armen“ Führer und Reichskanzler aufrechterhalten. Natürlich hätte er Eva selbst als Eigentümerin eintragen lassen können, aber das hätte seiner Vorstellung von der abhängigen Rolle der Frau widersprochen.

Hitlers Tantiemen aus „Mein Kampf“ und Hoffmanns Bilderbänden setzten ihn bald in die Lage, Gemälde für seine Privatwohnung am Prinzregentenplatz und sein Haus auf dem Obersalzberg zu erwerben. Da Hoffmann selbst ein passionierter Kunstsammler war, schien es nur natürlich, daß er die Vermittlung übernahm und selber dabei einen guten Schnitt machte. Wenn Hitler ein Bild oder ein Künstler gefiel, schaute er nicht auf den Preis. Hoffmann nutzte das weidlich aus, zumal er wußte, daß Hitler sich selbst ungern in Galerien oder auf Auktionen begab, um dort um Preise zu feilschen.

Hitler liebte die Malerei des 19. Jahrhunderts, das er für eine der größten Kulturepochen der Menschheit hielt. Seine Vorliebe endete aber bereits beim Impressionismus. Den Expressionismus hielt er für „entartet". Leibl, Hans Thoma und Spitzweg gehörten zu seinen Favoriten. Ein anderer seiner Lieblingsmaler war Eduard Grützner, den er sogar mit Rembrandt verglich. Grützner malte am liebsten weinselige Mönche und Kellermeister. Hitler überschätzte diesen handwerklich passablen aber keineswegs überragenden Maler maßlos. Speer berichtet von einem Nachmittag im Hause Hoffmanns, wo der Photograph Hitler einen Grützner für 5000 Mark anbot. Nach Speer hatte das Bild einen Handelswert von höchstens 2000 Mark. Hitler: „Was, das kostet nur 5000 Mark? Wissen Sie, Hoffmann, das ist geschenkt! Sehen sie einmal diese Einzelheiten an! Grützner ist bei weitem unterschätzt! Rembrandt hätte das auch nicht besser malen können!" Natürlich kostete das nächste Bild dieses Malers Hitler bedeutend mehr.

Hoffmann besorgte Hitler für seine Privatwohnung unter anderem Lenbachs „Bismarck in Kürassier-Uniform", Franz von Stucks „Die Sünde", Anselm Feuerbachs „Parklandschaft", viele Grützner, mehrere Spitzwegs. Gelegentlich schenkte der findige Kunstagent seinem besten Kunden auch ein Bild, so einmal ein Gemälde von Löwith. Als Goebbels zu Besuch am Prinzregentenplatz war, machte Hitler ihn stolz auf das Bild aufmerksam. Mit einem boshaften Seitenblick auf Hoffmann meinte Goebbels lakonisch: „Ein gutes Bild! Kein Wunder, Löwith ist ja auch einer der begabtesten jüdischen Maler." Hitler behielt das Bild trotzdem. „Es wird soviel geredet. Vielleicht war Löwith gar nicht Jude." In einer seiner seltenen Anwandlungen von Humor trennte sich Hitler von einem seiner geliebten Grützner, indem er Robert Ley, dem trunksüchtigen Schöpfer der Deutschen Arbeitsfront, den „Zechenden Mönch" zum Geburtstag schenkte.

Hitler gestand Hoffmann eine solche Kompetenz in Fragen der Kunst zu, daß er die Jury für die jährlichen Ausstellungen im Haus der Deutschen Kunst auflöste und Hoffmann zum alleinigen Beauftragten für die Auswahl bestellte, eine Position, in der Hoffmann über Erfolg oder Mißerfolg in der Karriere eines lebenden Künstlers souverän zu Gericht sitzen konnte. Hitler akzeptierte Hoffmanns Wahl in fast allen Punkten. Nur die „Modernen" verbannte er radikal. „Ich liebe keine schlampig gemalten Bilder, bei denen man oft nicht weiß, wo oben und unten ist." Hitlers großer Favorit unter den neuzeitlichen Malern wurde Paul Mathias Padua, dessen pedantisch genau gemalte „Leda mit dem Schwan" ihn hellauf begeisterte. Als Geldanlage jedoch bevorzugte er weiterhin die Maler des 19. Jahrhunderts.

In den dreißiger Jahren erfaßte die Kunstbegeisterung – als Mittel zu einer erfolgreichen Geldanlage – fast alle Größen des Dritten Reiches. In erster Linie konkurrierte Göring als Sammler mit Hitler, doch auch Ribbentrop und Goebbels schickten ihre Vertreter zu den großen Auktionen. Hoffmann bot für Hitler. Oft überboten die Naziführer sich gegenseitig, wodurch die Preise den tatsächlichen Wert der Bilder weit überschritten.

So lehnte Hitler ein Bismarckbild von Lenbach einmal ab, weil ihm der Preis von 30000 Mark zu hoch erschien. Kurze Zeit darauf kam das Bild beim Auktionshaus Hans Lange in Berlin zur Versteigerung. Göring gab Auftrag, es unbedingt zu erwerben. Bei 75000 Mark erhielt er den Zuschlag. Bald darauf überreichte Göring diesen Lenbach Hitler als Geburtstagsgeschenk. Hitler war erstaunt, ausgerechnet dieses Bild als Geschenk zu erhalten. Als er den Preis erfuhr, schäumte er vor Wut. Auf Hoffmanns Rat ordnete er folgendes an: kein Bild von kunsthistorischem Wert durfte künftig ohne seine Zustimmung den Besitzer wechseln. Dieser sogenannte „Führervorbehalt“ sicherte ihm praktisch das Vorkaufsrecht auf alle Bilder, die kunstgeschichtlich eine Rolle spielten.

Wenn es um das Auftun neuer Geldquellen für sich und seinen Führer ging, war Hoffmann unermüdlich. In einer Faksimile-Mappe gab er einen Teil von Hitlers Aquarellen heraus, die in einer Auflage von mehreren tausend Exemplaren zum stolzen Preis von 100 Mark pro Stück gehandelt wurde. Die amerikanische Zeitschrift „Esquire“ erwarb die Rechte zur Reproduktion.

Hoffmann besaß selbst eine Reihe von Hitler-Aquarellen, die der Führer ihm zum Geschenk gemacht hatte. Hitler-Aquarelle erzielten nach 1933 Phantasiepreise. Noch während des Krieges verkaufte Hoffmann eines der Bilder zum Preis von 30000 Mark. In ganz Deutschland versuchte Hoffmann Besitzer von Hitler-Aquarellen aufzustöbern und ihnen die Bilder abzukaufen, um sie dann für einen Gewinn von mehreren hundert Prozent weiterzuverkaufen. Der erfolglose Postkartenmaler von einst hätte jetzt allein durch den Verkauf von Zeichnungen und Aquarellen Millionär werden können. Doch Hoffmann hatte eine noch genialere Idee, um Hitlers Kasse zu füllen. Wenn Hitler Millionenbeträge zum Bilderkauf zur Verfügung hätte, dann konnte auch Hoffmann als Sammler und Agent seinen goldenen Schnitt machen.

Als Photograph war Hoffmann mit der Frage der Persönlichkeitsrechte bestens vertraut. Er wußte, daß ein Mensch das Recht am eigenen Abbild hat. Er folgerte, daß auch eine Briefmarke ein Abbild der Person mit allen damit verbundenen Rechten sei. Der alte Reichspräsident Hindenburg hatte sich sein Abbild auf den deutschen Briefmarken nie bezahlen lassen, weil niemand auf die Idee gekommen war. Das einzige, was er einmal im Zusammenhang mit Briefmarken und Hitler voll Abneigung und Bitterkeit äußerte, war 1932 der weithin kolportierte Satz: „Ich werde den Hitler zum Postminister machen. Dann kann er mich von hinten lecken." Für Hitler wurden die kleinen gummierten Wertzeichen mit seinem Kopf – zuerst die Sondermarken, dann die regulären Briefmarken aller Werte – zu einer gigantischen Einnahmequelle. Der Betrag für das „Persönlichkeitsrecht" ließ sich zwar nur in Bruchteilen von Prozenten ausdrücken, doch die Masse machte es. Sowohl Speer als auch Hoffmann schildern übereinstimmend, daß sie einmal zugegen waren, wie der Reichspostminister Wilhelm Ohnesorge Hitler einen Scheck über 50 Millionen Mark in Abgeltung seiner Persönlichkeitsrechte zur privaten Nutzung überreichte. Es wird nicht der einzige Scheck gewesen sein.

Seit die postalische Einkommensquelle gesichert war, wurden auch Hitlers Bilderkäufe noch anspruchsvoller. Jetzt erwarb er zum Beispiel Moritz von Schwinds „Aschenbrödel", „Leda mit dem Schwan" von Leonardo da Vinci, ein Selbstbildnis Rembrandts, den „Honigdieb" von Lucas Cranach d. Ä., die „Tanzenden Kinder" von Watteau, eine „Madonna mit Kind" von Rubens aus dem Besitz des deutschen Kronprinzen und das Gemälde „Aufbau in Schlesien" von Adolf Menzel. Er kaufte sogar Bilder der von ihm abgelehnten Maler Franz Marc, Lovis Corinth, Liebermann, Gauguin, van Gogh und Picasso, um sie dann im internationalen Kunsthandel gegen Dürers und Rembrandts einzutauschen.

Hitler schien auch wenig dagegen zu haben, wenn Leute aus seiner engeren Umgebung sich auf höchst illegale Weise schamlos bereicherten. Der folgende Vorfall wirft ein bezeichnendes Licht auf diese Praktiken.

Walter Funk, Reichswirtschaftsminister und gleichzeitig Präsident der Reichsbank, hatte einen Vizepräsidenten namens Brinkmann, der mit bizarren Verhaltensweisen auffiel, bevor er schließlich für geisteskrank erklärt wurde. Einmal lud er die Botenjungen und Putzfrauen der Reichsbank zu einem Diner in den Festsaal des Berliner Hotels Bristol und spielte zur Unterhaltung der Gäste selber mit der Geige auf. Einmal entließ er sämtliche Beamten der Reichsbank, die älter als fünfzig waren, ausdrücklich „mit doppelter Pension". Die Grenze des Zumutbaren war erreicht, als Brinkmann, der für jeden Betrag zeichnungsberechtigt war, dem Beauftragten für den Vierjahresplan, Hermann Göring, einen Scheck in Höhe von drei Millionen Mark als Geschenk der Reichsbank überreichte. Göring stand nicht an, den Scheck sofort einzulösen und seinem Konto gutschreiben zu lassen. Funk hatte Brinkmann inzwischen für unzurechnungsfähig erklären lassen, doch Göring weigerte sich, das Geld wieder herauszugeben. In seiner Not wandte Funk sich an Hitler, aber der lachte nur schallend über Görings „Husarenstück" und lehnte es ab, zu intervenieren. Funk hätte eben rechtzeitiger erkennen sollen, daß sein Vize nicht ganz richtig im Kopf sei. Noch jahrelang bemühte sich der glücklose Bankpräsident erfolglos, Göring das Geld wieder abzunehmen.

Andererseits untersagte Hitler offiziell 1934 den Parteibeamten jegliche finanzielle Beteiligung an Parteizeitungen. Für Goebbels, der in Berlin den „Angriff" herausgab und auch den früheren Zeitungskonzern der Brüder Strasser übernommen hatte, war das ein herber Verlust. Einer jedoch brauchte sich nicht an diese Bestimmung zu halten, und zwar auf direkte Intervention Hitlers: Max Amann, der schließlich auch die eigenen Interessen Hitlers an dem zentralen Presse- und Verlagskonzern der Partei zu vertreten hatte.

Max Amann wurde am 24. November 1891 in München geboren. Er war zweieinhalb Jahre jünger als Hitler. Er besuchte die Handelsschule und machte seine Lehrzeit in einem Münchner Anwaltsbüro. Fünf Jahre lang diente er in der bayerischen Armee und war eine Zeitlang Hitlers Kompaniefeldwebel.

Nach außen hin ein jovialer Bayer, war Amann in seinem Wesen jähzornig, brutal und herrschsüchtig, Untergebenen gegenüber tyrannisch und rücksichtslos. Obgleich er mit dem Verlagswesen völlig unvertraut war, erwarb er sich die nötigen Fachkenntnisse rasch in der Praxis, schuf dem Völkischen Beobachter eine gesunde finanzielle Basis und baute einen erfolgreichen Buchverlag auf. Auch nach der Machtübernahme erfreute er sich der Gunst und des Vertrauens von Hitler. Im Verein Deutscher Zeitungsverleger rückte er in die Schlüsselstellung auf und erhielt noch größere Machtfülle, als 1934 die Nazi-Gaupresse reorganisiert und unter die Aufsicht von Amann gestellt wurde. 1935 erwarb der Eher-Verlag etwa hundert größere Zeitungsverlage, darunter Scherl und Ullstein, was Amann eine absolut dominierende Stellung im deutschen Verlagswesen schaffte. Amann wußte seinen Machtbereich mit allen Mitteln zu verteidigen und wehrte jeden Eindringling ab. Bei Zuständigkeitskonflikten entschied Hitler stets zu seinen Gunsten. Mit Robert Ley, dem Leiter der Einheitsgewerkschaft „Arbeitsfront", lag er in ständiger Fehde. „In meinen Druckereien und Verlagen dulde ich keinen von Leys Betriebszellenleitern", verkündete er stolz. „Die meisten meiner Arbeiter und Angestellten sind nicht einmal Mitglieder der Deutschen Arbeitsfront."

1936 erhielt Amann von Hitler absolute Generalvollmacht in der Leitung des Verlagskonzerns. Er war nur noch Hitler selbst verantwortlich, weder dem Schatzmeister der NSDAP noch dem Leiter der Parteikanzlei war er irgendwelche Rechenschaft schuldig. Verlagswerber, sogenannte „Drücker", schickte er von Tür zu Tür, um die Auflage mit Mitteln zu steigern, die an Erpressung und Nötigung grenzten. 1939 erreichte die Auflage des Völkischen Beobachters 742000 Exemplare und wuchs 1941 auf 1192000 Exemplare. Rudolf Heß, den es ohnehin wurmte, daß Amann seiner Aufsicht entzogen war, schickte einen geharnischten Brief an den Eher-Verlag. „Kein Volksgenosse darf behelligt oder benachteiligt werden, wenn er sich weigert, eine der Parteizeitungen zu abonnieren." Er gab Amann zu verstehen, daß seine Werbemethoden schärfstens zu mißbilligen seien. Den mit Einschüchterungsversuchen arbeitenden Werbern drohte Heß Parteiausschluß und Strafverfolgung an. Zu Hitler sagte er verdrossen: „Solange der Völkische Beobachter von so gähnender Langeweile ist, kann man niemandem zumuten, sich nach einem arbeitsreichen Tag auch noch durch dieses zähflüssige Zeug hindurchzulesen." Doch Hitler stellte sich auch hier vor seinen Verleger. 1944 kontrollierte der Eher-Verlag mit seinen Tochtergesellschaften „Herold", „Europa" und „Standarte" etwa 90 Prozent der gesamten deutschen Presse und einen großen Teil des Buchmarktes. Amann wurde scherzhaft der „deutsche Hearst" genannt. Auf jeden Fall war er der größte Verleger Europas geworden.

Die folgende Tabelle zeigt die Entwicklung von Amanns Geschäften von 1936 bis 1942:

	Netto-Gewinn *Eher-Verlag* (Mark)	Netto-Gewinn *Tochter-Gesellschaften*
1936	3 987 000	500 000
1937	8 849 000	1 670 000
1938	13 809 000	2 542 000
1939	26 225 000	8 776 000
1940	53 900 000	20 288 000
1941	63 971 000	32 689 000
1942	106 700 000	63 800 000

Bei Kriegsende besaß der Eher-Konzern Aktiva in Höhe von 600 Millionen Mark. Erstaunlich ist die Feststellung, daß der Konzern seit 1940 keinen Pfennig Steuern mehr zahlte. Dieser Steuerfreiheit lag eine persönliche Intervention Hitlers beim Reichsfinanzministerium zugrunde. Das berühmte Parteischlagwort „Gemeinnutz geht vor Eigennutz" erhält hier eine besondere Note.

Amann erfreute sich nicht nur ungeheurer Macht, sondern auch riesiger persönlicher Einnahmen. 1936 schloß er einen neuen Vertrag als Generaldirektor des Eher-Verlages, nach dem ihm ein Jahresgehalt von 120000 Mark und fünf Prozent der Nettogewinne des Unternehmens zustanden. Schon im Dezember 1933 hatte er sich ein Drittel Anteile an der Hausdruckerei Adolf Müller und Sohn gesichert. Müller & Sohn druckte den VB in München, Berlin und Wien, den Illustrierten Beobachter und ein Dutzend Parteizeitschriften und Wochenblätter. Auch besaß die Druckerei das Monopol für alle wichtigen Bücher von Parteileuten, allen voran Hitlers „Mein Kampf". Das Geschäftsvolumen der Firma Müller & Sohn überstieg das jeder anderen Druckerei in Deutschland. Im Januar 1940 wurden Amanns Grundbesitz und Geschäftsanteile mit 6220000 Mark veranlagt, im Januar 1943 mit 10306000 Mark. 1941 versteuerte Amann ein Jahreseinkommen von 3479449 Mark, 1942 ebenfalls fast 3,5 Millionen Mark. Aus dem kleinen Bankbeamten, der 1922 eine marode Zeitung übernommen hatte, war ein schwerreicher Geschäftsmann geworden. Warum Hitler seinen Verleger so reich und mächtig werden ließ, ist einzusehen, wenn man weiß, wie der Aufsichtsratsvorsitzende des Eher-Konzerns hieß: Adolf Hitler. Es läßt sich nicht mehr feststellen, wieviel der Aufsichtsratsvorsitzende an Tantiemen vom Nettogewinn erhielt, doch wird es zweifellos ein substantielles Jahreshonorar gewesen sein.

Einer der wenigen, die Hitlers Sammlereifer zu trotzen wagten, war Karl Valentin. Das Münchner Original besaß eine riesige Sammlung von Kitschpostkarten jeden Genres, außerdem eine wertvolle Bildersammlung von Alt-Münchner Bauten, zum Teil aus den Anfangsjahren der Photographie. Hitler war an der Sammlung interessiert und beauftragte Heinrich Hoffmann mit Verhandlungen. Valentin verlangte hunderttausend Mark für seine Schätze, da er Geld für die Produktion eines Films brauchte. Hitler bot 30000 Mark auf die Hand, dazu eine lebenslängliche monatliche Rente von tausend Mark. Die Sammlung war einmalig, aber auch mit 30000 plus Leibrente weit überbezahlt. Doch Hitler hatte sich auf die Valentin-Sammlung versteift. Und Geld spielte ja für ihn keine Rolle mehr. Als Hoffmann dem Komiker das Angebot Hitlers überbrachte, grantelte dieser kurz und bündig: „Sagen's dem Herrn Führer an schönen Gruß, wenn er mir die 100000 Markln net auf einmal gibt, nacha soll er sich sei' Geld am Huat aufistecken!"

Familienbande

Adolf Hitler empfand das Wort „Familienbande“ in all seiner Doppeldeutigkeit, die Karl Kraus dem Begriff angeheftet hat. Er stand hier in völligem Gegensatz zu Napoleon, der mit dem für einen Korsen typischen Familiensinn seiner zahlreichen Verwandtschaft rücksichtslos Geld, Adelstitel, einträgliche Pfründe, ganze Königreiche zugeschanzt hatte.

Für Hitler war schon seine ganze Herkunft aus einer Sippe, in der Inzucht und Illegitimität an der Tagesordnung waren, ein Ärgernis. Er selbst stammte aus einer Verbindung zwischen Onkel und Nichte, sein Vater und sein älterer Halbbruder waren außerehelich geboren und erst später legitimiert worden. Nie verlor er die Furcht, er könne unter Umständen tatsächlich jüdischer Abstammung sein. In „Mein Kampf“ äußerte er sich ungemein sparsam über Herkunft und Verwandtschaft. Geschwister und Halbgeschwister werden überhaupt nicht erwähnt.

Hitler wünschte nie, daß seine verwandtschaftlichen Beziehungen detailliert dargestellt wurden. Er war das Produkt einer engmaschigen Inzucht. Sein Großvater väterlicherseits war gleichzeitig sein Urgroßvater mütterlicherseits.

Da Hitler über das Ausmaß der Inzucht in seiner Familie sehr wohl informiert war, versuchte er das Thema einerseits zu meiden, andererseits beurteilte er die Inzucht positiv. So schrieb er über die Judenfrage: „Durch tausendjährige Inzucht hat der Jude seine Rasse und ihre Eigenart schärfer bewahrt als zahlreiche der Völker, unter denen er lebt.“ Anthropologisch ist dieser Satz natürlich Unsinn. Orientalische Juden unterscheiden sich von Juden, deren Vorfahren jahrhundertelang in Nordeuropa lebten, genauso wie die betreffenden Wirtsvölker sich unterscheiden.

Gleichzeitig fürchtete Hitler, unter Umständen ein Kind zu zeugen, das infolge seiner Inzucht-Abstammung nicht normal sein könnte. Diese Befürchtung begleitete ihn ständig während seiner Verbindung zu seiner Nichte Geli Raubal.

Sein größter Argwohn aber konzentrierte sich auf die Möglichkeit, seine Verwandten könnten seine Stellung ausnutzen, um sich persönliche Vorteile zu verschaffen. An und für sich hätte ihn das nicht gestört, doch wäre es für sein Image als lauterer, nur für sein Vaterland tätiger Idealist unvorteilhaft gewesen.

Nachdem seine Halbschwester Angela den Berghof verlassen und den Dresdner Architekten Hamitzsch geheiratet hatte, kam für einige Zeit seine jüngste Schwester Paula zu Hitler nach Berchtesgaden, um ihm den Haushalt zu führen. Doch die beiden Geschwister vertrugen sich nicht. Paula brachte dem Bruder nicht immer den erwarteten Respekt entgegen. Sie hatte ein lockeres Mundwerk und warf ihm mehrmals vor, „verrückt“ zu sein und stellte ihm in Aussicht, „eines Tages am Galgen“ zu enden. Hitler schickte sie nach Wien zurück und setzte ihr eine bescheidene Rente aus, unter der Bedingung, daß sie ihren Namen ändern müsse. Als „Paula Wolf“ beteiligte sie sich in Wien an einem kleinen Kunstgewerbeladen und war froh, daß nur wenige Mitglieder ihres engsten Freundeskreises von ihrer Verwandtschaft zum Führer wußten. In seinem Testament von 1938 setzte Hitler ihr eine lebenslange Rente von 1000 Mark im Monat aus. Seine Schwester Angela bedachte er mit der gleichen Regelung. Mit deren Sohn Leo hatte er bis 1931 ein recht gutes Verhältnis, das jedoch nach dem Selbstmord von Geli abkühlte. Leo machte seinen Onkel für den Tod der geliebten Schwester verantwortlich und wollte ihn nicht mehr sehen. „Ich werde in meinem Leben kein Wort mit

Onkel Adolf mehr wechseln“, sagte er zu seiner Mutter. Er besuchte sie mehrmals auf dem Berghof, aber nur dann, wenn er genau wußte, daß Hitler nicht anwesend war.

Dennoch hatte Hitler seinen Neffen Leo nicht ganz vergessen. Als dieser als Pionier-Leutnant vor Stalingrad in russische Gefangenschaft geriet, ließ Hitler über neutrale Vermittler Stalin den Vorschlag machen, ihn gegen dessen schon im Herbst 1941 in Gefangenschaft geratenen Sohn Jakob auszutauschen. Doch der Sowjet-Diktator lehnte das Angebot ab.

Noch im ersten Weltkrieg hatte Hitler enge Verbindung zu seinen zahlreichen Tanten, Onkeln, Vettern, Basen, Nichten und Neffen in Spital im Waldviertel gehalten und dort auch stets einen Heimaturlaub verbracht. Nachdem er sich der Politik zugewandt hatte, riß diese Verbindung ab. Hitler pflegte sie nicht mehr, weil er fürchtete, die Beziehungen könnten in jenen „verderblichen Familiensinn“ ausarten, den er Napoleon zum Vorwurf machte. Dennoch fand sich in seinem Testament von 1938 überraschenderweise folgende Klausel unter Punkt 2i): „Für meine Verwandten in Spital, Niederösterreich, den einmaligen Betrag von 30000 Mark (dreißigtausend Mark). Die Verteilung dieses Betrages bestimmt meine Schwester Paula in Wien.“

Mit Paula, den Raubals und den Spitaler Verwandten hatte er eigentlich keinen allzu großen Ärger. Dieser kam von einer ganz anderen Seite der Verwandtschaft.

Im Alter von vierzehn Jahren verläßt 1896 Hitlers Halbbruder Alois das elterliche Haus, nachdem die Auseinandersetzungen mit dem Vater für ihn unerträglich geworden sind. Alois sen. pflegte seinen ältesten Sohn häufig zu prügeln, warf ihm Faulheit und Renitenz vor. Zunächst nimmt Alois in Wien eine Lehrstelle als Kellner an. Zweimal kommt er wegen kleiner Diebstähle ins Gefängnis. 1907 ist er in Paris, wo er als Kellner arbeitet. Zwei Jahre darauf geht er nach Dublin, wo er ein irisches Mädchen namens

Bridget Dowling heiratet. 1911 wird dem Paar ein Sohn geboren und auf den Namen William Patrick Hitler getauft.

Bridget verlor durch die Heirat ihre britische Staatsbürgerschaft und wurde Österreicherin. Im ersten Weltkrieg hatte sie deshalb einige Schwierigkeiten. Dabei hatte sich ihre Ehemann Alois schon vor dem Krieg von der Familie abgesetzt. Bridget und William Patrick lebten inzwischen in London. Der Ausbruch des Krieges gab dem unsteten Alois Gelegenheit, seine Verpflichtungen im fernen England zu vergessen. Er vergaß sie in einem solchen Maße, daß er in Hamburg eine zweite Ehe einging, ohne die andere überhaupt zu erwähnen. Mit seiner Hamburger Zweitfrau zeugte er einen Sohn namens Heinz Hitler. Nach dem Ende des Krieges kam die Sache auf, und Bridget erfuhr zum ersten Mal wieder etwas von ihrem Gemahl, als dieser in Hamburg wegen Bigamie vor Gericht stand. In Briefen bestürmte Alois seine erste Frau, ihm zu helfen. Er versprach ihr, bei einem für ihn günstigen Urteil für sie und den Sohn William Patrick finanziell ausreichend zu sorgen. Bridget schrieb dem Gericht, daß sie keine harten Gefühle gegenüber ihrem Gatten hege. Das Gericht verurteilte Alois „anstelle einer an sich verwirkten Gefängnisstrafe“ zu einer Geldbuße. Trotz seines Versprechens schickte Alois kein Geld nach England. Er versuchte sich damit herauszureden, daß die deutschen Devisengesetze das nicht zuließen. Nur einmal ließ er Bridget über die Botschaft die magere Summe von 20 Pfund auszahlen.

Als Adolf Hitler gegen Ende der Zwanziger Jahre eine internationale Berühmtheit wurde, begannen Bridget und William Patrick Hitler sich zu überlegen, ob sie nicht die verwandtschaftliche Verbindung ausnutzen sollten, um sich auf diese Weise schadlos zu halten. Sie nahmen das Angebot der Hearst-Presse für ein ausführliches Interview mit der Schwägerin und dem Neffen des Naziführers an. Durch Putzi Hanfstaengl und seine Presseverbindungen erfuhr Hitler von dem Vorhaben. Er schäumte vor Wut, sandte seinem

Neffen eine Fahrkarte und beorderte ihn nach München. In Gegenwart von Alois und Angela – wobei Alois als Dolmetscher fungierte – machte er William Patrick bittere Vorwürfe. Familiengeschichten an die Öffentlichkeit zu tragen würde seiner politischen Karriere empfindlich schaden. „Mit welcher Vorsicht habe ich immer meine persönlichen Affären vor der Presse verborgen“, rief er. „Die Leute dürfen nicht wissen, wer ich bin. Sie dürfen nicht wissen, woher ich komme und aus welcher Familie ich stamme. Selbst in meinem Buch habe ich mir nicht ein Wort über diese Dinge erlaubt, nicht ein Wort, und zufällig entdeckt man nun meinen Neffen. Man stellt Untersuchungen an und schickt Spitzel auf die Fährte unserer Vergangenheit.“

Nachdem William Patrick versprochen hatte, kein Interview zu geben, beruhigte Hitler sich ein wenig, schenkte dem Neffen sogar hundert Mark und lud ihn auf den Obersalzberg ein, wo William Patrick seinen Vetter Leo und seine Kusine Geli Raubal kennenlernte.

Um sich eventueller familiärer Aufdringlichkeiten des englischen Neffen zu erwehren, behauptete Hitler, daß er eigentlich gar nicht mit ihm verwandt sei. Alois Hitler sei ein Findelkind gewesen, das von seinem Vater lediglich adoptiert worden sei. Doch William Patrick, der davon schwärmte, mit „dem großen Politiker verwandt zu sein“, wollte das nicht wahrhaben. Auch sein Vater war empört über diese Version. Er verschaffte seinem Sohn eindeutige Beweise, daß er zwar als Alois Matzelsberger außerehelich geboren sei, aber nach der Heirat mit der Mutter habe Alois sen. ihn nicht adoptiert, sondern *legitimiert,* was ein großer Unterschied sei. Als William Patrick seinen Onkel damit konfrontierte, machte dieser grollend und verdrossen einen Rückzieher.

Nachdem Hitler Reichskanzler geworden war, schrieb William Patrick ihm wieder einen Brief. Er habe in England wegen seines Namens Schwierigkeiten, einen ordentlichen Job zu finden. Hitler erklärte sich schließlich bereit, den

Neffen nach Berlin kommen zu lassen. Aber dessen Hoffnung auf eine blendende Karriere unter dem Schutz des berühmten Onkels zerschlug sich. Hitler behandelte ihn sehr kühl und gab ihm zu verstehen, daß er ihm keinerlei Privilegien einräumen würde. Er verschaffte dem Neffen, der inzwischen passabel Deutsch gelernt hatte, eine nicht übermäßig gut bezahlte Stellung bei der Berliner Opel-Vertretung. Doch William Patrick kam nie mit seinem Geld aus. Allerdings unterstützte er auch die Mutter in England, da der Vater Alois noch immer seinen Verpflichtungen nur ungenügend nachkam. Dieser hatte inzwischen eine kleine Bierkneipe in Berlin eröffnet, die er 1937 mit einem Café-Restaurant im eleganten Berliner Westen vertauschte. Zu seinen Gästen gehörten auch viele Parteimitglieder, SA- und SS-Führer. Hitler verbot seinem Bruder, den Namen „Hitler“ im Zusammenhang mit seinem Lokal an prominenter Stelle zu verwenden. Privat vermied er jeden Kontakt zu Alois. Zu dessen Sohn Heinz aus der inzwischen ungültigen Hamburger Ehe hatte er allerdings ein besseres Verhältnis als zu William Patrick. Er verschaffte Heinz Hitler einen Platz in einem der Elite-Internate des Dritten Reiches, den „Nationalpolitischen Erziehungsanstalten“. Auch lud er den Jungen mehrmals auf den Obersalzberg ein und schenkte ihm zum 14. Geburtstag seine vollständige Ausgabe der Werke von Karl May. Heinzens Wunsch, Offizier zu werden, goutierte der Onkel allerdings nicht. In der Armee würde schon sein Name ständig Anlaß zu „Liebedienerei“ geben. Heinz fiel als Unteroffizier im polnischen Feldzug.

Jedenfalls hatte ihm Heinz nie Ärger mit übertriebenen Ansprüchen bereitet. Im Gegensatz dazu gab es mit William Patrick dauernd Schwierigkeiten. Der junge Mann wollte sich nicht mit der untergeordneten Stellung zufrieden geben, die der Onkel ihm verschafft hatte. Ständig versuchte er, mit Hitler Kontakt aufzunehmen und wurde von den Adjutanten Schaub und Brückner abgewimmelt, zuweilen in ziemlich rüder Form. Drang er tatsächlich einmal zum

Onkel vor, dann schenkte dieser ihm schon mal einen Hundertmarkschein mit der Mahnung, sparsamer zu sein und setzte sich auch einmal dafür ein, daß sein Gehalt aufgebessert wurde.

1938 verließ William Patrick Deutschland und kehrte nach England zurück. Es war ihm einfach nicht möglich gewesen, am Reichtum des berühmten Onkels teilzuhaben. Im letzten Gespräch sagte Hitler ihm brüsk: „Ich habe nicht die Möglichkeit, dir besondere Privilegien zuzubilligen."

Im gleichen Jahr traf Hitler eine testamentarische Bestimmung, die erstaunlich ist, wenn man seine Querelen mit Bruder Alois und dessen Verwandtschaft bedenkt. Unter Punkt 3d) seines Testaments vererbte er seinem Halbbruder einen einmaligen Betrag von 60000 Mark. Alois erhielt nie Kenntnis von der „großzügigen" Geste seines Bruders, da dieses Testament erst 1953 aufgefunden wurde und juristisch nicht mehr von Bedeutung war.

In seinem Buch „Hitlers Jugend" behauptet Franz Jetzinger, William Patrick habe in einem Artikel, der am 5. August 1939 in der französischen Zeitung *Paris Soir* erschien, erklärt, sein Onkel sei der Enkel eines Grazer Juden namens Frankenreither (sic!). Er habe sich damit an dem Onkel wegen seines Geizes rächen wollen.

Wie schon Werner Maser festgestellt hat, ist daran kein wahres Wort. In dem Artikel werden weder die Namen Frankenreither noch Frankenberger erwähnt, nicht einmal Hitlers Großmutter Maria Anna Schicklgruber ist genannt. In dem Beitrag dreht es sich fast nur um die zugeknöpften Taschen des deutschen Diktators. William Patrick schreibt selber, er habe Hitler ständig um Geld gebeten und nicht verstanden, daß jener ihm verärgert erklärte, daß niemand aus verwandtschaftlichen Beziehungen zu ihm profitieren dürfe. Hitler, so habe der Onkel ihm erklärt, könne nicht allen helfen, die durch Zufall seinen Namen trügen. „Dabei hätte es genügt", schreibt Patrick, „ein Handzeichen zu geben, um die Taschen seiner nächsten Verwandten zu füllen. Doch er machte nicht die geringste Geste."

Kurz vor dem Ausbruch des Krieges erfuhr Hitler, daß seine Schwägerin Bridget Hitler plante, ein Buch über ihn und die Familie zu schreiben, und zwar mit der Begründung, daß sie und ihr Sohn ihren Lebensunterhalt verdienen müßten, zumal aus Deutschland kein Geld zu erwarten sei und ihr eigener Mann nie seinen finanziellen Verpflichtungen nachgekommen sei. Jetzt hielt Hitler es für ratsam, die Dame unter Kontrolle zu bringen, bevor sie unangenehme Flurschäden anrichten konnte. Er ließ ihr durch die deutsche Botschaft in freundlichen Worten mitteilen, er könne ihr aus devisenrechtlichen Gründen keine Rente aussetzen, solange sie in England lebe. In Deutschland aber stünden sowohl ein Haus als auch eine angemessene Pension bereit, wenn sie sich entschließen könne, dorthin zu übersiedeln. Doch Bridget zog es vor, in ihrem Häuschen im Londoner Stadtteil Highgate zu bleiben. Kurze Zeit darauf emigrierte sie in die USA, wo sich ihr Sohn William Patrick bereits auf einer Vortragstour befand. Angekündigt als „Neffe von Adolf Hitler", sprach er vor vollen Sälen und verdiente auf diese Weise mit dem Namen seines Onkels schließlich doch noch Geld. Der Titel eines seiner Vorträge lautete: „Warum ich meinen Onkel hasse". Ein Artikel unter diesem Titel wurde auch in der Zeitschrift „Look" veröffentlicht.

Als die USA 1941 in den Krieg eintraten, meldete William Patrick Hitler sich sofort freiwillig, wurde aber nicht genommen. Man beargwöhnte ihn noch wegen seiner verwandtschaftlichen Beziehungen zum „Führer". Um seine Loyalität zu beweisen, gab er Agenten des OSS (Office of Strategic Services) am 10. September 1943 ein ausgedehntes Interview. Hier erzählte er eine Menge Wahrheiten, Halbwahrheiten und Unwahrheiten aus der Familie Hitler und ihren Beziehungen zu seinem Onkel.

Schließlich, im April 1944, erlaubte man ihm, in die amerikanische Marine einzutreten. Am 12. Mai wurde er in Algiers, Louisiana, stationiert. Sein Kommandeur hieß Hess, unter den Umständen ein interessanter Name.

Nach Kriegsende wurde William Patrick Hitler ehrenvoll aus der US-Marine entlassen. Anschließend arbeitete er als Krankenpfleger in einer urologischen Klinik. Er beschloß, seinen Namen zu ändern und wollte nichts mehr mit der Vergangenheit und mit seinem Onkel zu tun haben. Ein Interview mit dem Historiker John Toland lehnte er rundweg ab. Sollte William Patrick noch am Leben sein, so wäre er heute ein Mann von 75 Jahren.

Alois Hitler überlebte das Kriegsende und änderte seinen Namen zunächst in „Eberle". Wegen falscher Papiere wurde er von der britischen Besatzungsmacht inhaftiert, aber kurze Zeit darauf wieder entlassen. Die Militärbehörde stellte fest, daß Alois niemals Nazi gewesen sei.

Für kurze Zeit übernahm er wieder sein Restaurant in Berlin, änderte seinen Namen aber – jetzt legal – in „Hiller". Eine Zeitlang war er aktiv in der rechtsradikalen, später verbotenen „Sozialistischen Reichspartei" des Obersten Remer. Er starb am 20. Mai 1956. Seine Schwester Angela war schon am 30. Oktober 1949 in Dresden gestorben.

Abgesehen von den bescheidenen Legaten, die der Multimillionär Hitler einigen seiner Verwandten mit dem Testament von 1938 vermachte, hat seine Sippe keine Vorteile von ihm gehabt. Eine Schwester wurde in eine Ehe nach Dresden, die andere in einen Kunstgewerbeladen nach Wien abgeschoben. Alois lebte in ständiger Angst, daß der mächtige Bruder ihm die Kneipenlizenz entziehen könne, wenn er sich nicht wohlverhielt. Die Nichte und Geliebte beging Selbstmord. Der eine Neffe fiel als kleiner Armee-Unteroffizier in Polen, der andere klaubte ein paar Dollars mit „Dichtung und Wahrheit" über seinen Onkel zusammen. Wahrlich keine „bonapartistischen" Schicksale.

Adolf Hitler, der Bruder und Onkel dagegen, war seit Mitte der Dreißiger Jahre dabei, nicht nur der mächtigste, sondern auch der reichste Mann Europas zu werden.

König Midas

Als 1936 Hitlers Ferienhaus „Wachenfeld" auf dem Obersalzberg zum Berghof umgebaut wurde, klagte Hitler gegenüber Albert Speer: „Es ist alles so teuer. Die Einnahmen aus meinem Buch habe ich schon vollständig aufgebraucht, obwohl mir Amann noch einen Vorschuß von einigen hunderttausend Mark besorgt hat. Für mein zweites Buch (ein 1928 geschriebenes und 1961 vom Stuttgarter Institut für Zeitgeschichte in einer limitierten Auflage veröffentlichtes Manuskript, d. Verf.) hat Amann mir eine Million Mark geboten. Aber ich gebe es noch nicht frei."

Hitler hatte es zu dieser Zeit gar nicht mehr nötig zu lamentieren. Zum einen betrugen seine Einnahmen aus „Mein Kampf" inzwischen mindestens 1,5 bis 2 Millionen Mark im Jahr – steuerfrei. Berücksichtigt man die damalige Kaufkraft gegenüber heute, so kann man diesen Betrag getrost mit 7 multiplizieren. Außerdem kam jedes Jahr ein neuer Band mit Führerreden auf den Markt, an denen Hitler ebenfalls sämtliche Rechte besaß. Seit die deutschen Standesämter „Mein Kampf" an jedes neuvermählte Paar (auf Kosten der jeweiligen Gemeinde) verschenkten, war das Buch zum absoluten deutschen Bestseller geworden.

Was Hitlers Lamento über die hohen Kosten seiner Residenz in den Bergen vollends verlogen machte, ist die Tatsache, daß er sein Tantiemenkonto dafür überhaupt nicht anzubrechen brauchte.

Nachdem Hitler am 30. Juni 1934 im „Blutigen Freitag der SA" die letzten Reste sozialrevolutionären Denkens in der Partei ausgelöscht und Deutschland endgültig auf der Basis des Kapitalismus „konsolidiert" hatte, wurde er von der deutschen Wirtschaft und Industrie als „Gottesgeschenk" akzeptiert. Es gab keine Streiks mehr, die Gewerkschaften waren zerschlagen, die Tarifautonomie abgeschafft, der Unternehmer war wieder „Herr im eigenen Haus". Ein Eldorado für jeden Arbeitgeber.

Die deutschen Kapitalisten fanden, daß es an der Zeit sei, dem Führer ihre Dankbarkeit auch in barer Münze zu beweisen. Zum Sprecher der Unternehmer machte sich ein Mann, der vor der Machtergreifung nur sehr wenig oder gar nichts für die Finanzen der Nazi-Partei getan hatte und dessen Frau zeitlebens einen Horror davor hatte, „jenen Herrn", wie sie ihn nannte, in ihrem Hause zu empfangen, weil sie fürchtete, er könne in Stiefeln, Bahnhofsvorstehermütze und Reitpeitsche die Gastgemächer betreten, die früher einmal Allerhöchstderselbe, S.M. der Kaiser, bewohnt hatte: Gustav Krupp von Bohlen und Halbach, Ehemann von Bertha Krupp, der reichsten Erbin Deutschlands.

Auf Krupps Vorschlag hin beschlossen der „Reichsverband der Deutschen Industrie" und die „Vereinigung der Deutschen Arbeitgeberverbände", Hitler ein großzügiges Geschenk zu machen. Die Konzernherren gründeten die „Adolf-Hitler-Spende der Deutschen Wirtschaft", in die jeder Arbeitgeber regelmäßig jedes Vierteljahr Beiträge für einen Privatfonds zur freien Verfügung des Führers einzuzahlen hatte. Das Geld sollte nicht etwa an den Reichsschatzmeister der Partei gehen, um von dort aus kontrolliert zu werden, sondern an Hitler ganz persönlich. Dieser sollte in keiner Weise verpflichtet sein, Rechnung über die Verwendung zu legen. Von der Steuer waren die Summen ohnehin befreit, während die Arbeitgeber die Spenden von der Steuer absetzen konnten, so daß ihnen die Zahlungen nicht allzu weh taten. Nach kompetenten Schätzungen kamen aus dem Spendentopf jedes Jahr fast hundert Millionen Mark zusammen, die, wie gesagt, Hitler *privat und persönlich* zur Verfügung standen.

Hitler zeigte sich auf Anfrage Krupps sofort bereit, die

regelmäßig und reichlich fließenden Millionen entgegenzunehmen. Er wolle sie in erster Linie zur „Förderung der Kultur" verwenden und „zur Linderung unverschuldeter Not bei verdienten Kampfgefährten". Mit bemerkenswerter Chuzpe beteuerte er gegenüber den Konzernherren, daß er sich an dem Geld keinesfalls privat bereichern wolle. Er sei eine Künstlernatur, die sich eigentlich aus dem Mammon nichts mache. Deshalb wolle er die Spenden ganz absichtlich nicht von seinen Adjutanten oder seiner persönlichen Kanzlei verwalten lassen. Er würde eine geeignete Persönlichkeit finden, die den Spendentopf in seinem Sinne verwalten würde.

Ein Mensch war für die Verwaltung des Millionenflusses zu finden, der in dem Ruf stand, korrekt und unbestechlich zu sein und den Führer nicht übers Ohr hauen würde. Der geeignete Mann wäre eigentlich der superkorrekte Reichsschatzmeister Franz Xaver Schwarz gewesen, doch es lag nicht in Hitlers Absicht, dem Parteikassierer Einblick in die Höhe und die Verwendung der Spendengelder zu verschaffen. Auch von den Geschäften des Eher-Verlages hatte er Schwarz schon völlig abgenabelt und Amann alleinige Machtbefugnis gegeben, da auch seine Tantiemenvereinbarungen und Honorare den Reichsschatzmeister nichts angingen. Amann selbst aber schien ihm für die Verwaltung der Millionenspenden auch nicht recht geeignet. Hitler schätzte zwar die Geschäftstüchtigkeit seines Verlegers, doch wußte er sehr wohl, daß Amann am liebsten in die eigene Tasche wirtschaftete.

Viele „alte Kämpfer", die Hitler als mögliche Kandidaten Revue passieren ließ, waren eigentlich vor allem deshalb zur Partei gestoßen, weil sie in ihrer bürgerlichen Existenz gescheitert waren und Schulden hatten. Auch sie kamen nicht in Frage, weil sie nicht mit Geld umgehen konnten. Ideal für die Aufgabe wäre Rudolf Heß gewesen. Heß hatte Hitler viele Jahre als persönlicher Sekretär gedient. Er galt in finanziellen Dingen als geradezu pedantisch korrekt, für

Hitlers Geschmack fast zu korrekt. Auch war Hitler sich klar darüber, daß so hohe Beträge, wie sie in den Topf der Adolf-Hitler-Spende flossen, über das puritanische Fassungsvermögen des Führer-Stellvertreters weit hinausgingen. Doch Heß hatte einen emsigen, energischen und bienenfleißigen Stabsleiter, der als Buchhalter und Geldverwalter Erfahrung besaß und Hitler darüber hinaus absolut ergeben war: Martin Bormann.

Bormann war gelernter Agronom und Buchhalter. Als junger Mann hatte er einige Jahre im Gefängnis verbracht, weil er an einem Feme-Mord ultrarechter Nationalisten beteiligt gewesen war. Ende der zwanziger Jahre schloß er sich der NSDAP an und heiratete die Tochter des Parteirichters Dr. Walter Buch. Er war ein bulliger, untersetzter Mann mit einem bemerkenswerten sexuellen Appetit sowohl innerhalb als auch außerhalb der Ehe und ein unermüdlicher Arbeiter, der im Durchschnitt nicht mehr als drei bis vier Stunden Schlaf benötigte. Vorgesetzten gegenüber war er liebedienerisch, rüde und brutal dagegen zu Untergebenen. Anfang der dreißiger Jahre hatte er sich Verdienste erworben, indem er die „Hilfskasse der NSDAP", eine Art Pflichtversicherung für Parteimitglieder aufbaute, die gute Profite für die Parteikasse abwarf. 1933 wurde er im Range eines „Stabsleiters" im Münchner Braunen Haus dem Stellvertreter des Führers, Rudolf Heß, beigeordnet.

Der Auftrag, Hitlers Spendenkasse zu verwalten, kam Bormanns Ehrgeiz entgegen. Nominell blieb er zwar Heß unterstellt, doch der Auftrag brachte es mit sich, daß er ständig in Hitlers Nähe war und dessen private Bedürfnisse besser kennenlernte als irgendein anderer.

Auch die Einkünfte aus dem Briefmarkengeschäft wurden von Bormann verwaltet. Hoffmann, der die photographische Vorlage geliefert hatte, war bereits mit einem überdurchschnittlich fetten Honorar abgefunden worden.

Niemand kontrollierte, was mit den Hunderten von Millionen geschah, die durch Bormanns Hände liefen. Nach

Schätzungen war es mehr als eine Milliarde Mark, die über Hitlers privates, von Bormann verwaltetes Spendenkonto lief. Multipliziert man den Betrag im Hinblick auf den Unterschied in der Kaufkraft vorsichtig-konventionell mit dem Faktor 7 oder 8, so war Adolf Hitler nach heutigen Begriffen mehrfacher *Milliardär*.

Und Bormann gelang es darüber hinaus, noch mehr Geldquellen für seinen Führer aufzutun. Es kam immer wieder vor, daß Volksgenossen, besonders solche weiblichen Geschlechts, dem Führer testamentarisch Schenkungen machten. Gewöhnlich wurden dann die Gauleitungen von den jeweiligen Testamentsvollstreckern informiert und leiteten die Beträge an den Schatzmeister der Partei weiter. Bormann setzte dieser Praxis ein Ende. 1935 schrieb er einen Brief an alle Gauleitungen und wies diese „im Namen des Stellvertreters des Führers“ an, Erbschaften und Schenkungen ausschließlich an ihn zu leiten.

Für Schatzmeister Schwarz war Hitlers persönlicher Reptilienfonds ein ständiges Ärgernis. Da er die Gehälter für alle hauptamtlichen Funktionäre der Partei aufzubringen hatte, stand ihm gewöhnlich gegen etatwidrige Neueinstellungen ein Vetorecht zu. Plötzlich mußte er aber erleben, daß Bormann selber Leute einstellte und über den Kopf von Schwarz hinweg diese aus Hitlers nie versiegendem Geldborn bezahlte. Speer gegenüber klagte Schwarz einmal: „Ich weiß überhaupt nicht, woher Bormann dieses viele Geld hat. Einmal habe ich versucht, meine Kassenprüfer zu ihm zu schicken, aber er hat sie einfach hinausgeworfen. Er sagt, er verwaltet Gelder, die ausschließlich dem Führer persönlich zur Verfügung stehen. Die Partei habe damit nichts zu tun.“

Es ist nun keineswegs so, daß Hitler diese Gelder ängstlich hortete oder wertbeständig anlegen ließ. Die Adolf-Hitler-Spende war schließlich ein nie versiegender Born und kein einmaliger Betrag, der angelegt werden sollte, um sich zu vermehren und Profite zu brüten. Im Wiener Männerheim in der Meldemannstraße hatte Hitler sich seinerzeit geschworen, eines Tages ein reicher Mann ohne jede finanzielle Sorge zu sein. Jetzt hatte er sein Ziel erreicht und genoß den Zustand mit geradezu naivem Vergnügen. Jetzt konnte er Geld mit vollen Händen ausgeben, ungestört von lästigen Steuereinnehmern, Kassenprüfern oder vorsichtig-bedächtigen Buchhaltern wie Schwarz. Er wußte: solange die deutsche Industrie verdiente, würden seine privaten Geldquellen unerschöpflich sein. Und dafür, daß es der deutschen Industrie noch nie besser gegangen war als unter seiner Herrschaft, dafür hatte er gesorgt – mit gigantischen Rüstungsprojekten. Und er wußte auch: Verglichen mit den Milliardensummen, die er Friedrich Flick, Gustav Krupp von Bohlen, Albert Vögler und Konsorten zu verdienen gab, war die Adolf-Hitler-Spende, auf den Beitrag des einzelnen Industriellen umgerechnet, ein bescheidener Obulus, der ihm von Rechts wegen als „Retter der deutschen Wirtschaft vor dem Bolschewismus" zustand.

Baldur von Schirach erinnerte sich im Spandauer Gefängnis: „Wenn Hitler für irgend etwas Geld haben wollte, Bormann zahlte, ob es um ein Haus für einen verdienten Parteigenossen ging oder um ein Geschenk für Eva Braun." Maler wie Padua und Ziegler, Bildhauer wie Thorak wurden ebenso bedacht wie prominente Staatsdiener und Parteigrößen. Das ermöglichte Hitler, den Lebensstandard seiner Paladine zu bestimmen und wie ein absoluter Monarch durch Hergabe von Geldern und Geschenken zu belohnen oder durch Verweigerung von Mitteln zu strafen. Unerschöpfliche Mittel zur Verfügung zu haben, besaß für ihn einen geradezu erotischen Reiz.

In der Hierarchie der Bonzen wurde Bormann, der offiziell bis zum Jahr 1938, als er den Titel eines „Reichsleiters" erhielt, ein mittlerer Funktionär war, zu einer prominenten Figur. Seit sich herumgesprochen hatte, daß er den Schlüssel zu Hitlers privatem Kassenschrank verwaltete, wurde er von allen Seiten hofiert, vor allem von Leuten, die Schulden hatten.

Hitler bereitete es ein unaussprechliches Vergnügen, den Mäzen der schönen Künste zu spielen. Winifred Wagner erhielt jedes Jahr von ihm einige hunderttausend Mark als Zuschuß für die Festspiele. Hitler finanzierte ihr sogar ein Forschungsteam aus Historikern und Genealogen, das nachweisen sollte, daß der Meister nicht, wie vielerorts angenommen, der Sohn eines Juden gewesen war. Theaterintendanten kassierten Zuschüsse für Gala-Inszenierungen der „Fledermaus" oder der „Lustigen Witwe". Hitler liebte diese Operetten fast noch mehr als die heroische Musik seines Halbgottes aus Bayreuth.

Was Hitler auch für Wünsche äußerte, Bormann zögerte keinen Augenblick, den entsprechenden Scheck auszuschreiben. 1935 besichtigte Hitler in Begleitung von Speer mit dem dortigen Gauleiter Wahl das Augsburger Stadttheater. Er fand, es müsse umgebaut werden. „Wahl", sagte Hitler, so erinnert sich Speer, „wir bauen es um und machen es viel schöner. Die Kosten übernehme ich persönlich." Die Kosten kamen auf mehrere Millionen Mark. Bormann zahlte anstandslos.

Seit 1936 kaufte Hitler seine Gemälde und Kunstgegenstände nur noch selten von seinen Buchtantiemen, sondern aus den Mitteln des Spendenfonds. Bormann hatte keine Ahnung von Kunst. Ihm war es egal, ob Hitler einen schwülstigen Makart, einen Piloty, einen Marées kaufte oder einen idyllischen Spitzweg. Ihm war es auch egal, ob der selbsternannte Kunstexperte Hoffmann mit überhöhten Preisen in die eigene Tasche wirtschaftete. Er schrieb auf den Scheck, was verlangt wurde.

Im November kaufte Hitler die Wohnung am Prinzregentenplatz und beglich auch sofort die Hypothek von 175000 Mark, die noch auf ihr lastete. Hitler kaufte auch das gesamte Erdgeschoß und brachte dort sein Begleitkommando unter.

Wenn Hitler in München war, mußten 14 Beamte des RSD (Reichssicherheitsdienst) die Straße vom Friedensengel bis zum Haus Prinzregentenplatz Nr. 16 sichern. Weitere RSD-Leute hatten dafür zu sorgen, daß die Gehsteige frei waren, wenn Hitlers Wagen vorfuhr, so daß er ungehindert ins Haus treten konnte. Dabei verlangte Hitler, daß „sanft und höflich" geräumt werde. SS-Obersturmbannführer Rattenhuber, der Chef der Leibwache, verlangte von seinen Leuten geradezu hellseherische Fähigkeiten: „Ich verlange von jedem Angehörigen des RSD, daß er bei notwendig werdendem Einschreiten sofort unterscheiden kann, ob es sich hier um einen Staatsfeind handelt, der mit allen Mitteln vom Führer abzuhalten ist oder um einen harmlosen Volksgenossen, der ihm zujubelt und aus dieser spontanen Begeisterung heraus an ihn heranzukommen sucht."

Da das Dach von den Dächern der Nachbarhäuser zu erreichen war, stand ein RSD-Mann ständig oben Wache. In die Kamine wurden Stangen und Gitter eingebaut, um das Hineinwerfen von Sprengkörpern zu verhindern.

Im Erdgeschoß befand sich ein Wachraum, so daß niemand unbemerkt hinaus oder hinein konnte. Wer nicht im Hause wohnte und hinein wollte, mußte sich ausweisen und darüber hinaus nachweisen, daß er von einem der Mieter erwartet wurde. War Hitler im Hause, dann wurden die Bewohner ebenso höflich wie unmißverständlich gebeten, Besucher nur in dringenden Ausnahmefällen zu empfangen. Die Hausbewohner selbst durften keine Schlüssel benutzen, sondern mußten klingeln und wurden von den Wachen eingelassen.

Als Hitler 1928 „Haus Wachenfeld" auf dem Obersalzberg kaufte – und als Eigentümerin aus steuerlichen Gründen zunächst seine Schwägerin Angela Raubal eintragen ließ – war es ein unauffälliges Ferienhaus im oberbayerischen Stil, mit dem typischen Holzbalkon vor dem Oberstock und einem mit Steinen beschwerten Schindeldach. In dieser Form wurde es auch nach der Machtübernahme den Deutschen als „Häuschen des Volkskanzlers“ vorgestellt.

An schönen Sommertagen pilgerten die Volksgenossen zum „Heiligen Berg der Deutschen“, wie der Münchner Gauleiter Wagner den Obersalzberg zu nennen beliebte. Wenn Hitler zu Hause war, trat er gern vor die Tür auf die Wiese, grüßte leutselig und frohgestimmt, plauderte mit einem hübschen Mädchen in Berchtesgadener Tracht, tätschelte Kinderwangen und ließ seine Untertanen in langen Schlangen an sich vorüberziehen. Es waren 1933 und 1934 noch harmlose und scheinbar idyllische Szenen.

Doch ab 1935 begann Bormann mit den Millionen aus Hitlers Spendenfonds den Obersalzberg in eine Großbaustelle zu verwandeln. Bei den Bürgern von Berchtesgaden gilt Bormann noch heute als Naturschänder, weil er eine der schönsten Landschaften Oberbayerns rücksichtslos zerstört hat. Doch der eigentliche Zerstörer der Landschaft hieß Adolf Hitler, denn Bormann handelte in seinem Auftrag.

Zunächst kaufte Bormann Terrain. Geld war ja überreichlich vorhanden. Schließlich brachte er ein Areal von zehn Quadratkilometern zusammen, ein Gelände, das von einem fast 1900 Meter hohen Berg, dem Kehlstein, bis in das 600 Meter tiefer gelegene Tal reichte. Bei den Aufkäufen pflegte Bormann nicht zu knausern. Mancher Bergbauer oder Häusler war froh, seinen Besitz so günstig loszuschlagen, denn der Boden dort war sehr karg. In einer wirtlicheren Gegend konnte er sich auf besserem Boden mit dem Geld eine neue Existenz schaffen. Wer jedoch nicht freiwillig weichen wollte, weil er vielleicht am Erbe seiner Väter hing, dem wurde rücksichtslos mit zwangsweiser Enteignung gedroht. Die meisten kapitulierten, auch die Ferienhausbesitzer aus den Städten.

Den ganz Hartnäckigen erging es übel. Ein Bauer namens Heinz Jager weigerte sich zu verkaufen. Bormann fuhr ihn rüde an: „Entweder Sie nehmen mein Angebot an oder ich werfe Sie von Ihrem Hof!“

Jager blieb fest. Ein paar Tage später hielt ein Wagen vor seinem Haus. Sechs SS-Männer stiegen aus, zwangen Jager ins Auto und brachten ihn zum Berghof, wo Hitler und Bormann ihn erwarteten. Zum ersten und einzigen Mal in seinem Leben hatte Jager ein Gespräch mit dem Führer höchstpersönlich. Hitler grüßte ihn höflich, reichte ihm die Hand und bat ihn freundlich Platz zu nehmen. „Warum wollen Sie mir Ihren Hof nicht verkaufen?“ fragte er sanft. Jager erklärte, daß schon seine Vorfahren den Hof bewirtschaftet hätten. Hier sei sein Zuhause. Er liebe die Gegend und wolle hier auch in Zukunft wohnen und das Land bebauen.

Hitler nickte schweigend und langsam. Er schien Verständnis zu zeigen. Dann schaute er Jager in die Augen und sagte langsam: „Ich bitte Sie hiermit, Ihren Hof zu verkaufen. Deutschland zuliebe!“

Jager weigerte sich. Auch die Liebe zu Deutschland vermochte ihn nicht umzustimmen. Er sagte ganz einfach „Nein“.

„Noch nie in meinem Leben“, erinnerte Jager sich später, „habe ich einen Menschen kennengelernt, der sich im Bruchteil von Sekunden so völlig verändern konnte. Seine Schläfenadern schwollen an, sein Schnurrbart zuckte. Mit seinem Blick durchbohrte er mich förmlich. Dann wandte er sich an Bormann und sagte kurz: ‚Tun Sie, was Sie müssen!‘ stand abrupt auf und verließ den Raum, ohne mich eines Blickes zu würdigen.“

Ohne sich von seinen Angehörigen verabschieden zu können, wurde Jager direkt vom Berghof ins Konzentrationslager Dachau gebracht. Er blieb dort bis 1938. Sein Hof wurde inzwischen zwangsweise enteignet. Mit der lächerlich geringen Entschädigung mußte seine Frau allein die Familie durchbringen. Nach seiner Entlassung kehrte Jager auf den Obersalzberg zurück – als Arbeiter in einem Bautrupp.

Auch der Eigentümer des Hotels „Zum Türken“, direkt oberhalb von Hitlers Berghof gelegen, wollte nicht verkaufen. Er wurde nach Dachau geschickt, wo er an einem Lungenleiden starb. Auch dieses Grundstück wurde zwangsweise enteignet. Später wurde im enteigneten Hotel der RSD untergebracht.

Es gab Beispiele von schrankenlosem Byzantinismus. 1938, als Hitler schon weitgehend Eigentümer der ganzen Umgebung geworden war, bedauerte er Bormann gegenüber bei einem Rundblick über die weite Landschaft, daß ein armseliges Häusleranwesen unterhalb des Berghofes das großartige Panorama beeinträchtige. Anschließend fuhr er für einen Tag nach München. Als er zurückkehrte, war die störende Bauernkate verschwunden. Der Platz, wo sie gestanden hatte, war mit Grassoden bedeckt. An der Stelle weideten malerisch Kühe. Bormann hatte das Grundstück zwar schon erworben, aber dem alten Ehepaar zunächst noch ein Wohnrecht auf Lebenszeit zugesichert. Nach Hitlers verdrießlicher Bemerkung ging er sofort zu den alten Leuten, zückte einen zusätzlichen Scheck und besorgte einen Lastwagen zum Abtransport der Habe. Innerhalb von zwei Stunden verließen die Bewohner das Haus. Eine Kolonne von Arbeitern mit Räumbaggern wartete schon.

Schon zwei Jahre zuvor hatte Bormann ein ähnliches Organisationstalent bewiesen. Hitler hatte sich beklagt, daß er bei dem Defilee der Besucher vor dem Hause stets in der prallen Sonne stehen müsse. Das mache seinen Augen, die seit seiner Gasvergiftung im Weltkrieg sehr empfindlich seien, große Schmerzen. Als Hitler wenige Tage später von einer Reise zurückkehrte, konnte er sich in den Schatten einer dichtbelaubten Linde mit mannsdickem Stamm stellen. Bormann hatte den Baum Kilometer entfernt ausfindig machen, ausgraben, herankarren und wieder eingraben lassen.

Im Sommer 1936 wurde zunächst der Neubau des Berghofs, des einstigen „Haus Wachenfeld“, fertig. Hitler nannte das Vorhaben in grotesker Untertreibung einen „Umbau“, doch von dem ursprünglichen einfachen und eigentlich stilvollen Haus blieb nicht viel übrig. Das neue Gebäude hatte eine viermal größere Grundfläche, zwei Obergeschosse, eine riesige Sonnenterrasse und insgesamt dreißig Räume. Im Erdgeschoß lag unmittelbar hinter der Eingangshalle der Salon und Konferenzraum mit einem riesigen versenkbaren Fenster. Im ersten Stock hatte Hitler seine Wohn-, Schlaf- und Arbeitsräume, gegenüber gab es eine Suite für Eva Braun. An Geld war nicht gespart worden. Die Säulen in der Halle waren aus Carrara-Marmor, alle Fenster bleigefaßt, die Kachelöfen mit eigens dafür entworfenen Kacheln belegt. Auch das Mobiliar im von Hitler bevorzugten Dampferstil entsprach keinesfalls dem Mythos vom „anspruchslosen Führer".

Die Entwurfszeichnungen für den Neubau hatte Hitler selber gemacht. Die Ausführung übernahm der Münchner Architekturprofessor Roderich Fick.

In seinen Erinnerungen schreibt Albert Speer: „Das für seine Ausmaße berühmte versenkbare Fenster in der Wohnhalle war Hitlers ganzer Stolz. Es gab den Blick auf den Untersberg, auf Berchtesgaden und auf Salzburg frei. Unterhalb dieses Fensters hatte Hitlers Eingebung die Garage für seinen Wagen plaziert; bei ungünstigem Wind drang intensiver Benzingestank in die Halle. Es war ein Grundriß, der in jedem Seminar einer Technischen Hochschule abgelehnt worden wäre."

Im Keller befanden sich die Vorratsräume, die Garage und eine große Kegelbahn.

Den Speiseraum hat Pauline Kohler beschrieben, die als Hausmädchen auf dem Berghof gearbeitet hatte: „Das Speisezimmer war etwa 30 mal 10 Meter groß. In der Mitte stand ein Eßtisch aus massiver Eiche. Die Lampen waren unsichtbar. Sanftes Dämmerlicht strömte aus unsichtbaren, verdeckten Lichtquellen. An den Wänden hingen vier Kupferstiche von Albrecht Dürer. Den Fußboden bedeckte ein riesiger Perserteppich."

Auch das Dienstmädchen Pauline erkannte recht bald,

daß der Führer alles andere als bescheiden lebte. „Bei einem mehr familiären Essen bestand das Geschirr aus herrlichem Dresdner Porzellan, doch wenn wichtige Gäste da waren, wurde von Tellern aus massivem Silber gegessen."

Jedes der Gästezimmer hatte ein Bad aus Marmor. Über jedem Gästebett hing ein Porträt des Hausherrn. Auf jedem Nachttisch lag ein Exemplar von „Mein Kampf". Bei den Herren waren in der Schublade des Nachttisches diskret bibliophile Buchausgaben mit pornographischen Photos oder Zeichnungen plaziert.

Sobald Hitlers Haus fertig war, wurde Martin Bormann zu einem geradezu manischen Vernichter der Umwelt. Albert Speer schreibt: „Ohne jedes Empfinden für die unberührte Natur durchzog Bormann die herrliche Landschaft mit einem Netz von Straßen. Aus Waldwegen wurden asphaltierte Promenaden. Wohnbaracken für Tausende von Bauarbeitern klebten an den Berghängen, Lastwagen mit Baumaterial befuhren die Straßen, des Nachts waren verschiedene Baustellen erleuchtet, denn es wurde in zwei Schichten gearbeitet. Gelegentlich dröhnten Detonationen durch das Tal."

Bormann ließ um den äußeren Bereich einen hohen, 14 Kilometer langen Zaun bauen, ein weiterer von drei Kilometer Länge umschloß den „inneren Kreis". Mit der Besucherparade war es vorbei. Das einfache Volk hatte keinen Zutritt mehr. Auch hatte der Diktator Furcht vor Attentaten bekommen. Das „Bad in der Menge" wurde ihm zu riskant.

Und unermüdlich baute Bormann mit den unentwegt in den Spendenfonds fließenden Geldern weiter. Auch sich selbst vergaß er dabei nicht. Für sich und seine kinderreiche Familie wählte er ein breitgelagertes, zweistöckiges Haus, das einmal ein Erholungsheim für Kinder gewesen war. Es war nicht weit vom Berghof entfernt und so hoch gelegen, daß Bormann von dort aus alle Baustellen überblicken konnte. Nach dem Umbau täuschten die holzverschalten

Wände eine Bescheidenheit vor, die drinnen nicht mehr existierte. Auch sein eigenes Haus bezahlte Bormann aus Hitlers persönlichem Reptilienfonds.

Eine ständige Filiale der Parteikanzlei wurde auf dem Obersalzberg etabliert. Wohnungen für die Angestellten wurden gebaut. Für das Wachpersonal der SS-Leibstandarte wurde ein ganzes Kasernenkarree errichtet. Für den Wagenpark entstand eine Garagenhalle. Und immer neue Straßen.

Für seine Gäste wollte Hitler ein komfortables Berghotel haben. Der alte „Platterhof", wo Hitler Anfang der zwanziger Jahre mit seinen alten Kumpanen Dietrich Eckart, Hermann Esser und Putzi Hanfstaengl so manches Wochenende verbracht hatte, wurde abgerissen und statt dessen ein pompöser Neubau errichtet. (Heute ist es ein Ski-Hotel der amerikanischen Armee.) Der Bau war schon ziemlich fortgeschritten, als Hitler bei einer Besichtigung die Bar vermißte. Der Architekt hatte sie ganz einfach vergessen oder angenommen, daß der Alkoholgegner Hitler den Ausschank hochprozentiger Getränke an seine Gäste nicht wünschte. Die Bar wurde nachträglich eingebaut, was aber einen neuerlichen Abbruch des halben Neubaus nötig machte. Der Obersalzberg erlebte eine wahre Orgie des Geldausgebens. Niemand kontrollierte, kein Buchhalter überprüfte irgendwelche Belege. Hitler sagte selber einmal zynisch: „Der Obersalzberg ist eine wahre Goldgrube. Nur, daß Bormann nichts herausholt, sondern eine Menge hineinschmeißt."

Ein andermal bedauerte Hitler den andauernden Lärm und Trubel und sagte: „Wenn einmal alles fertig ist, suche ich mir ein stilles Tal und baue mir dort wieder ein kleines Holzhaus wie das erste." Es wurde nie fertig. Die Baustelle wurde nie geschlossen. Noch am Tage der amerikanischen Besetzung waren Bautrupps dabei, neue Baugruben auszuheben und das von Bomben schwer beschädigte Haus Hitlers wiederherzustellen. Als der Krieg ausbrach, verlegte

Bormann die meisten Aktivitäten unter die Erde und ließ ein weitverzweigtes Bunkersystem bauen.

Einen viertelstündigen Spaziergang vom Berghof entfernt errichtete Bormann für seinen Führer das „Mooslânder Teehaus“, einen Pavillon, zu dem Hitler mit seiner Tischgesellschaft häufig nach dem Mittagessen pilgerte. Der Weg dorthin sollte auch gleichzeitig als Verdauungsspaziergang dienen.

Sogar zum oberbayerischen Bergbauern machte Bormann seinen Führer. Der „Gutshof Obersalzberg“ wurde eines der aufwendigsten und sinnlosesten Projekte. Der Boden auf dem Obersalzberg ist karg und steinig, das Klima rauh. Die Zeit zum Blühen und Reifen ist nur kurz. In den Ställen standen 80 Kühe und 100 Schweine, aber da die Erträge des Bodens gering blieben, mußten Futtermittel *en masse* eingekauft werden. Aus dem gleichen Grunde lohnte sich auch die Zucht von Haflinger Pferden nicht. Nur was die übertriebene Hygiene betrifft, war das Gut ein Musterbetrieb. Die Schweinekoben waren gekachelt, die Sauen und Ferkel wurden täglich mit dem Wasserschlauch „geduscht“.

Hitler amüsierte sich über den Eifer Bormanns, ihn zum Gutsbesitzer zu machen. Einmal ließ er sich eine Betriebsabrechnung vorlegen. Schließlich lachte er schallend und bemerkte, wie sein Kammerdiener Heinz Linge sich erinnerte: „Ausgezeichnet! Es ist gar nicht so teuer wie ich dachte. Der Liter Milch kostet mich höchstens fünf Mark!“

Auf dem Gut wurde eine Gemüsegärtnerei und eine Blumenzucht betrieben, ausschließlich in Gewächshäusern, damit täglich Blumen in die Vasen des Berghofs und sommers wie winters frisches Gemüse auf den Tisch des Führers kamen. Eine Champignonzucht mißlang. Eine Bienenzucht war erfolgreicher. Gleichzeitig war sie aber auch sehr teuer. Die Bienen – hundert Völker – mußten während des langen und kalten Bergwinters mit viel Zuckerfutter am Leben erhalten werden. Ein fachkundiger Betreuer wurde eingestellt, den Hitler gern mit „Herr Reichsimkermeister“ anredete, besonders um Göring zu ärgern, der den Titel eines „Reichsjägermeisters“ führte. Auch für den Imker und seine Familie ließ Bormann ein Haus bauen. Albert Speer erhielt neben seinem Wohnhaus ein voll eingerichtetes Architektur-Studio.

Seit Eva Braun 1936, nach dem Auszug von Angela Raubal, inoffizielle Herrin des Hauses geworden war, wurde sie von Bormann hofiert. Die übrigen Mitglieder des Hofstaates behandelte er oft ruppig und kurz angebunden. Als Inhaber des Schlüssels zu König Midas’ Kassenschrank konnte Bormann sich diese Haltung leisten. Andererseits wußte er, daß Eva Braun ihm nicht gefährlich werden konnte, da Politik für sie tabu war. Hitler hatte mit der ihm eigenen Taktlosigkeit in ihrer Gegenwart einmal vor seinen Gästen verkündet, ein intelligenter Mann könne nur eine dumme Frau brauchen, damit sie ihn nicht in seinen Entscheidungen beeinflussen könne. Eva war ein Mädchen, das diese Bedingungen zu erfüllen schien. Ihr Interesse galt nahezu ausschließlich Unterhaltungsfilmen und Filmstars, Mode, fröhlicher Geselligkeit, Skilauf und Tanz. Hitler schien Eva zwar auf seine Art sehr zu mögen, hielt sie aber nur für bedingt gesellschaftsfähig. Kamen alte Parteigenossen zu Besuch, dann durfte sie anwesend sein. Sobald aber Reichsminister, Militärs oder ausländische Gäste zur Tafel erschienen, wurde sie auf ihr Zimmer verbannt. Die Regel galt sogar bei Besuchen von Göring und seiner Frau, der Schauspielerin Emmy Sonnemann, die sehr viel Wert auf gesellschaftliche Etikette legte und die Mätresse Hitlers als sozial weit unter sich stehend empfand.

Zwar mochte Eva Braun Bormann nicht und verachtete ihn wegen seiner dauernden sexuellen Affären mit Sekretärinnen und Dienstmädchen, aber sie war finanziell auf ihn angewiesen. Hitler hatte seinen wenig delikaten Zug beibehalten, seiner Freundin gelegentlich einen Umschlag mit Geldscheinen zuzustecken, aber er schien sich keinerlei Gedanken darüber zu machen, was allein ihre Kosmetikartikel und ihre Garderobe kosteten. Kaufte er ihr zum Geburtstag oder zum Weihnachtsfest Schmuck, dann pflegte er in den Laden eines alten Münchner Parteigenossen zu gehen und wählte ein billiges Armband oder eine kleinbürgerliche Halskette. Meist waren es kleine Halbedelsteine, bestenfalls ein paar hundert Mark wert und eigentlich von fast beleidigender Bescheidenheit.

Bormann fand bald heraus, daß Evas Sinn nach Exklusiverem stand. Er führte sie in München gern zu Juwelieren elitärerer Kategorie und ließ sie auswählen, ohne die Preisschilder zu beachten. Auch wenn sie Bargeld brauchte, um sich ein modisches Kleid oder ein paar Schuhe zu kaufen, wandte sie sich an Bormann, der sofort sein Scheckbuch zückte. Anfangs hatte sie den Kassenwart ihres Geliebten mit schnippischem Hochmut behandelt, doch als sie merkte, daß der Zugang zu Hitlers Geld nur über ihn lief, änderte sie ihr Verhalten.

Bormanns größtes Projekt auf dem Obersalzberg verschlang die Summe von 30 Millionen Mark – nach heutigem Wert runde 200 Millionen: das „Adlerhorst" genannte Teehaus auf dem 1830 Meter hohen Kehlstein. Im September 1938, genau während der Sudetenkrise, war das ehrgeizige Projekt fertig und wurde am 16. September eingeweiht.

Zunächst führte eine steile und kurvenreiche Strecke vorbei an senkrechten Felswänden und über hohe Viadukte auf eine Höhe von 1700 Meter über dem Meeresspiegel. Dort öffnete sich ein doppelflügeliges, in den Berg eingelassenes Tor aus Kupfer und Bronze. Durch einen breiten, mit Natursteinen ausgemauerten und hell erleuchteten Stollen ging es 130 Meter tief in den Fels hinein. Eine Fahrstuhlkabine aus glänzendem Messing trug den Besucher 130 Meter höher, direkt ins Vestibül des Teehauses. Der Mittelpunkt war eine kreisrunde Kaminhalle mit einem großartigen Rundblick aus riesigen Fenstern. Außerdem gab es eine große Küche, ein Speise- und Arbeitszimmer, Bäder, eine große Sonnenterrasse und Räume für die Wachmannschaft.

Hitler war begeistert und führte das Teehaus einer ganzen Reihe von Gästen vor, darunter dem bekannten britischen Journalisten Ward Price. Deutschen Blättern jedoch war jeder Bericht über das Kehlsteinhaus untersagt. Hitler wollte unbedingt die Fiktion aufrechterhalten, der „Volkskanzler" lebe weiterhin in aller Bescheidenheit in seinem nur wenig vergrößerten „Ferienhäuschen" in den geliebten Bergen. Einen Luxus wie das Kehlsteinhaus wollte er seinen einfachen Volksgenossen nicht zumuten. Staunende Gäste im Adlerhorst waren unter anderen der Münchner Gauleiter Adolf Wagner, der Prinz von Hessen, der mit Prinzessin Mafalda, der Tochter des italienischen Königs verheiratet war; das Ehepaar Goebbels, das hier auf Wunsch Hitlers seine offizielle Versöhnung feierte, nachdem Goebbels' Affäre mit der tschechischen Filmschauspielerin Lida Baarowa fast zur Scheidung geführt hatte; die Generäle Keitel und von Brauchitsch, der französische Botschafter François-Poncet und Lady Unity Mitford, die einstige Rivalin Eva Brauns.

Doch schon nach einem Jahr stellte Hitler die Besuche auf dem Kehlstein fast ganz ein. Das 30-Millionen-Spielzeug hatte für ihn den Reiz der Neuheit verloren.

Noch bevor das Kehlsteinhaus fertig war, begleitete Bormann im Frühjahr 1938 mit dem Scheckbuch in der Tasche seinen Führer ins soeben „heimgekehrte" Österreich. Am frühen Nachmittag überschritten sie im feldgrauen Dreiachser die Grenze nach Braunau, Hitlers Geburtsort. Vier Stunden brauchten sie wegen der jubelnden Menschenmassen für die hundertzwanzig Straßenkilometer von Braunau nach Linz. In jener Stadt, die er als junger Mann verlassen hatte, die er als seine eigentliche Heimatstadt betrachtete, hielt Hitler seine erste Rede auf österreichischem Boden.

Zunächst erhielt Bormann eine Reihe von Aufträgen, die Diskretion erforderten. Hitler legte allergrößten Wert darauf, daß über seine Jugendzeit, seine Verwandten, seine Jahre in Wien nichts bekannt würde, was seinen eigenen Darstellungen in „Mein Kampf" widersprochen hätte. Akten bei Behörden mußten gesichtet, beschlagnahmt, eventuell „gekauft" werden. Augenzeugen waren abzufinden oder gar zu beseitigen wie jener Reinhold Hanisch, der mit Hitler im Männerheim gewohnt und seine Aquarelle vertrieben hatte. Hanisch war unklug genug gewesen, mit „Enthüllungen" zu drohen. Auf Bormanns Wunsch wurde er von der Gestapo verhaftet. Wenige Tage später erhängte er sich, um weiteren Quälereien zu entgehen.

Anschließend gab Hitler Bormann eine „Einkaufsliste" für den Erwerb bestimmter Immobilien. Hitlers Geburtshaus in Braunau, der bescheidene Gasthof „Zum Pommer" wurde im Mai 1938 für 150000 Mark gekauft. Auch das Haus, das Hitlers Vater 1899 in Leonding, am südlichen Stadtrand von Linz, gekauft und wieder verkauft hatte, wurde erworben.

Und jetzt war Hitler in Linz, in jener Stadt, wo er einst mit seinem Schulfreund Gustl Kubizek von einem sorgenfreien Leben in edler Muße geträumt hatte, jener Stadt, die ihn durch ein faules Lotterielos gedemütigt hatte. Hier in Linz wollte Hitler sich nun mit seinen Millionen das größte eigene Denkmal setzen: Linz sollte die neue „Perle der Donau" werden, „seine" Stadt, die ihm allein gehörte. Die erste Garnitur der Architekten des Dritten Reiches wurde für die Planungen eingesetzt: Albert Speer, Hermann Giesler, Roderich Fick.

Sein Lieblingsprojekt aber war das „Führermuseum", eine Kunstgalerie, die die größten Museen der Welt in den Schatten stellen sollte: den Louvre in Paris, den Prado in Madrid, die National Gallery in London, das Museum of Modern Art in New York, die Eremitage in Leningrad. *Sein* Museum, mit Schätzen, von ihm als dem reichen Mäzen erworben, der Heimatstadt Linz großzügig zur Verfügung gestellt.

Sonderauftrag Linz

Hitlers Vision eines Linz der Zukunft war die eines Megalomanen. Die schläfrige kleine Provinzstadt sollte das kulturelle Mekka eines „Europa der Neuen Ordnung“ werden. In seiner Bedeutung sollte es das verhaßte Wien in die Schranken weisen. Die Einwohnerzahl sollte sich vervierfachen. Hitler wünschte, daß seine Heimatstadt ein revolutionäres Musterbeispiel für moderne Stadtplanung werde, mit wuchtigen Gebäuden und breiten Boulevards.

Mittelpunkt der neuen Metropole sollte das „Führermuseum“ werden, ein riesiges Karree von Gebäuden, in seinem Zentrum die Gemäldegalerie mit der Grundfläche eines Fußballplatzes. Weitere Gebäude waren vorgesehen für ein Waffenmuseum, eine Bibliothek mit seltenen Büchern und Manuskripten, ein Tapisserie-Museum mit kostbaren Gobelins und Teppichen, ein Haus für Skulpturen, ein anderes für Möbel und Innenarchitektur, eine numismatische Abteilung.

Doch das eigentliche Herzstück sollte Hitlers Gemäldegalerie sein. Nur das Allerbeste, das Allerfeinste aus ganz Europa sollte hier zusammengetragen werden. In seiner Heimatstadt, die ihn in seiner Jugend so schnöde mißachtet hatte, wollte er sich ein Denkmal als der größte Kunstsammler und Kunstkenner aller Zeiten setzen.

Hitler wußte sehr wohl, daß der letztendlich doch etwas mediokre Kunstgeschmack seines Freundes und bisherigen Kunstagenten Heinrich Hoffmann für diese ehrgeizige Aufgabe nicht genügte. Ein „Apparat“ von Experten mußte geschaffen werden, der das Sammeln mit generalstabsmäßiger Methodik zu betreiben wußte.

Nach seinem Italienbesuch 1938, bei dem er die Uffizien in Florenz und andere Kunststätten Italiens besucht hatte, ließ er sich in Berlin den bekannten Kunsthändler Karl Haberstock kommen, der in der Kurfürstenstraße 59 eine Galerie besaß. Haberstock war damals 60 Jahre alt und seit 1933 Mitglied der NSDAP. Er hatte Hitler schon eine Reihe von Bildern verkauft. Das erste war die „Venus und Amor" gewesen, ein Gemälde von Paris Bordone, eines italienischen Künstlers des 16. Jahrhunderts. Hitler hatte Haberstock 65000 Mark dafür bezahlt. Ebenfalls noch für den Obersalzberg hatte Haberstock ihm Van Dycks „Jupiter und Antiope", Canalettos „Santa Maria della Salute" und Rubens' „Petrus im Boot" verkauft. Hitler hatte ihm für kein Bild weniger als 24000 Mark bezahlt.

Im Laufe der kommenden Jahre sollte Haberstock noch Riesengeschäfte mit Hitler machen. Für das geplante Führermuseum verkaufte er ihm Watteaus „La Danse" für den stolzen Preis von 900000 Mark und Boecklins „Italienische Villa" für 675000 Mark. Während des Krieges erhielt Haberstock einen Sonderausweis, mit dem er sich frei in allen besetzten Gebieten bewegen konnte, um für Hitler Kunstschätze ausfindig zu machen.

In seinem Gespräch mit Haberstock 1938 in Berlin sprach Hitler ganz offen über das gigantische Linzer Projekt, da er auf die Diskretion des Kunsthändlers zählen konnte. Für die Öffentlichkeit war das Projekt zunächst absolut geheim. Hitler fragte ihn, wen er für den hervorragendsten Kunstexperten in Deutschland halte. Haberstocks Antwort kam sofort: „Dr. Hans Posse in Dresden. Er war bis vor kurzem Direktor der weltberühmten dortigen Kunstsammlungen. Leider hatte er Ärger mit dem Gauleiter Mutschmann und wurde entlassen." Haberstock war mit Posse befreundet. Er wußte sehr wohl: wenn Hitler Posse als Experten anheuerte, dann würde er gute Geschäfte machen können.

Hitler respektierte Haberstocks Sachkunde und hörte auf seinen Rat. Er fuhr sofort nach Dresden und schrie den fassungslosen Gauleiter an, wie er es wagen könne, einen Fachmann von dem Kaliber Dr. Posses zu feuern. Er befahl, Posse mit einer offiziellen Entschuldigung umgehend wieder einzustellen.

Dr. Hans Posse, Sohn eines Dresdner Archivars, war schon 1913, als junger Kunsthistoriker, zum Direktor der Staatlichen Kunstsammlungen bestellt worden. Unter seiner Leitung hatte sich das Museum einen international hervorragenden Ruf erworben. An Politik war Posse nach eigenen Worten „völlig uninteressiert". Der NSDAP ist er nie beigetreten.

Hitler führte eine Reihe von Gesprächen mit Posse und weihte ihn in das Linz-Projekt ein. Er war von der überragenden Sachkenntnis dieses Experten fasziniert. Posse nahm kein Blatt vor den Mund und erklärte Hitler ganz offen, daß er das bisherige System der Hitlerschen Kunsteinkäufe mit Hoffmann als Vermittler für etwas kleinkariert halte. Hoffmann möge gewiß ein hervorragender Photograph sein, doch mit der Auswahl der besten Bilder und Kunstgegenstände für eine Galerie von der Größenordnung des Linz-Projekts wäre er zweifellos überfordert.

Im Sommer 1939 hatte Hitler seinen Entschluß gefaßt. Am 26. Juni erließ er folgenden Befehl: „Ich beauftrage Dr. Hans Posse, Direktor der Staatlichen Kunstsammlungen in Dresden, die neuen Kunstmuseen in Linz aufzubauen. Alle Dienststellen von Staat und Partei werden ersucht, Dr. Posse bei seinem Auftrag zu unterstützen." Gleichzeitig wurde eine geheime Kommission mit dem Titel „Sonderauftrag Linz" gegründet. Leiter wurde Posse als „Sonderbeauftragter des Führers".

Der „Apparat" war geschaffen. Unter Posses Leitung wurden weitere Experten für die verschiedenen Museumszweige bestellt: Dr. Friedrich Wolffhardt für seltene Bücher und Manuskripte, Dr. Fritz Dworschak für Numismatik. Das „Clearing-Haus" wurde im Führerbau am Münchner Königsplatz etabliert, als Lager sollte der ausgedehnte Luftschutzkeller dienen. Chef der Sammelstelle wurde der Architekt und Parteifunktionär Heinz Reger, der die Aufgabe hatte, die Sammlung zu inventarisieren und zu katalogisieren, was er mit einer solchen Pedanterie tat, daß die Alliierten nach dem Krieg in der Lage waren, die Herkunft der einzelnen Kunstwerke genau festzustellen.

Außerdem wurde Posses Assistent Dr. Rudolf Oertel Mitglied des „Sonderauftrags". Wenig später kamen noch die beiden Wiener Kunsthistoriker Dr. Kajetan Muehlmann und – als Waffenexperte – Dr. Leopold Ruprecht dazu.

Wien wurde das erste Aktionsfeld für die Mitglieder der Sonderkommission. Die Vermögen und Kunstschätze reicher Juden wurden kurzerhand konfisziert, so zum Beispiel die Sammlungen des Baron Louis von Rothschild, des letzten Sprosses des österreichischen Zweiges der Bankiersfamilie. Er und andere wohlhabende Juden durften zwar ausreisen, mußten aber den größten Teil ihres Vermögens und ihrer Kunstwerke als sogenannte „Reichsfluchtsteuer" zurücklassen. Die Kunstgegenstände wurden – so lautete die offizielle Version – „unter den Schutz des Reiches" gestellt. Hitler war darauf bedacht, der ganzen Sache zumindest einen Firniß von „Legalität" zu geben, um im Licht der Weltöffentlichkeit nicht als gemeiner Dieb und Plünderer dazustehen.

Die im Gewahrsam der „Reichsfluchtsteuer" liegenden Kunstwerke konnten dann – ganz legal – zugunsten der Reichskasse auktioniert werden, wobei Hitler sich das Vorkaufsrecht gesichert hatte. Aus dem jüdischen Wiener Besitz wählte Posse für das Linzer Projekt 122 Gemälde aus, darunter einen Holbein und einen Lucas Cranach, drei Niederländer des 16. Jahrhunderts, elf Flamen, darunter drei Van Dycks, vierzig alte holländische Meister, darunter Rembrandts Porträt der Anthonia Coopal, zwei Frans Hals, zwei Tintorettos, zwei Fragonards, zwei Bouchers und viele andere wertvolle Gemälde.

Posse wählte wirklich nur vom Feinsten. Und Hitler erhielt die konfiszierten Schätze oft zu einem geradezu lächerlich geringen Preis. So zahlte er zum Beispiel für die unersetzliche Sammlung antiker Goldmünzen des Juden Alexander Hauser den Betrag von 12000 Mark, pro Münze noch nicht einmal 300 Mark.

Doch auch auf dem freien Wiener Kunstmarkt mußte Posse sich umsehen. Für Rembrandts Porträt der Henrickje Stoffels zahlte Hitler die enorme Summe von 900000 Mark. 65000 Mark blätterte er für das überschätzte Makart-Porträt der Kleopatra hin. Auf diese Art erwarb er in Wien 75 Kunstwerke, die meisten davon Gemälde.

Sogar die Stadt Wien wurde unter Druck gesetzt. In der Österreichischen Galerie sah Posse Rubens' „Ganymed". Die Stadt mußte das Porträt herausrücken und erhielt im Tausch dafür von Hitler eine Porzellansammlung, die er nicht mochte. Der großartige Rubens erhielt die nüchterne Katalognummer 1887 und wurde in den dunklen Luftschutzkeller des Führerbaus gesperrt. Kunstbegeisterte „Volksgenossen" hatten gefälligst zu warten, bis das Führermuseum in Linz einmal fertig war und der Diktator gnädigst geruhte, ihnen seine Schätze zu zeigen.

Es gibt unter fanatischen Kunstsammlern pathologische Fetischisten, die ein Bild oder einen Kunstgegenstand ausschließlich für eine Art masturbatorischen Selbstgenusses haben wollen. Die Bilder hängen in verschlossenen Räumen ihrer Villen. Nur sie selber dürfen sie anschauen, vielleicht gelegentlich ein privilegierter Gast. Hermann Göring war ein skrupelloser Sammler und Plünderer, der sich als Hitlers Konkurrent einige der schönsten Kunstwerke der Welt aneignete. Doch Göring, als Inkarnation des ebenso amoralischen und brutalen wie sinnlichen Renaissancemenschen, hing oder stellte seine Beute wenigstens auf, um sich an ihr zu erfreuen. Seinen Gästen zeigte er seine Erwerbungen voll protzigen Stolzes. Hitler dagegen hortete ohne ästhetische Freude. Er sperrte die schönsten Bilder Europas, verpackt in Holzkisten, in dunkle Kellerräume und später in eine tiefe

Salzmine. Hier offenbarte er die sehr karge und ärmliche Seite seines Charakters. Der Mann, der sich so gern als großer Kunstfreund darstellte, schien wirkliche Freude an Kunstwerken gar nicht zu haben, nur am Besitz.

Ein Beispiel dafür, wie skrupellos Hitler seine Macht ausspielte, um Sammler zum Verkauf zu zwingen, ist der Fall Czernin. Der Wiener Graf Czernin, Sproß einer der glänzendsten Familien Österreichs, besaß das Portrait „Maler im Atelier" des großen Meisters Jan Vermeer. Auf der ganzen Welt existieren vielleicht nur dreißig erwiesen echte Vermeers. Die reichsten Kunstsammler der Welt hatten sich seit Jahren gegenseitig überboten, um an dieses Gemälde zu kommen, doch Czernin gab es nicht her. Der amerikanische Multimillionär Andrew Mellon hatte sechs Millionen Dollar geboten – ohne Erfolg.

Hitler wollte dieses Bild haben. Konfiszieren konnte man es nicht. Czernin war kein Jude. Hitler versuchte in Erfahrung zu bringen, ob Czernin vielleicht hohe Steuerschulden hätte. Dann hätte man das Bild als Pfand sicherstellen und anschließend auktionieren können. Doch auch das war nicht der Fall. Czernin war ein korrekter Steuerzahler.

Dr. Dworschak nahm es in die Hand, Czernin zu „überreden". Als der Graf sich noch immer weigerte, drohte Hitlers Abgesandter mit der Gestapo und dem Konzentrationslager. Ein Grund zur Verhaftung würde sich immer finden lassen. Und dann würde das Bild als Eigentum eines „Staatsfeindes" einfach beschlagnahmt werden. 1940 gab Czernin nach. Hitler erhielt das Bild für 1400000 Mark und Übernahme der Verkaufssteuer in Höhe von 250000 Mark – ein Bruchteil dessen, was der amerikanische Millionär geboten hatte.

Der Vermeer erhielt die Katalognummer 1096 und verschwand im dunklen Luftschutzkeller, später in der Salzmine von Alt Aussee. Erst 1945 sah das Bild das Tageslicht wieder. Es wurde an Wien zurückgegeben.

Als die ČSR 1939 zerschlagen und als „Reichsprotektorat" annektiert wurde, ging Posse für Hitler nach Prag. Aus der berühmten Lobkowitz-Sammlung erwarb er Pieter Breughels „Die Heuernte". Aus dem Kloster Hohenfurt kam der Altaraufsatz des unbekannten „Meisters von Hohenfurth" aus dem 14. Jahrhundert in den Führerbau.

Aus Polen erwarb Hitler wenig für die Linzer Sammlungen. Um so mehr plünderten dort Göring und Himmler. Göring suchte sich aus den Sammlungen der Grafen Lubomirski und Czartorski dreißig Dürer-Zeichnungen aus und machte sie seinem Führer zum Geschenk.

Mit der Besetzung Frankreichs, Hollands und Belgiens im Frühjahr und Sommer 1940 kam Hitler seinen megalomanischen Linzer Träumen immer näher.

Um die Vichy-Regierung nicht allzusehr zu verärgern, ging er vorsichtig vor. Konfisziert, nach der Nazi-Sprachregelung „in schützenden Gewahrsam" genommen, wurden die Sammlungen von Juden. Nie wurde von „Enteignung" gesprochen. An die Juden Frankreichs ging am 15. Juli 1940 folgender Befehl heraus: „Bewegliche Kunstwerke, deren Wert den Betrag von 100000 Francs übersteigt, müssen bis zum 15. August von ihren Eigentümern oder Treuhändern schriftlich gemeldet werden. Sie dürfen nicht von ihrem Platz entfernt werden." Drakonische Strafen wurden für das Nichtbefolgen der Weisung angedroht.

Nur wenige Kunstwerke der großen jüdischen Sammlungen von Rothschild, Lévy de Benzion, Kahn oder der Brüder Seligmann waren rechtzeitig in Sicherheit gebracht worden. Man hatte die Maginotlinie ja für unüberwindbar gehalten. Einige Schätze fanden „Asyl" in den neutralen Pariser Botschaften von Spanien und Argentinien und überlebten den Krieg unbeschadet.

Hitler nahm aus dem beschlagnahmten jüdischen Besitz nur wenig für Linz. Der Löwenanteil ging an Göring, der den „Einsatzstab Rosenberg", die größte Plünderer-Organisation der Neuzeit, für sich arbeiten ließ. Noch immer wollte Hitler sich beim Horten seiner Schätze mit dem Lendenschurz der „Legalität“ bedeckt halten und Bilder und andere Kunstobjekte „kaufen“. Auf diese Weise kam Göring oft in den Besitz wertvollerer Stücke als Hitler selbst. Immerhin nahm sich Hitler aus dem Besitz der Rothschilds 40 Gemälde, darunter einen Rembrandt, zwei Goyas, Vermeers „Der Astronom“, einen Frans Hals, zwei Watteaus, drei Bouchers und zwei Fragonards.

In Holland wurde für Dr. Posse ein Konto in unbegrenzter Höhe eröffnet. Gleich nach der Besetzung waren Nazibonzen und Kunsthändler nach Holland geströmt, um sich bei den Auktionen gegenseitig zu überbieten. Die Preise stiegen raketenartig an. Als Bieter und Einkäufer bediente Posse sich des 30jährigen Kunsthistorikers Dr. Erhard Goepel und des jüdischen Kunsthändlers Vitale Bloch, mit dem er eine Vereinbarung traf: Posse würde Bloch vor der antijüdischen Gesetzgebung schützen, wenn er ihm Kenntnis aus erster Hand vermitteln würde, wo wertvolle Kunstwerke zu haben seien, sei es bei Sammlern, Kunsthändlern oder bei Auktionen. Im Dezember 1940 konnte Posse die erste Sendung von Käufen nach München senden. Darunter befanden sich Gemälde von Breughel, Rubens, Canaletto, Rembrandt, Steen und Ruisdael. Acht Monate später traf die nächste Fracht in München ein. Bis auf zehn Bilder, die zur beschlagnahmten Franz-Lugt-Sammlung in Den Haag gehörten, waren alle Bilder mehr oder weniger „legal“ auf dem Kunstmarkt erworben worden.

In Holland gab Posse beträchtliche Summen aus. Er kaufte die Sammlung von Franz Koenigs (Dürer, Rembrandt) für 1,5 Millionen Gulden. Die Sammlung von Otto Lanz (italienische Malerei, Renaissance-Mobiliar), dessen Witwe inzwischen in der Schweiz lebte, ging für 2350000 Schweizer Franken an Hitler.

Schon gegen Ende des Jahres 1940 hatte Hitler auf dem holländischen Kunstmarkt mehr als 15 Millionen Gulden ausgegeben.

Als der Krieg sich seinem Ende näherte, hatte Hitler rund

10 000 Gemälde und Kunstgegenstände im (heutigen) Werte von mindestens einer Milliarde Mark gehortet. Dabei sind Gobelins, alte Waffen und Möbelstücke noch gar nicht mitgerechnet. Verpackt in Kisten, gelagert in dunklen Kellern und Bergwerksstollen, besaß Hitler die größte persönliche Kunstsammlung, die je ein einzelner Mensch besessen hatte.

Hitlers Sammelwut ließ einige Kunsthändler Vermögen verdienen. Es gab ein ganzes Netz von Kunsthändlern, Sub-Kunsthändlern, Vermittlern und Scouts, die überwiegend für Hitlers Linzer Projekt tätig waren und sich goldene Nasen verdienten. Sie arbeiteten gern für Hitler, denn Geld schien keine Rolle zu spielen. Es schien aus einer unerschöpflichen Quelle zu kommen. Für zwei Rembrandts, die dem französischen Sammler Etienne Nicolas gehörten, zahlte Hitler 3 Millionen Mark plus einer Provision von 90 000 Mark an den Pariser Kunsthändler und Kollaborateur Roger Dequoy.

Die wichtigsten Auktionshäuser waren Hans Lange in Berlin, Weinmüller in München, das Dorotheum in Wien und das Hôtel Drouot in Paris. Auch im neutralen Ausland kaufte Hitler, von einem Luzerner Kunsthändler zum Beispiel zwei Spitzwegs, einen Buerkel, einen Boecklin und einen Uhde; alles Bilder, die Hitlers persönlichem Geschmack eigentlich viel mehr entsprachen als dem elitären Geschmack seines Experten Posse.

Zwar besaßen Dr. Posse und nach dessen Tod im Jahre 1943 sein Nachfolger Dr. Voss theoretisch die Befugnis zur Vorauswahl für Linz, doch es gab zwei Kunsthändler, die direkt mit Hitler handelten: Maria Dietrich in München und Karl Haberstock in Berlin. Sie hatten ihr eigenes Netz von Agenten, die auf Auktionen in ganz Europa boten. Provisionen wurden nie separat aufgeführt. Die beiden Händler schlugen das, was sie für richtig hielten, einfach dem Endpreis zu. Beanstandungen gab es nie.

Auch der alte Freund Heinrich Hoffmann betätigte sich

weiterhin lukrativ als Vermittler. 155 Einkäufe für den Kunstabladeplatz im Führerbau wurden von ihm getätigt. Und er verdiente nicht schlecht daran. Am 31. Januar 1941 kaufte er drei Bilder zum Preis von 29000 Mark und verkaufte sie sofort an Hitler zum Preise von 35000 Mark. Sehr gern kaufte Hoffmann für sich privat aus dem Fundus beschlagnahmter Bilder. Nur 2000 Mark – eine geradezu lächerliche Summe – kostete ihn eine Landschaft von Willem van de Velde aus der konfiszierten Sammlung Alfons Jaffe.

Hohe Summen verdiente sich die Münchner Kunsthändlerin Maria Dietrich, die in der Ottostraße 9 die Almas-Galerie besaß. Sie war Hoffmann geschäftlich und privat eng verbunden: Ihre Tochter Mimi (eine Halbjüdin) war eine Freundin von Eva Braun. 1937 hatte sie sich von ihrem Ehemann, dem türkischen Juden Ali Almas-Diamant, scheiden lassen. Durch Hoffmanns Vermittlung wurde sie Hitlers bevorzugte Kunsthändlerin, noch bevorzugter als Karl Haberstock.

1937 hatte ihr Jahreseinkommen 47000 Mark betragen, 1938 war es bereits auf 483000 Mark gewachsen und 1941 waren es 570000 Mark. Nach heutigen Begriffen hatte Maria Dietrich es zur Millionärin gebracht.

Hitler zahlte anstandslos ihre Preise. Fast eine Hundertschaft von Vermittlern und Sub-Agenten war für sie in ganz Europa tätig. Für einen Boucher, den sie um 140000 Mark erworben hatte, verlangte sie – und erhielt – von Hitler 180000 Mark.

Auch andere Nazibonzen, darunter Robert Ley, kauften gern bei Frau Dietrich. Dem weinseligen Arbeitsfrontchef diente sie sogar vier Landschaften des venezianischen Malers Guardi an, nachdem Dr. Posse die Bilder als Fälschungen erkannt und abgelehnt hatte.

Der andere Kunsthändler war Karl Haberstock. Ihm gelang sogar das einmalige Kunststück, während des Krieges einen Van Dyck, einen Rubens und einen Canaletto für Hitler in England zu erwerben. Haberstock besaß über einen Strohmann ein Konto bei der Swiss Bank in der Londoner Regent Street, über die das Geschäft abgewickelt wurde. Die Gemälde erreichten Hitler über die neutrale Schweiz. Auch mit dem Kunsthändler Fischer in Luzern machte Haberstock gute Geschäfte. Über ihn erwarb er einen Paris Bordone und einen Tintoretto, die er mit hohem Profit an Hitler verkaufte. Für einen Basaiti, den er für 67000 Mark gekauft hatte, erhielt er 90000 Mark, für einen Ruisdael, der ihn 18000 Mark gekostet hatte, zahlte Hitler ihm 33000 Mark. An einem (echten) Guardi verdiente er sogar mehr als 100 Prozent.

Sein Stern begann zu sinken, als sein Freund Posse 1943 starb und dessen Nachfolger Voss ihn bei Hitler wegen seiner überhöhten Provisionen anschwärzte.

Schon 1942 war der Luftschutzbunker unter dem Münchener Führerbau zu klein für die gehorteten Schätze geworden. Ausweichquartiere mußten gefunden werden. Die wichtigsten wurden Schloß Thuerntal bei Kremsmünster und König Ludwigs märchenhaftes Zuckerbäckerschloß Neuschwanstein bei Füssen, das auch die Beute des „Einsatzstabes Rosenberg" beherbergte.

Als 1944 die Zahl der Luftangriffe auf das Reichsgebiet immer mehr wuchs, befahl Hitler, den größten Teil der Kunstschätze in den Stollen der Salzmine von Alt Aussee östlich von Salzburg zu lagern. Die meisten Werke aus dem Führerbau wurden bis zum Oktober 1944 in die Salzmine gebracht. Nur noch 723 Bilder befanden sich im Führerbau, als die ersten amerikanischen Truppenspitzen am 29. April 1945 den Stadtrand von München erreichten.

Keines der Kunstwerke ist je nach Linz gekommen. Von Hitlers gigantischem Kunstpalast in Linz, seinem ganz persönlichen Denkmal, blieb nur die Ruine eines megalomanischen Traumes. Der Tyrann endete dort, wo er die schönsten Kunstwerke Europas vor den Augen der Welt versteckt hatte: in einem Bunker. Tief unter der Erde.

Epilog

In den frühen Morgenstunden des 29. April 1945, während amerikanische Truppen München, die „Hauptstadt der Bewegung" besetzten, kurz nach seiner Bunkerhochzeit mit Eva Braun, diktierte und unterzeichnete Hitler im Bunker unter der Berliner Reichskanzlei sein privates Testament. Es hat folgenden Wortlaut:

„Da ich in den Jahren des Kampfes glaubte, es nicht verantworten zu können, eine Ehe zu gründen, habe ich mich nunmehr vor Beendigung dieser irdischen Laufbahn entschlossen, jenes Mädchen zur Frau zu nehmen, das nach langen Jahren treuer Freundschaft aus freiem Willen in die schon fast belagerte Stadt hereinkam, um ihr Schicksal mit dem meinen zu teilen. Sie geht auf ihren Wunsch als meine Gattin mit mir in den Tod. Er wird uns das ersetzen, was meine Arbeit im Dienst meines Volkes uns beiden raubte.

Was ich besitze, gehört – soweit es überhaupt von Wert ist – der Partei. Sollte diese nicht mehr existieren, dem Staat, sollte auch der Staat vernichtet werden, ist eine weitere Entscheidung von mir nicht mehr notwendig.

Ich habe meine Gemälde in den von mir im Laufe der Jahre angekauften Sammlungen niemals für private Zwekke, sondern stets nur für den Ausbau einer Galerie in meiner Heimatstadt Linz a. d. Donau gesammelt. Daß dieses Vermächtnis vollzogen wird, wäre mein herzlichster Wunsch. Zum Testamentsvollstrecker ernenne ich meinen treuesten Parteigenossen, Martin Bormann. Er ist berechtigt, alle Entscheidungen endgültig und rechtsgültig zu treffen. Es ist ihm gestattet, alles das, was persönlichen Erinnerungswert besitzt, oder zur Erhaltung eines kleinen bürgerlichen Lebens notwendig ist, meinen Geschwistern abzutrennen, ebenso vor allem der Mutter meiner Frau und meinen ihm genau bekannten treuen Mitarbeitern und Mitarbeiterinnen, an der Spitze meinen alten Sekretären, Sekretärinnen, Frau Winter (Hausdame am Prinzregentenplatz, d. Verf.) usw., die mich jahrelang durch ihre Arbeit unterstützten.

Ich selbst und meine Gattin wählen, um der Schande des Absetzens oder der Kapitulation zu entgehen, den Tod. Es ist unser Wille, sofort an der Stelle verbrannt zu werden, an der ich den größten Teil meiner täglichen Arbeit im Laufe eines zwölfjährigen Dienstes an meinem Volk geleistet habe."

Die Dienste, die er dem Volk geleistet hatte, waren draußen, in den rauchenden Trümmern Berlins, zu besichtigen.

Der Testamentsvollstrecker Martin Bormann konnte nichts mehr vollstrecken. Er kam bei dem Versuch, den russischen Ring um die Reichskanzlei mit einer Kopie des Testaments in der Tasche zu durchbrechen, nach allen Regeln der Wahrscheinlichkeit ums Leben.

Hitlers Millionen existieren nicht mehr. Sein Vermögen, das er der Nazipartei vermacht hatte, wurde ebenso beschlagnahmt wie seine Kunstschätze, die im Führerbau und in den Salzminen von Alt Aussee relativ intakt aufgefunden wurden. Soweit sie nicht den ursprünglichen Eigentümern zurückgegeben wurden, standen sie bis 1951 unter der Treuhänderschaft der US-Besatzungsmacht. Seitdem werden alle Vermögenswerte vom Freistaat Bayern verwaltet. Für seinen Besitz in Österreich ist die dortige Regierung zuständig.

Das Riesenareal auf dem Obersalzberg steht ebenfalls unter Treuhänderschaft des Freistaates Bayern. Fast alles ist inzwischen eingeebnet worden. Von Hitlers Berghof sind nur noch die Umrisse der Grundmauern im Erdreich zu sehen. Das Teehaus auf dem Kehlstein existiert noch und ist zu einem Besuchermagnet geworden. Die Bewirtschaftung ist von der bayerischen Regierung verpachtet worden. Der Platterhof ist ein amerikanisches Ferienhotel.

Auch die rund 7 Millionen Mark Tantiemen für „Mein

Kampf", die noch 1945 auf dem Verlagskonto des Eher-Verlages für Hitler bereitlagen, wurden als Nazi-Vermögen beschlagnahmt. Der Freistaat Bayern beansprucht auch für die Zukunft die Urheberrechte an Hitlers Schriften und Reden. Dies wird von Hitlers Erben und deren Testamentsvollstrecker, dem Historiker Professor Werner Maser, bestritten. Der Streit um das Urheberrecht ist noch nicht entschieden. Nur das Stuttgarter Institut für Zeitgeschichte hat bisher das Urheberrecht der Erben teilweise anerkannt. Bei der Herausgabe einer limitierten Auflage von Hitlers „Zweitem Buch" 1961 erhielten die Erben einen Betrag von 3000 DM.

Wer sind die Erben? Wer wird eines Tages auf die Reste von Hitlers Privatvermögen Anspruch erheben können?

Um irgend etwas vererben zu können, muß der Erblasser zunächst einmal für tot erklärt werden. Hitler starb am 30. April 1945, kurz vor halb vier Uhr morgens im Alter von 56 Jahren, zusammen mit seiner 33jährigen Frau Eva. Für tot erklärt wurde er erst elf Jahre später, am 25. Oktober 1956. Am 11. Januar 1957 schrieb der Dechant und Stadtpfarrer Johann Ludwig in das alte Braunauer Taufbuch, in dem vor langer Zeit einer seiner Vorgänger die Geburt Adolf Hitlers registriert hatte: „Durch Beschluß des Amtsgerichts Berchtesgaden vom 25. Oktober 1956, II 48/52 für tot erklärt in fid. publ. Stadtpfarramt Braunau am 11. 1. 1957. Johann Ludwig."

Am 17. Februar 1960 stellte das Amtsgericht München unter dem Zeichen 2994/48 einen Erbschein „über die Erbfolge von Adolf Hitler nach dem am 30. 4. 1945 in Berlin verstorbenen Reichskanzler Adolf Hitler auf Grund Testaments nach Wegfall der Vorerbin, der NSDAP" für Paula Hitler aus. Sie sollte zwei Drittel des Besitzes erben. Je ein Sechstel sollten an die Halbgeschwister Alois Hitler und Angela Hamitzsch, verwitwete Raubal, geborene Hitler fallen. Doch beide waren bereits verstorben. Und Paula Hitler starb am 1. Juni 1960, ohne ihr Erbe angetreten zu haben.

Am 25. Oktober 1960 entschied das Amtsgericht Berchtesgaden unter Aktenzeichen Nr. VI, 108/60: „Erben der am 1. Juni 1960 in Schönau verstorbenen Paula Hitler sind die Geschwisterkinder Elfriede Hochegger, geborene Raubal und Leo Raubal, je zur Hälfte."

Erben, die noch nichts geerbt haben. Und es ist fraglich, ob sie je etwas erben werden.

Hitler selbst hat den Präzedenzfall für seine Enteignung gesetzt, indem er zum ersten Mal in der Geschichte der Zivilisation Menschen brutal und radikal bis auf den letzten Pfennig enteignet hat – Menschen, die ihm nichts weiter getan hatten, als einer anderen Religion, einer anderen „Rasse" anzugehören. Unter diesem Aspekt sollte seine eigene Expropriation in Ordnung gehen. Das Leid, das er Abermillionen Menschen zugefügt hat, läßt sich ohnehin mit noch so vielen Millionen nicht ausgleichen.

Bis zum heutigen Tage spukt in vielen Köpfen die Legende, Hitler sei zwar ein schrecklicher Feind der Menschheit gewesen, doch müsse man eines zu seinen Gunsten sagen: im Gegensatz zu vielen seiner Paladine sei er nicht korrupt gewesen, habe sich nicht bereichert, habe ein anspruchsloses und bescheidenes Leben geführt.

Es ist an der Zeit, diese Legende ein für allemal auf den Kehrichthaufen der Geschichte zu werfen.

Ende

Ausgewählte Kurzbiographien wichtiger Personen

Amann, Max (1891–1957)
Einer der frühesten Mitarbeiter Hitlers. Stieß 1921 zur NSDAP. Zuerst Geschäftsführer der Partei, dann Verlagsdirektor des Franz Eher Verlages. Präsident der Reichspressekammer, Reichsleiter. Am 8. September 1948 zu zweieinhalb Jahren Gefängnis verurteilt. 1949 enteignet. Starb 1957 verarmt in München.

Arco, Anton Graf (geb. 1897)
Leutnant d. Res., Student. Erschoß 1919 den bayerischen Ministerpräsidenten Kurt Eisner und löste die Ereignisse aus, die zur Räterepublik führten. Zu lebenslänglicher Festungshaft verurteilt, 1925 begnadigt.

Ballerstedt, Otto (1887–1934)
Diplom-Ingenieur, Führer des separatistischen „Bayernbundes". Am 1.7. 1934 im Konzentrationslager Dachau ermordet.

Blavatsky, Helena Petrowna, geb. von Hahn (1831–1891)
Bekannte Esoterikerin. Gründete 1875 die Theosophische Gesellschaft. Ihre Anhänger bezeugten ihr eine außergewöhnliche Begabung als Medium.

Bormann, Martin (1900–1945)
In den Zwanziger Jahren im rechten politischen Untergrund tätig. In Feme-Morde verwickelt. Trat 1927 der NSDAP bei. Wurde Leiter der Parteikanzlei und 1936 Reichsleiter. Am 1. Oktober 1946 in Nürnberg in Abwesenheit zum Tode verurteilt. Aller Wahrscheinlichkeit nach Anfang Mai 1945 in Berlin umgekommen.

Borsig, Ernst (seit 1909 von) (1869–1933)
Industrieller. Früher Förderer Hitlers. 1923–1932 Vorsitzender der Vereinigung Deutscher Arbeitgeberverbände. Das Familienunternehmen ging nach seinem Tode in der Rheinmetall A. G. auf.
Bouhler, Philipp (1899–1945)
1925 Reichsgeschäftsführer der NSDAP. 1934 Leiter der „Kanzlei des Führers". Beging am 19. 5. 1945 Selbstmord.
Brauchitsch, Walther von (1881–1948)
Deutscher General, seit 1940 Generalfeldmarschall. 1939–1941 Oberbefehlshaber des Heeres. 1941 von Hitler entlassen. Starb am 18. Oktober 1948 im Britischen Militärhospital Hamburg.
Braun, Eva (1912–1945)
Fotolaborantin im Atelier von Heinrich Hoffmann. Seit 1932 Hitlers Geliebte. Heiratete Hitler am 29. April 1945 und beging anschließend mit ihm gemeinsam Selbstmord.
Breker, Arno (geb. 1900)
Von Hitler geschätzter Bildhauer. („Klassischer Realismus"). Nach 1945 erfolgreich als Bildhauer für die Foyers von Industrie-Konzernen tätig.
Bruckmann, Hugo (1863–1941)
Verleger. Mit seiner Frau einer der frühesten finanziellen Gönner Hitlers. 1933–1941 Mitglied des Reichstags.
Brückner, Wilhelm (1884–1954)
SA-Obergruppenführer und bis 1940 Chefadjutant Hitlers. Fiel in Ungnade und ging 1941 zur Wehrmacht. Bei Kriegsende Oberst.
Buch, Walter (1883–1949)
Vorsitzender des Obersten Parteigerichts der NSDAP. Schwiegervater Martin Bormanns. Wurde nach dem Krieg zu fünf Jahren Arbeitslager verurteilt. Beging 1949 Selbstmord.
Bürkel, Heinrich (1802–1869)
Von Hitler bevorzugter romantischer Landschaftsmaler.
Chamberlain, Houston Stewart (1855–1927)

Schriftsteller und Kulturphilosoph. Schwiegersohn Richard Wagners. Wurde schon vor dem Ersten Weltkrieg deutscher Staatsbürger. Sein Buch „Die Grundlagen des 20. Jahrhunderts“ verherrlichte den „arischen Geist“ und wirkte stark auf die Rassenlehre der Nazis.

Crowley, Aleister (1875–1947)

Berühmt-berüchtigter englischer Esoteriker und Magier. Gründete verschiedene Logen und Geheimbünde. Sein „Buch der Gesetze“ (1908) ist rein faschistisch orientiert. Hitler kannte über die „Thule-Gesellschaft“ vermutlich seine Lehren.

Dagover, Lil (1897–1980)

Prominente deutsche Filmschauspielerin, von Hitler sehr geschätzt. Star bedeutender Filme in der NS-Zeit.

Deterding, Sir Henry (1866–1939)

Seit 1907 Generaldirektor des Shell-Konzerns. Sympathisierte mit Hitler und der Nazi-Partei.

Dietrich, Otto (1897–1952)

Stellte Ende der Zwanziger Jahre wichtige Verbindungen zu Industriellen her. 1933–1945 Reichspressechef der Partei. 1949 zu 7 Jahren Haft verurteilt. 1950 entlassen.

Drexler, Anton (1884–1942)

Werkzeugschlosser. Mitbegründer der „Deutschen Arbeiterpartei“ (DAP), einige Zeit auch Ehrenvorsitzender der NSDAP. Trennte sich 1925 von Hitler und verlor jeden politischen Einfluß. Starb vergessen in München.

Duesterberg, Theodor (1875–1950)

Zweiter Bundesführer des „Stahlhelm“. Kandidierte 1932 erfolglos für die Reichspräsidentschaft. Zog sich seitdem aus der Politik zurück.

Eckart, Dietrich (1868–1923)

Hitlers erster geistiger Mentor. Antisemitischer Schriftsteller, erster Chefredakteur des „Völkischen Beobachters“.

Eisner, Kurt (1867–1919)

Journalist, Feuilletonredakteur. Sozialist. Wurde erster

Ministerpräsident des Freistaates Bayern. Sein Tod 1919 bildete den Auftakt zur Räterepublik.

Epp, Franz Ritter von (1868–1946)

Bayerischer Offizier. Oberst im Ersten Weltkrieg. Stellte nach dem Krieg ein konterrevolutionäres Freicorps auf und „befreite“ München von den „Roten“. Trat 1928 der NSDAP bei. 1933 Reichsstatthalter in Bayern. 1935 zum General befördert. Gehörte zu den parteiinternen Kritikern Hitlers. Versuchte kurz vor Kriegsende einen Aufstand gegen die NSDAP in Bayern.

Esser, Hermann (1900–1981)

Einer der frühesten Kampfgefährten Hitlers. Redakteur am „Völkischen Beobachter“. 1925–1926 Propagandaleiter der NSDAP. Wurde 1933 Bayerischer Wirtschaftsminister, 1936 Präsident des Reichsfremdenverkehrsverbandes und Staatssekretär im Reichspropagandaministerium. 1950 zu fünf Jahren Arbeitslager verurteilt. 1951 entlassen. Trat nach dem Krieg politisch nicht mehr hervor.

Feder, Gottfried (1883–1941)

Ingenieur. Mitbegründer der DAP. In der Frühzeit führender Ideologe der NSDAP. Entwarf das Parteiprogramm. Während des Dritten Reiches ging sein Einfluß zurück. 1934 Honorarprofessor an der Technischen Hochschule Berlin.

Flick, Friedrich (1883–1972)

Großindustrieller. Förderer der Nazibewegung und einer der prominentesten Unternehmer des Dritten Reiches. 1949 zu sieben Jahren Haft verurteilt. 1951 entlassen. Galt als der reichste Mann Nachkriegsdeutschlands. Weigerte sich hartnäckig, seinen ehemaligen Zwangsarbeitern Entschädigungen zu zahlen.

Ford, Henry (1863–1947)

Amerikanischer Industrieller. Gründer der Ford Motor Company in Detroit. Radikaler Antisemit. Sympathisierte mit Hitler und der Nazibewegung.

Francois-Poncet, André (1887–1978)

1932–1938 Botschafter Frankreichs in Berlin. 1949 französischer Hochkommissar in der BRD, danach bis 1955 Botschafter in Bonn.

Frank, Hans (1900–1946)

In den zwanziger Jahren Anwalt der NSDAP, wurde nach 1933 „Reichsrechtsführer“. Während des Zweiten Weltkriegs Generalgouverneur von Polen. Berüchtigt wegen seiner Rücksichtslosigkeit gegen die Zivilbevölkerung. In Nürnberg 1946 zum Tode verurteilt und hingerichtet.

Frick, Wilhelm (1877–1946)

Arbeitete von 1904 bis 1924 im Münchner Polizeipräsidium und leitete seit 1919 die politische Polizei. Obgleich noch nicht Parteimitglied, unterstützte er Hitler und die Nazibewegung in dieser Funktion. Wurde enger politischer Berater Hitlers. Wegen seiner Unterstützung des Hitler-Putsches 1924 entlassen. 1930 Innenminister von Thüringen. 1933 Reichsinnenminister. 1943 Reichsprotektor von Böhmen und Mähren. In Nürnberg 1946 zum Tode verurteilt und hingerichtet.

Fritsch, Theodor (1852–1933)

Radikal antisemitischer Schriftsteller und Esoteriker. Seine rassistischen Schriften haben Hitler und die Nazis stark beeinflußt.

Funk, Walter (1890–1960)

Journalist (Berliner Börsenzeitung). Von 1937 bis 1945 Reichswirtschaftsminister, seit 1939 auch Präsident der Reichsbank. 1946 in Nürnberg zu lebenslänglicher Haft verurteilt. 1958 aus gesundheitlichen Gründen entlassen.

Gansser, Emil (1874–1941)

Naturwissenschaftler, Direktor bei Siemens. Mitglied der NSDAP seit 1921. Führte Hitler beim Nationalen Club in Berlin ein. Beschaffte mehrmals Geld in der Schweiz.

Goebbels, Joseph (1897–1945)

Chefpropagandist und Kulturdiktator Deutschlands. Trat 1924 der NSDAP bei. Zunächst Gegner Hitlers, seit 1926 Anhänger. 1926 Gauleiter von Berlin-Brandenburg. 1929 Reichspropagandaleiter der NSDAP, 1933 Reichspropagandaminister. Kontrollierte die deutsche Filmindustrie und die ideologische Ausrichtung der Presse. 1944 Generalbevollmächtigter für den totalen Kriegseinsatz, in dieser Eigenschaft praktisch Unterdiktator Hitlers. Beging am 1. Mai 1945 mit seiner gesamten Familie Selbstmord.

George, Heinrich (1893–1946)

Einer der größten Film- und Bühnendarsteller der Weimarer Zeit. Stellte sich später ganz auf die Seite der NS-Machthaber. Starb 1946 in einem Internierungslager der Sowjets in Sachsenhausen.

Giesler, Hermann (geb. 1898)

Architekt. 1938 Professor. Hitler förderte ihn und berief ihn 1938 zum „Generalbaurat für die Hauptstadt der Bewegung" (München).

Göring, Emmy (1893–1973)

Zweite Ehefrau Hermann Görings (1935). War als Emmy Sonnemann Schauspielerin. Seit ihrer Heirat mit Göring praktisch „Erste Dame" des Dritten Reiches. Nach dem Krieg zu einem Jahr Arbeitslager und fünf Jahren Auftrittsverbot verurteilt. Dreißig Prozent ihres Privatvermögens wurden eingezogen.

Göring, Hermann (1893–1946)

Im Ersten Weltkrieg Kampfflieger und Kommodore des Geschwaders Richthofen. Hohe Auszeichnungen. Nach dem Krieg Testflieger in Schweden, wo er die wohlhabende Carin von Kantzow heiratete. Schloß sich Hitler 1922 in München an. Floh 1923 für vier Jahre ins Ausland (Italien, Schweden). Kehrte 1928 zurück als Repräsentant schwedischer Rüstungsfirmen. 1931 Reichstagspräsident. 1933 Preußischer Innenminister, gründete die Gestapo. 1934 Preußischer Ministerpräsident. 1935 Generalfeldmarschall und Oberbefehlshaber der Luftwaffe, Luftfahrtminister. Beauftragter für den Vierjahresplan. 1939 designierter Nachfolger Hitlers. Vorsitzender des Reichsverteidigungsrates. Hielt eine ganze Reihe lukrativer Positionen, u. a. „Reichsjägermeister". 1940 Reichsmarschall. In Nürnberg

1946 zum Tode verurteilt. Beging am Abend vor der Hinrichtung Selbstmord.

Graf, Ulrich (geb. 1878, Todesdatum unbekannt)

Gründungsmitglied der DAP und NSDAP. 1920 bis 1923 persönlicher Leibwächter Hitlers. 1936 Mitglied des Reichstags. 1943 SS-Brigadeführer ehrenhalber.

Gürtner, Franz (1881–1941)

1922–1932 bayerischer Justizminister. Setzte sich 1924 für nazifreundliche Atmosphäre beim Volksgerichtsprozeß gegen Hitler ein. 1932–1941 Reichsjustizminister.

Hanfstaengl, Ernst, genannt „Putzi" (1887–1975)

Kunsthistoriker. Seit 1922 persönlicher Freund Hitlers. Seine Beziehungen öffneten Hitler die Türen der Münchner Gesellschaft. 1931 Auslandspressechef der NSDAP. 1937 Entfremdung von Hitler. Ging zuerst nach England, dann in die USA. Wurde im Zweiten Weltkrieg Berater Roosevelts und der Hearst-Presse. Kehrte 1946 nach Deutschland zurück und lebte bis zu seinem Tode zurückgezogen in München.

Hansen, Theophil (1813–1891)

Architekt, Oberbaurat in Wien. Schuf Monumentalbauten (Börse, Parlament). Von Hitler geschätzt.

Hasenauer, Karl von (1833–1894)

Architekt in Wien. Schöpfer des Wiener Burgtheaters. Von Hitler geschätzt.

Haushofer, Karl (1869–1946)

Bayerischer General. Professor. Führender Geopolitiker Deutschlands. An Mystik und Esoterik interessiert. Mentor von Rudolf Heß. In den Zwanziger Jahren Hitlers politischer Berater. Mitredakteur von „Mein Kampf". Während des Krieges schwand sein Einfluß. Beging 1946 zusammen mit seiner Frau Selbstmord.

Heß, Rudolf (geb. 1894)

Sohn eines deutschen Großkaufmanns aus Alexandria (Ägypten). Im Ersten Weltkrieg Leutnant. Schloß sich Hitler 1921 an. 1924 Hitlers Privatsekretär. 1932 Chef der Parteiorganisation und „Stellvertreter des Führers der NSDAP“. 1933 Reichsminister ohne Geschäftsbereich. Flog am 10. Mai 1941 nach England, um (mit oder ohne Wissen Hitlers) Friedensverhandlungen einzuleiten. Seine Mission war erfolglos. Von Hitler für geisteskrank erklärt. 1946 in Nürnberg zu lebenslanger Haft verurteilt. Lebt im alliierten Gefängnis von Spandau, Berlin.

Himmler, Heinrich (1900–1945)

Diplom-Landwirt. Schloß sich Hitler 1922 an. 1933 Polizeipräsident von München. 1934 Reichsführer SS und Chef der Deutschen Polizei. 1943–1945 Reichsinnenminister. Seit dem 20. Juli 1944 auch Chef des Ersatzheeres. Wurde von Hitler am 28. April 1945 sämtlicher Ämter enthoben. Beging am 23. Mai 1945 nach seiner Festnahme durch britische Truppen Selbstmord.

Hindenburg und Beneckendorf, Paul von (1847–1934)

Im Ersten Weltkrieg oberster militärischer Führer und Feldmarschall. 1925 bis zu seinem Tode Reichspräsident. Berief Hitler 1933 zum Reichskanzler, weil er aus „verfassungsrechtlichen Gründen“ einer begrenzten Militärdiktatur General von Schleichers nicht zustimmen mochte.

Hoffmann, Heinrich (1885–1957)

Hitlers Leibphotograph, enger Vertrauter und Geschäftspartner. Seine Tochter heiratete den Reichsjugendführer Baldur von Schirach. 1947 als „Nutznießer“ der Nazis zu fünf Jahren Arbeitslager verurteilt, kurz darauf entlassen. Obgleich sein Vermögen fast völlig eingezogen wurde, lebte er bis zu seinem Tode bequem von seinem Photoarchiv, das mit 2½ Millionen Photos ein einzigartiges Zeitdokument ist.

Jung, Carl Gustav (1875–1961)

Weltberühmter Psychologe und Psychoanalytiker. Schuf eine psychologische Typenlehre und zog mythologisches und kulturgeschichtliches Material mit heran.

Kahr, Gustav Ritter von (1862–1934)

1920–21 Bayerischer Ministerpräsident. Monarchist. 1923–1924 Generalstaatskommissar (Diktator). Regierte gemeinsam mit General von Lossow und Oberst Seißer. 1924 bis 1930 Präsident des Bayerischen Verwaltungsgerichtshofes. Wurde am 30. Juni 1934 von SS-Leuten verhaftet und im Dachauer Moor erschlagen.

Kandinsky, Wassily (1866–1944)

Russischer Maler und Graphiker. Zeitgenosse Hitlers in Schwabing.

Kapp, Karl (1858–1922)

Preußischer Politiker. Gründete 1917 die „Deutsche Vaterlandspartei", die gegen eine Einstellung des Krieges war. Unternahm 1920 einen erfolglosen Putsch gegen die republikanische Regierung.

Keitel, Wilhelm (1882–1946)

Offizier. 1938–1945 Chef des Oberkommandos der Wehrmacht. 1940 Generalfeldmarschall. Hitler unbedingt ergeben (Spitzname „Lakaitel"). Wegen Unterzeichnung verbrecherischer Befehle („Kommissarerlaß", Geiselerschießungen) in Nürnberg zum Tode verurteilt und hingerichtet.

Kirdorf, Emil (1847–1938)

Großindustrieller im Ruhrgebiet. Einer der ersten namhaften deutschen Unternehmer, der sich den Nazis anschloß. Vermittelte Hitler finanzielle Unterstützungen. Mitbegründer des Rheinisch-Westfälischen Kohlesyndikats und anderer Großkonzerne. Kirdorf galt als rücksichtsloser Ausbeuter und Gewerkschaftsfeind.

Klee, Paul (1879–1940)

Berühmter deutsch-schweizer Maler und Graphiker. Zeitgenosse Hitlers in Schwabing.

Kraus, Karl (1874–1936)

Wiener Dramatiker, Lyriker, Journalist und Satiriker. Kämpfte stilistisch meisterhaft gegen den Sprachmißbrauch. Warnte frühzeitig vor dem beginnenden Faschismus und Nazismus.

Kriebel, Hermann (1876–1941)

Bayerischer Oberstleutnant. Militärischer Führer des „Kampfbundes Bayern". Wegen Teilnahme am Hitlerputsch 1923 inhaftiert. Später Militärberater bei Tschiang Kai-schek. 1934–1939 Generalkonsul in Schanghai, dann Personalchef im Auswärtigen Amt.

Krupp von Bohlen und Halbach, Gustav (1870–1950)

Deutscher Rüstungsmagnat. Heiratete 1906 auf Veranlassung Kaiser Wilhelms II. die Erbin des Krupp-Konzerns und nahm deren Familiennamen an. Zuerst Hitler gegenüber reserviert, entwickelte er sich zum Supernazi. Sollte wegen Ausbeutung von Zwangsarbeitern in Nürnberg vor Gericht gestellt werden. Wurde wegen seiner geistigen Verfassung (Senilität) für verhandlungsunfähig erklärt und starb auf seiner Besitzung in Blühnbach, Österreich.

Kubizek, August (1889–1971)

Engster Jugendfreund Hitlers. Wurde Kapellmeister an verschiedenen Theatern und Musiklehrer. Traf Hitler 1938 in Linz wieder. Hitler hielt aber Distanz zum Jugendfreund und „siezte" ihn. Er tat auch nichts für seine Karriere, warnte ihn vielmehr, keine Erinnerungen auszuplaudern.

Lammers, Hans Heinrich (1879–1962)

1933–1945 Chef der Reichskanzlei. SS-Obergruppenführer. 1949 zu 20 Jahren Haft verurteilt. 1952 entlassen.

Lanz von Liebenfels, Jörg (recte Adolf Josef Lanz) (1874–1954)

Ehemaliger Zisterziensermönch und Hochstapler (Baron, Doktor). Rassenfanatischer Schriftsteller, gründete 1900 eine Loge „Orden des Neuen Tempels" und gab die Zeitschrift „Ostara" heraus, die Hitler in seinen Wiener Jahren stark beeinflußt hat.

Lehmann, Julius Friedrich (1864–1935)

Münchner Verleger. Engagierte sich mit seinem Verlag stark für die Marine und für machtpolitische Interessen Deutschlands. Seit 1922 Parteimitglied und finanzieller Förderer Hitlers.

Ley, Robert (1890–1945)

Chemiker. Parteimitglied seit 1924. Gründete die Deutsche Arbeitsfront und zerschlug 1933 die freien Gewerkschaften.

1932 Reichsorganisationsleiter der NSDAP. Versuchte, den staatlichen Wohnungsbau zu kontrollieren. Wegen Organisation von Sklavenarbeit vor das Nürnberger Tribunal gestellt. Beging vor Beginn des Prozesses Selbstmord.

Loos, Adolf (1870–1933)

Architekt in Wien. Sein Schaffen hatte größten Einfluß auf den sachlichen modernen Baustil. Von Hitler abgelehnt.

Lossow, Otto Hermann von (1868–1938)

Bayerischer Generalleutnant. Bayerischer Landeskommandant der Reichswehr. 1923 Mitglied der Junta (Kahr, Lossow, Seißer). Starb unbehelligt von Hitler als pensionierter General.

Ludendorff, Erich (1865–1937)

Generaloberst. Während des Ersten Weltkriegs Generalquartiermeister und mit Hindenburg zusammen praktisch Militärdiktator Deutschlands. Galionsfigur des Hitlerputsches von 1923. Nach dem Putsch fortschreitende Entfremdung von Hitler. Entwickelte sich unter dem Einfluß seiner zweiten Frau Mathilde geb. von Kemnitz zum paranoiden Antisemiten, Anti-Freimaurer und Anti-Katholiken. Warnte Hindenburg davor, Hitler zum Reichskanzler zu berufen.

Makart, Hans (1840–1884)

Lieblingsmaler Hitlers. Malte prunkvolle Bilder historischen und allegorischen Inhalts von üppiger Farbenpracht. Seine im wesentlichen aufs Dekorative gerichtete Kunst beeinflußte Mode und Innendekoration der Gründerjahre.

Marc, Franz (1880–1916)

Einer der berühmtesten modernen Maler. Zeitgenosse Hitlers in Schwabing. Berühmtestes Bild (Turm der Blauen Pferde) galt Hitler als „entartet“.

May, Karl (1842–1912)

Ungemein fruchtbarer Unterhaltungsschriftsteller (Indianer, Orient) mit stark rassistischen und faschistoiden Untertönen. War Hitlers Lieblingsschriftsteller in der „Belletristik“.

Mayr, Karl (1883–1945)
Bayerischer Generalstabsoffizier. 1919–1920 Hitlers Vorgesetzter in der Aufklärungsabteilung des Heeres. Später Gegner Hitlers. Im KZ Buchenwald 1945 ermordet.
Meißner, Otto (1880–1953)
Chef der Präsidialkanzlei unter Hindenburg und Hitler, 1936 im Range eines Staatsministers. Nach 1945 von allen Anklagen freigesprochen.
Mosley, Sir Oswald (1896–1970)
Britischer Politiker. Gehörte bis 1924 der Labour Party an, gründete 1930 die „New Party", die sich ab 1936 „British Union of Fascists and National Socialists" nannte. Hofierte Hitler, der ihn aber für wenig einflußreich hielt. Während des Zweiten Weltkriegs aus Sicherheitsgründen interniert. Trat nach 1945 kaum noch in Erscheinung.
Mühsam, Erich (1878–1934)
Schriftsteller. Anarchist und Teilnehmer der Revolution 1918/19 in München. Mitglied der ersten Räteregierung. 1925 aus der Festungshaft entlassen. 1933 verhaftet. Erhängte sich 1934 im Konzentrationslager Oranienburg.
Mutschmann, Martin (1879–1948)
1925–1945 Gauleiter der NSDAP in Sachsen.
Niekisch, Ernst (1889–1967)
Teilnehmer an der Münchner Räte-Regierung. Später Führer der Nationalbolschewisten, versuchte Annäherung an Otto Strasser. Im Dritten Reich acht Jahre in Haft. Nach 1945 Mitglied der SED, von der er sich nach dem 17. Juni 1953 trennte. Trat politisch nicht mehr hervor.
Papen, Franz von (1879–1968)
Politiker. Zuerst Zentrum, dann unabhängig. Vorletzter Reichskanzler der Weimarer Republik („Kabinett der Barone"). Verhalf Hitler zum Sturz von Reichskanzler Schleicher. Unter Hitler zunächst Vizekanzler, dann Botschafter in Wien, später in Ankara. Im Nürnberger Prozeß freigesprochen. Von den deutschen Behörden zu acht

Jahren Arbeitslager verurteilt. 1949 entlassen. Versuchte später erfolglos, seine Rolle zu rechtfertigen.

Pfeffer, Franz von (1888–Todesdatum unbekannt)
Frühes Mitglied der NSDAP. 1928–1931 Stabschef der SA. Später SA-Obergruppenführer. Kommandierte bei Kriegsende eine Division des Volkssturms.

Piloty, Karl von (1826–1886)
Direktor der Münchner Kunstakademie. Gehörte mit Spitzweg und Grützner zu Hitlers bevorzugten Malern.

Preußen, August Wilhelm Prinz von (1887–1949)
Vierter Sohn Kaiser Wilhelms II. Trat 1930 der NSDAP und 1933 der SA bei. Aushängeschild der Nazis für Monarchie-Anhänger. SA-Obergruppenführer. Nach dem Krieg symbolisch zu zwei Jahren Arbeitslager verurteilt, ohne die Haft zu verbüßen.

Rauschning, Hermann (1887–1961)
Trat 1926 in die NSDAP ein, war 1933–34 Senatspräsident von Danzig. Löste sich immer mehr von Hitler und der nazistischen Ideologie. Emigrierte 1936 in die Schweiz, dann in die USA.

Reventlow, Franziska Gräfin von (1871–1918)
Hervorragende Erscheinung der Münchner Bohème. Schrieb Skizzen, Romane, lebendige Schilderungen des Münchner Lebens von 1900 bis zum Ersten Weltkrieg.

Ribbentrop, Joachim von (1893–1946)
Erhielt Adelstitel durch Adoption. Wohlhabend durch Heirat mit Anneliese Henkell, Erbin des reichsten deutschen Sektfabrikanten. Trat 1932 der NSDAP bei. 1936 Botschafter in London. 1938–1945 Reichsaußenminister. In Nürnberg 1946 zum Tode verurteilt und hingerichtet.

Röhm, Ernst (1887–1934)
Einer der frühesten Förderer Hitlers und der Nazi-Partei. Deckte als Hauptmann der Reichswehr Anfang der Zwanziger Jahre Hitlers konspirative Aktivitäten und versorgte ihn mit Geldern der Reichswehr. Teilnahme am Novemberputsch und Entlassung aus der Reichswehr. Von 1928 bis

1930 als Militärberater in Bolivien. Von Hitler zurückgerufen und 1931 mit der Leitung der SA beauftragt. 1934 wegen eines angeblichen Putschversuchs von Hitler verhaftet. Im Münchner Gefängnis Stadelheim erschossen.

Rosenberg, Alfred (1893–1946)

Architekt. Baltischer Emigrant, seit 1922 deutscher Staatsbürger. In den Zwanziger Jahren halboffizieller Partei-Philosoph, radikaler Antisemit. 1923 Chefredakteur des Völkischen Beobachters. 1933 Leiter des Außenpolitischen Amtes der NSDAP. Beschlagnahmte 1940 Kunstschätze in Frankreich. 1941 Minister für die besetzten Ostgebiete. In Nürnberg zum Tode verurteilt und hingerichtet.

Roller, Alfred (1864–1935)

Berühmter, von Hitler bewunderter Bühnenbildner in Wien. Roller arbeitete eng mit Gustav Mahler zusammen und schuf die Dekorationen für sämtliche Erstaufführungen von Richard-Strauss-Opern.

Rust, Bernhard (1883–1945)

Studienrat. Trat 1922 der NSDAP bei, wurde Gauleiter von Hannover. 1934–1945 Reichsminister für Wissenschaft, Erziehung und Volksbildung. Beging am 8. Mai 1945 Selbstmord.

Sauerbruch, Ferdinand (1875–1951)

Chirurg von Weltruf. Zeitweise begeisterter Anhänger des Nazismus. Während des Krieges oberster Militärarzt. Nach 1945 im Entnazifizierungsverfahren freigesprochen.

Schaub, Julius (1898–Todesdatum unbekannt)

Enger Begleiter Hitlers seit 1922. Von Beruf Drogist. War zuerst Fahrer, wurde dann persönlicher Adjutant im Range eines SS-Obergruppenführers. Vernichtete 1945 Hitlers Geheimakten.

Scheubner-Richter, Max Erwin von (1884–1923)

Zaristischer Ex-Offizier. Führend in den Organisationen russischer Emigranten. 1920 Mitglied der NSDAP. Wichtiger Geldbeschaffer Hitlers. Beim Hitlerputsch 1923 getötet.

Schirach, Baldur von (1907–1974)

Schloß sich als Student der NSDAP an. 1933–1940 Reichsjugendführer und Chef der Hitlerjugend. 1940–1945 Reichsstatthalter von Wien. In Nürnberg zu 20 Jahren Haft verurteilt. 1966 entlassen.

Schleicher, Kurt von (1883–1934)

Berufsoffizier. General. Juni 1932 Reichswehrminister. Von Dezember 1932 bis Ende Januar 1933 letzter Reichskanzler der Weimarer Republik. Wollte mit begrenzter Militärdiktatur die politische Lage stabilisieren, was Hindenburg ablehnte. Am 30. Juni 1934 in seiner Berliner Wohnung von einem SS-Kommando erschossen.

Schreck, Julius (1891–1936)

Mitglied der NSDAP seit 1921, bis zu seinem Tod bei einem Verkehrsunfall 1936 Hitlers bevorzugter Fahrer. Agierte gelegentlich – wegen seiner äußerlichen Ähnlichkeit – auch als Double.

Schröder, Kurt Freiherr von (1884–1965)

Kölner Bankier. Präsident der Industrie- und Handelskammer Köln. Arrangierte das entscheidende Treffen zwischen Papen und Hitler zum Sturz von Schleicher. Wurde Aufsichtsratsvorsitzender vieler Banken und Industriefirmen und SS-Brigadeführer ehrenhalber.

Schwarz, Franz Xaver (1875–1947)

„Alter Kämpfer" seit den frühesten Tagen, 1925 Schatzmeister der NSDAP. 1935 Reichsleiter. Starb 1947 in einem Internierungslager.

Seisser, Hans Ritter von (1875–1973)

1923 Chef der bayerischen Landespolizei. Mitglied der Junta unter Kahr. Ging nach 1933 ins Ausland.

Semper, Gottfried (1803–1879)

Bedeutender Architekt und Kunsttheoretiker, Schöpfer der Dresdner Oper. Von Hitler geschätzt.

Speer, Albert (1905–1981)

Schloß sich 1932 der Partei an. Wurde seit 1933 Hitlers bevorzugter Architekt. Erhielt Riesenauftrag zur stadtplanerischen Neugestaltung von Berlin. 1942–1945 Reichsminister für Rüstung und Produktion. Wegen Verwendung von Sklavenarbeitern in Nürnberg vor Gericht gestellt und zu 20 Jahren Haft verurteilt. 1966 entlassen.

Strasser, Gregor (1892–1934)

Führer des sozialrevolutionären Flügels der NSDAP. Hitlers gefährlichster Rivale innerhalb der Partei. Legte 1932 sämtliche Ämter nieder und machte Hitler dadurch „hoffähig“ für den Kapitalismus. Am 30. Juni 1934 auf Hitlers Befehl von der SS ermordet.

Strasser, Otto (1897–1974)

Jüngerer Bruder von Gregor. Journalist. Zunächst unabhängiger Sozialdemokrat, dann mit Gregor Strasser Führer des „linken“ Flügels der NSDAP und Herausgeber von Zeitungen außerhalb des Eher-Konzerns. Trennte sich 1931 von Hitler und gründete eigene Partei „revolutionärer Nationalsozialisten“. Floh 1933 nach Prag, später über die Schweiz und Portugal nach Kanada. 1955 kehrte er in die BRD zurück, trat aber politisch nicht mehr hervor.

Streicher, Julius (1885–1946)

Früher Mitkämpfer Hitlers. Gauleiter von Franken, Besitzer und Herausgeber des Hetzblattes „Der Stürmer“. Rabiatester und pornographischster Propagandist des Antisemitismus. 1940 wegen Korruption sämtlicher Ämter enthoben, blieb aber Herausgeber des „Stürmer“. 1946 in Nürnberg zum Tode verurteilt und hingerichtet.

Thorak, Josef (1889–1952)

Lieblingsbildhauer Adolf Hitlers. Spezialisiert auf muskulöse heroische Männergestalten. Schuf Kolossal-Skulpturen. Bei der Entnazifizierung freigesprochen.

Thyssen, Fritz (1873–1951)

Führender deutscher Großunternehmer, der Hitler 15 Jahre lang finanziell unterstützte. Später überwarf er sich mit Hitler und flüchtete 1939 nach Frankreich. Von der Vichy-Regierung 1941 ausgeliefert. Überlebte das Konzentrationslager und ging nach dem Krieg nach Argentinien.

Troost, Paul Ludwig (1878–1934)
Hitlers bevorzugter Architekt, dessen neoklassizistischer Stil eine Zeitlang die offizielle Bauweise des Dritten Reiches wurde. Baute nach Hitlers Entwürfen das Braune Haus um und entwarf das Haus der Kunst in München.
Valentin, Karl (eigentlich Valentin Fey) (1882–1948)
Bekannter Münchner Komiker, benutzte seinen versteckten Witz auch häufig gegen das Regime. Blieb relativ unbehelligt, da enger Freund von Heinrich Hoffmann.
Vögler, Albert (1877–1945)
Führender deutscher Großindustrieller. Vorstandsvorsitzender der Vereinigten Stahlwerke. Einer der ersten Wirtschaftsbosse, die Hitler Geld zufließen ließen. Beging am 13. April 1945 Selbstmord.
Wagener, Otto (1888–Todesdatum unbekannt)
1929–1930 Stabschef der SA. 1931–1933 Leiter der wirtschaftspolitischen Abteilung der NSDAP. Wurde dann seiner sämtlichen Ämter enthoben.
Wagner, Adolf (1890–1944)
Seit 1923 Mitglied der NSDAP. Gauleiter von München und Oberbayern. Nach 1933 bayerischer Innenminister.
Wagner, Otto (1841–1918)
Wiener Architekt. Ging über den Jugendstil hinaus und propagierte die Abkehr vom Dekorativen. Von Hitler nicht geschätzt.
Wagner, Robert (1895–1946)
Reichswehroffizier. Teilnehmer am Hitlerputsch. 1925–1945 Gauleiter von Baden, ab 1933 auch Reichsstatthalter. 1940 Chef der Zivilverwaltung im Elsaß.
Wagner, Siegfried (1869–1930)
Sohn Richard Wagners, als Komponist selbst wenig erfolgreich. Übernahm 1909 die künstlerische Leitung der Bayreuther Festspiele. Heiratete 1915 Winifred Williams. Siegfried Wagner, der mit vielen Juden befreundet war, hatte im Gegensatz zu seiner Frau ein eher distanziertes Verhältnis zu Hitler.

Wagner, Winifred (1897–1980)
Ehefrau von Wagner-Sohn Siegfried. Eines der ersten weiblichen Parteimitglieder. Förderte Hitler gesellschaftlich und finanziell. Nach dem Krieg wurde ihr verboten, die Festspiele zu leiten. Sie bekannte sich noch in ihrem Film-Interview mit Syberberg kurz vor ihrem Tod uneingeschränkt zu den nach ihrer Meinung „positiven Seiten“ der Persönlichkeit Hitlers.
Weber, Christian (1883–1945)
Anfang der Zwanziger Jahre Hausknecht im Münchner „Blauen Bock“, sehr frühes Mitglied der NSDAP. Buchmacher in Daglfing. 1926–1934 Stadtrat der NSDAP in München. Nach 1933 Präsident des Deutschen Jagdmuseums und Präsident des Wirtschaftsbundes deutscher Reitstallbesitzer. 1945 durch bayerische Aufständische gegen die Nazis getötet.
Weber, Friedrich (1892–1954)
Tierarzt. 1923 Führer des Freicorps Oberland. Mit Hitler verurteilt und inhaftiert. Löste sich später von Hitler. Im Zweiten Weltkrieg Militärveterinär.
Werlin, Jakob (1886–1958)
Hitlers Mercedes-Lieferant. Frühes Mitglied der NSDAP. In den Zwanziger Jahren Münchner Vertreter von Daimler-Benz, später Direktor. SS-Standartenführer. 1942 Generalinspekteur des Kraftfahrwesens.
Wiedemann, Fritz (1891–1970)
Im Ersten Weltkrieg Hitlers Vorgesetzter (Bataillons-Adjutant). Schloß sich später den Nazis an und wurde nach 1933 Hitlers militärischer Adjutant und außenpolitischer Berater. 1939 Entfremdung. Wurde Generalkonsul in San Francisco, später in Tientsin. Nach dem Krieg Bauer in Süddeutschland.
Ziegler, Adolf (1892–1959)
Hitlers zeitgenössischer Lieblingsmaler. Pedantischer Realist („Meister des deutschen Schamhaares“). Präsident der Reichskammer der Bildenden Künste.

Bibliographie

Abel, Theodore: Why Hitler Came into Power, New York 1938

Angebert, Jean-Michel: The Occult and the Third Reich, New York 1974

Berthold, Will: Die 42 Attentate auf Adolf Hitler, München 1981

Beyer, Hans: Von der Novemberrevolution zur Räterepublik in München, Berlin (Ost) 1957

Brenner, Hildegard: Die Kunstpolitik des Nationalsozialismus, Reinbek 1963

Bronder, Dietrich: Bevor Hitler kam, Hannover 1964

Bullock, Alan: Hitler. Eine Studie über Tyrannei, Düsseldorf 1957

Charlier, J. M.: Eva Hitler geb. Braun, Stuttgart 1979

Czichon, Eberhard: Wer verhalf Hitler zur Macht? Köln 1967

Daim, Wilfried: Der Mann, der Hitler die Ideen gab, München 1958

Deuerlein, Ernst: Der Aufstieg der NSDAP 1919–1933 in Augenzeugenberichten, Düsseldorf 1968

– Hitler – Eine politische Biographie, München 1955

Domarus, Max: Hitler, Reden und Proklamationen 1932–1945, München 1965

Drexler, Anton: Mein politisches Erwachen, München 1919

Eckart, Dietrich: Der Bolschewismus von Moses bis Lenin. Zwiegespräche zwischen Adolf Hitler und mir, München 1925

Eitner, Hans Jürgen: Der Führer. Hitlers Pesönlichkeit und Charakter, München 1981

Engelmann, Bernt: Krupp, München 1978
Fest, Joachim: Hitler. Eine Biographie, Frankfurt, Berlin, Wien 1973
Frank, Hans: Im Angesicht des Galgens, Neuhaus bei Schliersee 1955
Giesler, Hermann: Ein anderer Hitler, Leoni 1978
Görlitz, Walter und Quint, Herbert: Adolf Hitler. Eine Biographie, Stuttgart 1952
Greiner, Josef: Das Ende des Hitler-Mythos, Zürich, Leipzig, Wien 1947
Gun, Nerin E.: Eva Braun-Hitler, Leben und Schicksal, Velbert, Kettwig 1968
Haffner, Sebastian: Anmerkungen zu Hitler, Stuttgart, München 1979
Hagemann, Walter: Publizistik im Dritten Reich, Hamburg 1948
Hale, Oron J.: Presse in der Zwangsjacke, Düsseldorf 1965
– Adolf Hitler – Taxpayer, in: American Hist. Review 1965
Hanfstaengl, Ernst: Zwischen Weißem und Braunem Haus, München 1970
Heiber, Helmut: Adolf Hitler. Eine Biographie, Berlin 1960
Heiden, Konrad: Adolf Hitler. Eine Biographie, Zürich 1936/37
Hindele, Josef: Hitler war kein Zufall, Frankfurt 1962
Hitler, Adolf: Mein Kampf. 2 Bde. in einem Band, München 1938
– Hitlers „Zweites Buch“. Ein Dokument aus dem Jahre 1928, Stuttgart 1961
Hitler, Bridget: The Memoirs of Bridget Hitler, Ed. by Michael Unger, Dallas 1979
Hoffmann, Heinrich: Hitler was my Friend, London 1955
Hoffmann, Peter: Hitler's Personal Security, London 1955
Hofmann, Hanns Hubert: Der Hitlerputsch, München 1961
Infield, Glenn B.: Hitler's Secret Life, New York 1979
Jaeger, Charles de: The Linz File. Hitler's Plunder of European Art, Exeter 1981

Jenks, William: Vienna and the Young Hitler, New York 1960
Jetzinger, Franz: Hitlers Jugend. Phantasien, Lügen – und die Wahrheit. Wien 1965
Jochmann, Werner (Hrsg.): Adolf Hitler. Monologe im Führerhauptquartier 1941–1944. Die Aufzeichnungen Heinrich Heims, München 1980
Jones, Sidney J.: Hitlers Weg begann in Wien, Wiesbaden, München 1980
Kallenbach, Hans: Mit Adolf Hitler auf der Festung Landsberg, München 1943
Katz, Ottmar: Prof. Dr. med. Theo Morell. Hitlers Leibarzt, Bayreuth 1982
Kempner, Robert M. W.: Das Dritte Reich im Kreuzverhör, München, Esslingen 1969
Kohler, Pauline: I Was Hitler's Maid, London 1940
Krause, Karl Wilhelm: Zehn Jahre Kammerdiener bei Hitler, Hamburg o. J.
Krebs, Albert: Tendenzen und Gestalten der NSDAP. Erinnerungen an die Frühzeit der Partei, Stuttgart 1948
Kubizek, August: Adolf Hitler, mein Jugendfreund, Graz, Göttingen 1953
Lang, Jochen von: Der Sekretär, Stuttgart 1977
Langer, Walter C.: Das Adolf-Hitler-Psychogramm, München 1973
MacGovern, James: Martin Bormann, London 1968
Maser, Werner: Adolf Hitler. Legende, Mythos, Wirklichkeit, München, Esslingen 1971
McKnight, Gerald: The Strange Loves of Adolf Hitler, London 1978
Olden, Rudolf: Hitler, Amsterdam 1936
Pauwels, Louis und Bergier, Jaques: The Morning of the Magicians, New York 1963
Pool, James und Suzanne: Hitlers Wegbereiter zur Macht, Bern, München 1979

Rauschning, Hermann: Gespräche mit Hitler, Zürich, New York 1940
Roxan, D. und Wanstall, K.: The Jackdaw of Linz, London 1964
Schirach, Baldur von: Ich glaubte an Hitler, Hamburg 1967
Schirach, Henriette von: Anekdoten um Hitler, Berg 1980
Schoenbaum, David: Die braune Revolution, Köln, Berlin 1968
Schwarzwäller, Wulf: Rudolf Heß, Wien, München 1974
Sebottendorf, Rudolf von: Bevor Hitler kam, München 1934
Shirer, William L.: Aufstieg und Fall des Dritten Reiches, Köln, Berlin 1961
Smith, Bradley F.: Adolf Hitler, His Family, Childhood and Youth, Stanford 1967
Speer, Albert: Erinnerungen, Berlin 1969
– Spandauer Tagebuch, Berlin 1977
Strasser, Otto: Mein Kampf, Frankfurt 1969
Suster, Gerald: Hitler, The Occult Messiah, New York 1981
Symonds, John: The Great Beast. The Life and Magic of Aleister Crowley, London 1971
Thyssen, Fritz: I Paid Hitler, New York 1941
Toland, John: Adolf Hitler, New York 1976
Wagener, Otto: Hitler aus nächster Nähe, Frankfurt 1978
Waite, Robert G. L.: The Psychopathic God. Adolf Hitler, New York 1977
Walker, Malvin: Chronological Encyclopaedia of Adolf Hitler and the Third Reich, New York 1978
Winkler, Hans Joachim: Legenden um Hitler, Berlin 1961
Wulf, Josef: Presse und Funk im Dritten Reich, Gütersloh 1963
– Martin Bormann, Hitlers Schatten, Gütersloh 1962
Ziegler, H. S.: Adolf Hitler, aus dem Erleben dargestellt, Göttingen 1964
Zoller, Albert: Hitler privat. Erlebnisbericht seiner Geheimsekretärin, Düsseldorf 1949